Congo-Zaïre

Les acteurs de l'histoire

Études africaines
Collection dirigée par Denis Pryen

Dernières parutions

Mwamba TSHIBANGU, Alexis KABAMBI, *Étienne Tshisekedi, la trajectoire vers la présidence*, 2013.
Barthélémy NTOMA MENGOME, *La Bataille de Libreville. De Gaulle contre Pétain : 50 morts*, 2013.
Alfa Oumar DIALLO, *Bien enseigner en Afrique, oui, mais avec qui et comment ?*, 2013.
Régine NGONO BOUNOUNGOU, *La réforme du système pénitentiaire camerounais. Entre héritage colonial et traditions coloniales*, 2013.
Augustin TCHAMENI, *Évolutions contemporaines du régionalisme africain*, 2013.
Antoine NGAKOSSO, *Réformes fiscales en Afrique. Le management du changement*, 2013.
Jean-Baptiste NKULIYINGOMA, *Rwanda : le pouvoir à tout prix*, 2013.
Alain Laurent ABOA, Hilaire DE PRINCE POKAM et Aboubakr TANDIA, *Démocratie et développement en Afrique : perspectives des jeunes chercheurs africains*, 2 volumes, 2013.
Fidèle BEKALE B'EYEGHE, *Souveraineté alimentaire en Afrique subsaharienne. Le cas du Gabon,* 2013.
Patrice MOUNDOUNGA MOUITY, *Le NEPAD. Histoire, défis et bilan 10 ans après,* 2013.
Prudent Victor TOPANOU, *Introduction à la sociologie politique du Bénin*, 2013.
Fidèle ALLOGHO-NKOGHE, *Quartiers informels et politiques de la ville*, 2013.
Sadio CAMARA, *La longue marche pour l'indépendance et les libertés démocratiques au Sénégal,* 2013.
Hygin Didace AMBOULOU, *Traité congolais de droit du travail et de la sécurité sociale,* 2013.
Jean-Crépin Soter NYAMSI, *L'Afrique et son développement. Réalités complexes et nouveaux enjeux, dans un monde en transformation*, 2013.

Ngimbi Kalumvueziko

Congo-Zaïre

Les acteurs de l'histoire

Pour contacter l'auteur :
ngimbikal@gmail.com

Couverture et mise en page par GMAePublishing, LLC
Maryland, USA – 1-866-599-3699
www.gmaepublishingllc.com

5-7, rue de l'Ecole-Polytechnique, 75005 Paris

http://www.librairieharmattan.com
diffusion.harmattan@wanadoo.fr
harmattan1@wanadoo.fr

ISBN : 978-2-343-01427-2
EAN : 9782343014272

A Floribert Chebeya Bahizire, victime de l'intolérance.
Il a payé de sa vie son engagement dans
la défense de la justice.

REMERCIEMENTS

Mes remerciements à :

Jean Omasombo Tshonda, professeur des Sciences Politiques à l'Université de Kinshasa, chercheur au Musée Royal de l'Afrique Centrale de Bruxelles et biographe de Patrice-Emery Lumumba ;

Pascal Kapella, membre du Collège des Commissaires Généraux, ancien Ambassadeur et patron de presse, témoin des travaux de la conférence de Table Ronde de Bruxelles de 1960,

Jules Miatudila Malonga, ancien fonctionnaire de la Banque Mondiale, spécialiste de santé publique et grand connaisseur de la culture et l'histoire du peuple kongo, qui ont lu des parties du manuscrit et apporté de précieux éléments d'information sur la vie et les accomplissements de Joseph Kasa-Vubu et Patrice-Emery Lumumba, et sur l'histoire du royaume de Kongo.

A ma femme bien aimée Tyty Makanzu Mayela pour son amour. Je lui dois tant.

Je remercie également Dr George Alula pour avoir réalisé la couverture et la mise en page du livre. Enfin, Symphorien Sykiala, Sylvain Mbuyi Tuambilangana, Thérèse Tshibuabua, Jean Mayaka, Thomas Mbimba, Fabien Makuikila, Léonie Kubukubu, Okito Unyangunga, Hilaire Ngimbi et Colette Madishi Ramm pour leur soutien et encouragement.

PRÉFACE

L'histoire du Congo à travers quelques unes de ses illustres figures contée dans ce livre de Ngimbi Kalumvueziko est un parcours à la fois téméraire et risqué. Elle impose une sélection susceptible d'une part d'omettre d'autres personnages qui ont aussi imprimé leurs marques sur l'évolution du pays et d'autre part d'occulter des pans importants de la mémoire collective de la nation.

Ces carences, l'auteur a su avec un brin de subtilité les combler. Loin d'être un dictionnaire biographique, son ouvrage transcende les personnes et les replace bien au-delà du contexte de leur évolution pour n'être plus en fin de compte qu'un prétexte pour retracer en filigrane le riche passé du Congo.

A grands traits, dans les deux premiers chapitres, le royaume de Kongo revit ainsi sous nos yeux par l'évocation de Nzinga Nkuvu, le premier roi chrétien et de Kimpa Vita, la Jeanne d'Arc congolaise, l'arrivée des Portugais, l'activisme missionnaire des Capucins, l'invasion des Yakas, la bataille d'Ambuila, ou encore des tentatives de restauration.

Avec Léopold II, le fondateur du Congo, épaulé d'un côté par Henry Morton Stanley, l'*architecte* et de l'autre par Albert Thys le *grand bâtisseur*, l'État Indépendant du Congo est passé en revue depuis ses origines sous l'habile forme d'une association humanitaire internationale jusqu'aux premières années de la sujétion coloniale.

L'envers du décor, la face hideuse de l'exploitation sauvage du Congo et de ses habitants est révélée dans le chapitre consacré aux personnages jusque-là peu connus des Congolais ; George Washington Williams, William Henry Sheppard, Edmund Dene Morel et Roger Casement, les *défenseurs de la cause congolaise,* qui ont dénoncé avec véhémence et perspicacité les crimes contre l'humanité perpétrés par le système affairiste léopoldien.

Le Congo colonial n'est pas en reste. Cependant il est visité non sous le prisme traditionnel du colonialisme et de ses réalisations, mais par le biais des Congolais dont le combat pour la libération de l'homme et l'indépendance du Congo a été la principale marque de leur vie : Simon Kimbangu le *prophète libérateur de l'homme noir*, Joseph Kasa-Vubu le *père de l'Indépendance* et Patrice-Emery Lumumba le *héros tragique*.

Pour le Congo indépendant, quelques figures emblématiques sont là. Joseph Kasa Vubu bien sûr mais aussi Mobutu Sese Seko, *le roi du Zaïre*, Moïse Tshombé que l'auteur qualifie si bien de *sécessionniste repenti* et Laurent Désiré Kabila le *révolutionnaire*.

Pour l'espace de la République Démocratique du Congo, au-delà de la vue panoramique de l'histoire qu'il déroule sous couvert d'un nombre assez restreint des personnages historiques, l'essai de Ngimbi est sans conteste inachevé. D'autres *grands royaumes de la savane* qui ont fondé la grandeur et la splendeur des peuples luba, lunda, tchokwe, kuba et j'en passe, ont produit des conquérants et gouvernants dignes de notre mémoire collective. La résistance à la pénétration européenne ou arabe a aussi généré ses héros.

La colonisation elle-même a révélé, en plus des Congolais, de grands esprits coloniaux qui ne devraient pas être ignorés. Tous, connus ou méconnus, dont plusieurs sont cités dans l'ouvrage de Ngimbi ont contribué aux bouleversements de notre société sous le joug de l'asservissement, à la veille de l'indépendance ou à l'ère du Congo contemporain.

C'est un chantier immense que Ngimbi vient d'inaugurer. J'observe que la distance qu'il a prise vis-à-vis du Congo en plus de vingt années de séjour ininterrompu aux États-Unis d'Amérique lui a donné de vivre une nouvelle et profonde passion de son pays natal qu'il entreprend de traduire par la production des livres. Je le connaissais brillant économiste mais n'avais jamais soupçonné sa grande passion pour l'histoire de son pays et son grand talent d'écrivain servi par une grande érudition qu'il met au service d'une société congolaise totalement dépourvue de repères et dont les modèles les plus représentatifs et adulés se retrouvent parmi ses fossoyeurs patentés.

C'est dans cette marre de médiocrité que paraît cette nouvelle publication de Ngimbi qui exhume de leurs cendres des personnages aux multiples facettes qui ont consacré une bonne part de leur existence à la cause de la République Démocratique du Congo. Puissent les nouvelles générations puiser dans cet ouvrage les ferments de la régénérescence de notre société et de la renaissance du Congo.

Thomas Makamu Ngangula Mbela,
Historien.

INTRODUCTION

Ce livre présente le parcours et les accomplissements de quinze personnages pouvant être considérés comme des acteurs-clé de l'histoire du Congo depuis l'arrivée du navigateur portugais Diego Cão au royaume de Kongo en 1482, - point de départ des événements qui ont conduit à la formation de l'état congolais actuel-, jusqu'en 2000. Cependant, ils ne doivent pas tous être considérés comme des « *grands hommes* » car certains, bien que visionnaires et ayant réussi à mettre leurs idées en mouvement, ont posé des actes contraires à l'humanité et n'ont pas contribué au progrès. Mais ils appartiennent tous à l'histoire du Congo pour avoir inspiré par leurs idées, posé des actes ou provoqué par leur vision des mouvements importants qui ont profondément marqué la vie des Congolais et déterminé l'évolution de leur pays.

Le lecteur découvrira des personnages que les manuels d'histoire sur le Congo mentionnent peu sinon pas du tout. Kimpa Vita a mené un combat héroïque contre l'occupation portugaise du Royaume de Kongo et apporté un message messianique authentique qui a atteint le continent américain où il a inspiré des mouvements de libération des Noirs, la culture et les pratiques religieuses. Les Noirs américains Georges Washington Williams et Henri William Sheppard, l'Irlandais Roger Casement et l'Anglais Edmund Dene Morel méritent aussi d'être reconnus comme héros pour leur combat victorieux contre le système d'extermination des populations instauré par Léopold II pour exploiter les richesses du Congo.

Le choix de ces personnages ne repose pas sur des critères préétablis et leur histoire, accomplissements et parcours ne sont certainement pas présentés complètement. Nous espérons que des études plus approfondies viendront combler les lacunes éventuelles de ce livre, s'intéresser à d'autres personnages importants ainsi qu'à des faits peu explorés telle l'influence des esclaves venus du Congo sur la culture, les pratiques religieuses et certains mouvements politiques en Amérique.

Carte du Congo, 1960. Appellations actuelles des villes : Kinshasa (Léopoldville), Lubumbashi (Elisabethville), Kalemie (Albertville), Kananga (Luluabourg), Kisangani (Stanleyville), Mbanza-Ngungu (Thysville), Mbandaka (Coquilathville).

I

NZINGA NKUVU

LE MANI KONGO

Nzinga Nkuvu

C'est au 15e siècle que l'on peut situer le commencement de l'histoire de la formation de l'état congolais actuel quand les Européens eurent leur tout premier contact avec un peuple d'Afrique centrale. Jusque-là le centre de l'Afrique leur était inconnu. D'étranges mythes et phantasmes lui étaient associés comme celui d'un pays habité par des créatures monstrueuses, des humains à œil unique ayant une jambe, trois têtes de lion ... Les bateaux qui voguaient vers le sud sur l'océan Atlantique le long de la côte occidentale de l'Afrique ne dépassaient pas les Îles des Canaries.

Au-delà, c'était la *Mer des ténèbres*. Mais cela changea au milieu du 15e siècle quand les Portugais et les Espagnols réussirent à mettre au point des navires réellement capables de tenir la haute mer dont l'emblématique *Caravelle* fabriquée sous l'impulsion du prince portugais Henri le Navigateur.

En mars 1482 le navigateur portugais Diego Cão partit en mission de reconnaissance à bord d'une *Caravelle* pour trouver une route maritime contournant l'Afrique et devant permettre d'atteindre directement le sous-continent indien d'où l'Europe importait des épices, le sucre, le coton, la soie et divers autres biens. Les Portugais espéraient aussi joindre au cœur de l'Afrique le fabuleux et mythique royaume d'un certain Prêtre Jean à qui l'on attribuait d'immenses richesses et avec qui ils pouvaient s'allier pour mettre en déroute les forces de l'islam qui menaçaient l'Europe et par la même occasion résoudre l'énigme à l'époque de la source du Nil.

Naviguant vers le Sud après avoir franchi la ligne de l'Équateur, Diego Cão et ses compagnons furent frappés par le changement de la couleur des eaux de l'Atlantique à des dizaines de kilomètres de la côte. Les eaux océaniques étaient brunâtres et charriaient de nombreux gros débris de bois. Luttant contre un fort courant ils purent accoster à l'embouchure d'un grand et puissant fleuve. Diego Cão y érigea une borne en pierre surmontée d'une croix en fer, *padrao*, dont les débris sont aujourd'hui exposés au Musée de la Société Géographique de Lisbonne (*Museu da Sociedade de Geografia de Lisboa*), au Portugal et sur laquelle il grava ces écrits pour marquer la souveraineté du Portugal : *« En l'an de la création du monde 1681, année de la naissance de Notre Seigneur 1482, le très haut, très excellent et puissant prince le roi dom Juan le second de Portugal fit découvrir cette terre et ériger cette colonne par Diego Cão écuyer de sa maison »* .C'était au royaume de Kongo, le pays des Bakongo (gens de Kongo), appelés aussi Besi Kongo (habitants du pays Kongo) Ne-Kongo ou simplement Kongo.

Diego Cão se trouvait devant le spectacle d'un gigantesque et puissant fleuve poussant ses eaux à des dizaines de kilomètres dans l'océan Atlantique. Il comprit que ce fleuve ne pouvait venir que de très loin à l'intérieur du continent africain et ouvrait la voie à de fabuleuses richesses. Les Bakongo le désignaient simplement sous le nom de *Nzaari (di) Kongo,* grand cours d'eau du pays kongo baptisé Zaïre-Kongo par les Portugais par déformation phonétique.
D'après Diego Cão, le contact avec les Bakongo fut pacifique, marqué de respect et d'une certaine dévotion. Pouvait-t-il en être autrement? Selon une légende kongo, les ancêtres allaient un jour revenir par la mer, débarquant de grands navires. Et comme Diego Cão et ses compagnons avaient la peau blanche, « *mpemba* », la couleur des morts, les Bakongo les avaient pris pour des revenants et comme ils sortaient des eaux comme des êtres marins, les avaient désignés sous le terme de « *mindele* » (cétacées en langue kongo).

Poussé par la curiosité, Diego Cão remonta le fleuve, mais ne put aller au-delà de Matadi; les rapides de Yalala bloquaient le passage. C'était le point le plus avancé de sa remontée du fleuve qu'il marqua par des inscriptions encore visibles aujourd'hui sur une pierre sur la rive gauche du fleuve en amont de Matadi : « *Ici se sont arrêtés les navires du roi Jean II du Portugal. Diego Cão, Pero Anes, Piero da Costa* ».

Diego Cão poursuivit son chemin vers le sud à la recherche de la route des Indes qu'il ne trouva pas. Sur son chemin de retour, il s'arrêta à Mpinda près de l'embouchure du fleuve où il devait récupérer quatre de ses compagnons qu'il y avait laissés. Ne les ayant pas trouvés, il prit en otage quatre Bakongo dont un certain Nsaku, membre de la famille royale, qu'il amena avec lui au Portugal.

Le 29 mars 1491, Diego Cão revint à Mpinda d'où partaient toutes les caravanes vers l'intérieur du continent. Il était à la tête d'une flottille de *Caravelles* transportant des artisans, des soldats armés, des missionnaires, des femmes, des commerçants ainsi que divers objets tels des matériaux de construction, des outils, des étoffes, des objets de culte ... C'était comme un modèle réduit de la société portugaise transplantée au centre de l'Afrique. Diego Cão ramenait aussi Nsaku et les trois autres otages, tout transformés par leur séjour en Europe. Le Mani Soyo (Chef de la Province de Soyo) qui avait déjà rencontré des étrangers venus après Diego Cão accueillit avec faste la petite colonie portugaise. Voyant l'énorme bénéfice politique qu'il pouvait tirer de leur présence, il se fit baptiser sous le nom de don Manuel dans le but de renforcer spirituellement son pouvoir avant de les conduire à Mbanza Kongo, la capitale du royaume, où les attendaient le Mani Kongo, le grand Chef (roi) des Bakongo.

Nzinga-Nkuvu était le Mani Kongo (roi de Kongo) à l'arrivée des Portugais. Il dirigeait un état fondé au 13e siècle par Lukeni lua Nzinga Kongo (Javelot) Ntinu (rapide), son grand père, dont le surnom de « *Kongo* » a servi à désigner l'état qu'il fonda après avoir émigré de sa terre natale dans la bande côtière entre les fleuve Congo et Kwilu-Nyari. Nzinga Nkuvu régnait sur un territoire de quelques 300.000 kilomètres carrés environ habité par trois millions de sujets, allant de l'océan Atlantique à l'Ouest à la rivière Kwango à l'Est, et de la rivière Kwanza au Sud jusqu'au fleuve Congo au Nord.

Le royaume de Kongo était composé de six provinces : Mpemba Mbamba, Soyo, Mpangu, Nsundi et Mbata. Le pouvoir du roi ne se transmettait pas par filiation ; le Mani Kongo étant élu par et parmi des grands électeurs. Pour monter sur le trône, il devait en plus être investi par un Nsaku ne Vunda (Nsaku le Vieux), membre du clan qui était en relation avec le monde de l'au-delà.

Au Nord de l'état Kongo, un certain nombre de petites et moyennes chefferies dont Kakongo, Ngoyo (Woyo) et Luango (ou Loango) occupaient la bande côtière de l'Atlantique entre le fleuves Congo et le fleuve Ogoué. Ces chefferies étaient autonomes mais payaient un tribut au Mani Kongo en contrepartie de la protection qu'il leur assurait contre leurs ennemis potentiels ou avérés. Le Mani Kongo exerçait également la suzeraineté sur Ngola, une importante chefferie qui s'étendait au sud du fleuve Kuanza entre le royaume de Kongo et le pays des Mbundu, Ovimbundu.

Les Bakongo travaillaient le fer, le cuivre et l'or; et tissaient le raphia – *mbongo* - pour se vêtir. Ils utilisaient une monnaie appelée *nzimbu* faite de coquillages de *Cypraea moneta*, une espèce rare de mollusque vivant dans le voisinage de l'Ile de Loanda. Comme partout ailleurs en Afrique à cette époque, ils pratiquaient aussi l'esclavage. Celui-ci concernait surtout des criminels, des prisonniers de guerre, des personnes données pour régler une dot de mariage ou une dette. Cette pratique bien que bénigne par rapport à la traite européenne qui viendra fut catastrophique car quand les Européens viendront chercher des esclaves, ils trouveront des chefs locaux prêts à leur vendre à l'infini des êtres humains.

Le code juridique des Bakongo se caractérisait par un niveau élevé de sophistication. Il contenait des dispositions légales qui s'appliquaient à tous, sans exception. Certaines lois étaient particulièrement dures, mais toutefois indispensables pour maintenir la tranquillité et assurer la cohésion sociale.

C'est dans une ambiance de fête que les Portugais firent leur entrée dans Mbanza Kongo, accueillis par des milliers de personnes dansant et chantant. Ils furent fortement impressionnés par le cérémonial et le protocole d'accueil qui, sous certains aspects, ressemblaient à ceux de la cour de leur roi. Nzinga Nkuvu était au courant des liens qu'ils avaient établis avec dom Manuel, chef de la province de Soyo, et avait bien compris que la montée en puissance de celui-ci pouvait faire ombrage à son autorité. Il avait aussi compris que l'affranchissement de Soyo pouvait en plus ruiner le royaume à cause de sa position hautement stratégique dans les échanges avec les Portugais du fait de sa situation sur la côte. Il lui accorda ainsi un statut privilégié par rapport aux autres provinces et sollicita d'être à son tour baptisé.

Nzinga Nkuvu fut baptisé le 3 mai 1491 sous le nom de Joao 1er par déférence pour le roi Joao du Portugal avant la reine, baptisée le

4 juin 1491 sous le nom d'Eléonore par déférence pour la reine du Portugal, suivie de dignitaires du royaume. Cette conversion, faite à la hâte, permit à Nzinga Nkuvu de sceller une alliance avec les Portugais et bénéficier de leur puissance matérielle (armes) pour mettre fin à la rébellion de certaines provinces et aux menaces extérieures. En effet la Province de Nsundi avait subi des attaques des Teke-Yanzi, voisins du Nord, qui étaient sur le point de traverser le Nzadi Kongo au niveau de Mpumbu (l'actuel Pool Malebo, Kinshasa) et prendre possession du territoire kongo situé sur la rive gauche du fleuve. Le Mani Kongo partit de Mbanza Kongo à la tête d'une importante colonne d'hommes armés dont des Portugais, brandissant une bannière frappée d'une énorme croix. Les envahisseurs battirent en retraite, terrifiés par les jets des *makoonga ma Mputu* (arbalètes de Portugal) et surtout par le bruit des *mata ma Mputu* (armes à feux de Portugal) que maniaient les Portugais. Cette victoire sur les « *païens* » fut placée sous le signe de la volonté de Dieu. Les Portugais venaient de renforcer le pouvoir central du Mani Kongo. Celui-ci pour sa part adopta le christianisme comme source de puissance.

Dès ce moment et pendant les années qui ont suivi, des missionnaires, commerçants et artisans européens affluèrent, des églises et des bâtiments furent construits, les Bakongo baptisés en masse. Ils n'avaient pas pour autant renoncer à leurs pratiques traditionnelles à l'exemple de leur roi qui avait gardé ses épouses et ses nombreuses concubines, un privilège que la tradition lui conférait, rehaussait son prestige et surtout était un moyen de renforcer les alliances et d'en créer de nouvelles. Les missionnaires portugais réagirent brutalement à ce comportement par une forte pression prosélytique, détruisant les lieux de culte traditionnels, les statuettes, amulettes,... n'hésitant pas à faire usage du fouet pour extorquer des confessions. Fort déçu par les excès de l'intolérance du christianisme des Portugais et leurs attaques contre les traditions ancestrales, Nzinga Nkuvu expulsa les missionnaires de Mbanza Kongo. Ceux-ci se replièrent avec d'autres Portugais et certains dignitaires Bakongo dans la province de Nsundi que gouvernait alors son fils, Alfonso Mvemba a Nzinga, un fervent catholique.

Dans la perspective de la succession au trône, une farouche rivalité opposa deux fils de Nzinga Nkuvu, Alfonso Mvemba a Nzinga, successeur désigné, et Mpanzu-Nzinga, grand défenseur des traditions ancestrales.

A la mort de Nzinga-Nkuvu en 1506, le trône devait revenir à Mpanzu Nzinga, élu Mani Kongo par les grands électeurs conformément aux us et coutumes du royaume. Mais encouragé par les Portugais qui ne voulaient pas voir un « *païen* » succéder à Nzinga Nkuvu et par la reine, sa mère, fervente catholique opposée à la polygamie, Alfonso Mvemba a Nzinga recourut à la force pour prendre le pouvoir. Bien qu'ayant mobilisé des moyens importants en hommes, Mpanzu a Nzinga fut vaincu. Comme huit années auparavant cette victoire fut présentée par les Portugais comme un miracle de Dieu. On parla de la vision de Marie, mère de Jésus, de la présence de la croix sur le champ de bataille et même de l'intervention d'une armée céleste ! Ce coup de force valut à Mvemba-Nzinga et aux descendants de sa mère par la lignée utérine le sobriquet de *Nlaza* (assoiffé de pouvoir, usurpateur). Il a surtout porté un coup fatal à l'ordre constitutionnel kongo et inauguré une longue ère de grande instabilité politique marquée par l'assassinat de plusieurs Mani Kongo et une succession de guerres civiles plus funestes les unes que les autres.

Mvemba a Nzinga monta sur le trône sous le nom d'Alfonso Ier. Il se considérait comme l'égal du roi du Portugal. Fervent chrétien, il encouragea la propagation de la foi chrétienne. La capitale Mbanza Kongo prit le nom de San Salvador et l'allure d'une petite ville européenne avec des maisons en briques. L'habillement aussi devint à la mode européenne.

Alfonso 1er avait compris le grand parti qu'il pouvait tirer de l'apport culturel et technique européen pour consolider son pouvoir. Il envoya en formation au Portugal de nombreux jeunes choisis dans son clan et dans des familles de ses proches en vue de l'organisation bureaucratique du royaume. Deux d'entre eux connurent une grande renommée; Henrique, son propre fils devenu évêque, et dom Alfonso, son neveu, qui fut professeur et directeur d'une école à Lisbonne. Alfonso 1er fit en plus construire des écoles, dont certaines spécialement pour les filles à Mbanza Kongo et dans toutes les provinces. Le roi du Portugal réagit à ces initiatives de modernisation par l'instauration d'un impôt d'état pour soutenir le développement de l'enseignement et l'implantation des églises, et par le maintien sous son contrôle de tous les échanges commerciaux. Des tensions apparurent dès ce moment. Alors qu'Alfonso 1er demandait de plus en plus de prêtres, enseignants et artisans, le roi du Portugal de son côté réclamait de plus en plus d'esclaves par l'intermédiaire des métis portugais installés sur l'ile de Sao Tome. Dans leur grande majorité ceux-ci étaient des descendants des condamnés expulsés du Portugal et ceux des Juifs convertis venus de Grenade après sa prise par l'Espagne, nés de liens avec des femmes africaines du Golfe de Guinée. Sous la direction de leur Gouverneur qui avait reçu du roi du Portugal l'autorisation de pratiquer le commerce le long du fleuve Zaïre, ils s'étaient spécialisés dans la traite des esclaves de Kongo qu'ils utilisaient dans leurs plantations de canne à sucre. Trafiquants sans scrupules, de véritables « *desperados* » comme on les appelait, ils ne se privaient pas d'intercepter les correspondances du roi de Kongo au roi du Portugal et « oubliaient » souvent de tenir leurs engagements à fournir des vêtements, alcools ou autres articles en échange des esclaves.

Au moment où se déroulaient ces événements, le navigateur espagnol Christophe Colomb débarquait en Amérique, de l'autre côté de l'Atlantique. C'était en 1498. Le roi d'Espagne vit l'énorme profit qu'il pouvait tirer de l'exploitation de ces nouvelles terres. Mais il lui fallait trouver de la main-d'œuvre. Comme les Indiens étaient rétifs à l'esclavage, l'idée lui vint d'aller chercher ailleurs une main-d'œuvre bon marché. Elle se trouvait en Afrique.

Les Portugais qui avaient déjà un marché d'esclaves à Lisbonne suivirent l'exemple des Espagnols en organisant eux-mêmes le transport des esclaves partout où il y avait une demande principalement au Brésil et dans les Caraïbes. Pour les habitants de Sao Tome, une nouvelle opportunité se présentait. Ils s'établirent en intermédiaires efficaces allant jusqu'à capturer avec l'aide des chefs de tribus, des esclaves dans les territoires voisins du royaume de Kongo.

Après avoir écumé le royaume de Kongo, ils se retournèrent vers le royaume de Ndongo où régnait le roi Ngola (de qui dérive le nom d'Angola). Jusqu'au 18e siècle, toute la région était devenue le théâtre d'un intense commerce des esclaves, attirant aussi les missionnaires portugais qui n'ont pas hésité à jeter leur froc aux orties, se transformant eux aussi en marchands d'esclaves et tombant dans la déchéance morale en prenant des concubines noires. Alfonso 1er fut poussé au désespoir quand des membres de sa propre famille furent aussi capturés. Il envoya de nombreux messages de détresse au roi du Portugal, le suppliant de lui envoyer de nouveaux missionnaires, charpentiers et artisans. Mais ses appels ne trouvèrent aucun écho. Les temps avaient changé.

Le long règne d'Alfonso Ier (1506-1543) fut marqué par l'assimilation de la culture portugaise. Il avait voulu modeler son pouvoir sur celui du roi du Portugal et amorcé une véritable révolution du savoir par la formation d'une élite capable d'assurer une bonne gouvernance du royaume. Une certaine coopération technique avait pris forme avec la présence de nombreux hommes de métiers portugais et même de deux imprimeurs allemands! Des femmes portugaises enseignaient les arts ménagers aux femmes Bakongo. L'esclavage fit par contre des ravages qui réduisirent considérablement les effets de cette assimilation. Les efforts d'évangélisation furent toutefois poursuivis après sa mort. Une bible en langue Kongo fut imprimée à Evora au Portugal en 1556.

En 1568, les Yagas venus de l'Est envahirent le royaume. Le roi Alvare 1er (Ndo Luvualu 1er) ne dut son salut qu'à la fuite dans une île appelée Île du Cheval dans le fleuve Zaïre, où il trouva refuge avec des prêtres portugais et les principaux seigneurs du royaume. De là il sollicita et obtint du roi du Portugal Sébastien l'aide militaire nécessaire qui lui permit de reconquérir Mbanza Kongo et d'être rétabli sur son trône. En guise de reconnaissance, il lui fit allégeance en lui promettant le 1/5 de ses revenus en « *nzimbu* ».

Les événements prirent une tournure dramatique en 1575 quand le Portugal établit le royaume de Ngola, jadis vassal de Kongo, en colonie. Alvare 1er était désormais pris dans un étau difficile à desserrer; affaibli par la traite, il devait contenir l'hostilité des tribus périphériques, tels les Yakas, impatientes de profiter du commerce des esclaves, et se préparer à affronter les Portugais de Loanda qui menaçaient de s'accaparer des riches gisements miniers (or, argent et cuivre) qu'ils le suspectaient de cacher. Il envoya de nombreux messages de détresse au roi d'Espagne (régnant aussi sur le Portugal depuis 1580) et au Pape, mettant en exergue sa foi dans le christianisme et son engagement à le promouvoir, et proposant de leur céder une part importante des gisements miniers de son royaume. Il visait en réalité de soustraire le royaume de Kongo de la tutelle portugaise.

Alvare II (Ndo Luvualu II), son successeur qui accéda au trône en 1587 grâce à l'aide des Portugais, prit tout d'abord une position favorable à leurs intérêts, avant de chercher comme son prédécesseur de s'affranchir en établissant une relation directe avec le Vatican, ce qui lui valut l'accusation de trahison par les Portugais. Au terme d'un voyage calamiteux, son ambassadeur au Saint-Siège, Antonio Manuel Nsaku ne Vunda, avait pu remettre au pape Paul V une requête réclamant le bénéfice des mêmes privilèges que ceux accordés aux autres rois chrétiens, et sollicitant sa protection et son intervention dans le conflit qui l'opposait aux Portugais. Antonio Manuel Nsaku ne Vunda ne put malheureusement rendre compte de sa mission à

Alvare II, ayant trouvé la mort le lendemain du jour de son audience avec le Pape! Il fut honoré par des funérailles grandioses dignes d'un envoyé d'un pays important. Son buste est aujourd'hui visible à la basilique Sainte Marie Majeure au Vatican.

L'entrée en scène de nouveaux acteurs au tournant du 17e siècle donna naissance à de nouvelles alliances. Les Français, Hollandais et Anglais étaient venus s'installer sur la côte dans la province de Soyo pendant que les Portugais de Loanda multipliaient des attaques sur le royaume de Kongo. Alvare II profita de la grande rivalité, des tensions et des divisions entre Européens pour s'allier aux Hollandais, protestants, adversaires des Portugais, catholiques. Les Portugais furent chassés de Loanda avant d'y revenir toutefois en force en 1648, contraignant le roi Garcia II (Nkanga a Lukeni a Nzenze a Ntumba, Ndo Ngalasia) à leur abandonner la réserve des *nzimbus* conservée dans l'île de Loanda et à renoncer à tous les gisements miniers du royaume.

La tension atteignit son paroxysme quand Antonio 1er (Mvita Nkanga), successeur de Garcia II, s'opposa ouvertement aux Portugais, leur interdisant le commerce des esclaves, la prospection et l'exploitation des mines de fer et de cuivre du royaume. Ceux-ci réagirent en suscitant des rivalités internes et en instrumentalisant des tribus hostiles, pendant qu'ils se préparaient eux-mêmes à attaquer le royaume de Kongo. Antonio 1er mobilisa toutes les ressources du royaume et réunit plus de 10.000 hommes pour faire face à la menace extérieure et aussi mettre fin à la sécession des provinces de Soyo et Ambriz soutenues par les Portugais. C'est à Ambuila, au-delà des sources de la rivière Bengo, qu'eut lieu le 25 octobre 1665 la bataille finale. Les forces du royaume de Kongo furent vaincues, Antonio 1er fut tué et décapité. Les Portugais saisirent le trésor (une importante quantité de vêtements précieux, bijoux et pièces d'or) et les archives du royaume qu'il avait emportés avec lui de peur qu'un de ses rivaux ne profitât de son absence pour s'en accaparer. Sa tête fut amenée à Luanda où elle y fut enterrée après son exhibition publique suivie d'une grandiose célébration religieuse. La couronne sertie de pierres précieuses offerte à son père, Garcia II en 1646 par le pape Innocent X qu'il portait et le sceptre royal furent envoyés à Lisbonne comme des trophées. Les Portugais qui avaient occupé Mbanza Kongo après l'avoir détruit l'abandonnèrent toutefois en 1667, déçus et frustrés de n'avoir pas trouvé les fameux gisements miniers qu'ils convoitaient.

Cette défaite militaire marqua le début du démembrement du royaume de Kongo. Le pouvoir royal se trouva écartelé entre trois pôles importants, Mbanza Kongo, Soyo et Kibangu. Certaines provinces étaient en rébellion, plongeant le royaume dans la guerre civile. Ce désordre empêchait le couronnement de Pedro IV, pourtant désigné roi par les principaux dignitaires du royaume. C'est dans ce climat de désespoir du peuple Kongo que le syncrétisme commença à s'exprimer, les Bakongo s'étant par exemple mis à représenter Jésus et les saints chrétiens en Noirs. Cette forme d'inculturation du christianisme et la volonté de résoudre la longue crise politique se manifesta par l'émergence des mouvements messianiques au début du 18e siècle, dont celui des « *Antoniens* » créé par Kimpa Vita. Celle-ci avait combattu l'occupation portugaise et œuvré pour la restauration de l'unité du royaume de Kongo sous un seul roi. Suivie de nombreux partisans, elle s'était placée en très peu de temps au centre du jeu politique, suscitant la méfiance du roi et la jalousie des prêtres portugais pour avoir « détourné » leurs ouailles des églises. Comme Jeanne d'Arc de France au 15e siècle, elle finit sur un bûcher en exécution d'un jugement rendu par un tribunal instrumentalisé par des missionnaires capucins.

Pedro IV tenta de restaurer le royaume de Kongo mais le désordre et l'insécurité étaient incontrôlables. Chaque province s'était en outre déclarée autonome. Devenu un corps désarticulé, le royaume de Kongo avait perdu de sa splendeur d'antan. Au 18e siècle déjà certains n'hésitaient pas à l'évoquer sous l'appellation de Basse-Guinée, comme pour l'effacer de la mémoire. La Conférence de Berlin (novembre 1884-février 1885) vint consacrer la fin de sa réalité par le démembrement de son territoire en trois parties, dans l'Angola portugais, le Congo belge, le Congo français jusqu'au Sud du Gabon, sans pour autant effacer dans le subconscient des Bakongo d'aujourd'hui le sentiment d'appartenir à une même entité socioculturelle, ni les empêcher de vivre dans la nostalgie de leur royaume ancestral, caressant parfois le rêve de sa restauration malgré l'abolition du titre de Mani Kongo par les Portugais au lendemain de la révolte des Bakongo en 1941.

Avec le recul du temps, on peut penser qu'en encourageant l'emprise du christianisme sur le peuple kongo pour consolider leur pouvoir par des alliances avec les missionnaires européens, les rois de Kongo avaient participé à l'affaiblissement de la nation kongo fondée sur une philosophie authentique de la vie et des valeurs spirituelles et morales profondément ancrées dans les traditions.

Le Royaume de Kongo fut le premier au Congo à être en contact avec les Européens, et à avoir entretenu pendant une très longue période (plus de 300 ans) des rapports directs et réguliers avec un pays européen, le Portugal. Mais plutôt que de contribuer à son développement, ces relations qui étaient fondées sur le commerce des esclaves, la christianisation et le contrôle politique exercé par le Portugal, avaient considérablement affaibli les structures sociales politiques et mentales autochtones qui assuraient son unité et l'harmonie sociale.

II

KIMPA VITA (DONA BEATRIZ)

LA PROPHETESSE REVOLUTIONNAIRE

Kimpa Vita (1684-1706)

Contrairement aux autres grandes figures féminines qui couvrent de larges pages des manuels d'histoire de l'Afrique, Kimpa Vita n'était pas une grande reine, ni une farouche guerrière. Ses accomplissements sont pourtant extraordinaires. Elle compte parmi les premières rares femmes africaines à avoir combattu la domination européenne en Afrique et la première à avoir créé le premier mouvement chrétien réellement africain. En plus, ses idées et son message avaient atteint l'Amérique où ils ont inspiré des mouvements de libération des Noirs, la culture et les pratiques religieuses.

À cause de son jeune âge (22 ans) et de la nature de son martyr, on l'a souvent rapprochée à Jeanne d'Arc, figure emblématique de l'histoire de France, canonisée en 1920 par l'Église catholique et dont le combat victorieux contre les troupes anglaises au début du 15e siècle avait précipité la fin la Guerre des Cent Ans en Europe.

Kimpa Vita avait exercé sa mission sous la domination européenne. Le peu d'informations à son sujet proviennent de sources des missionnaires catholiques capucins qui l'ont combattue et se sont efforcés de ridiculiser son message prophétique en répandant des mensonges.

Kimpa Vita est née en 1684 près du mont Kibangu dans le Nord du royaume de Kongo (au Nord-ouest de l'actuel Angola) d'une famille de la notabilité appartenant au clan de *Mwana Kongo*. Comme il était courant au royaume de Kongo fortement christianisé depuis l'arrivée des Portugais à la fin du 15e siècle, elle reçut le baptême chrétien sous le nom de Beatriz (Béatrice) quelques années après sa naissance.

Pendant deux siècles, deux clans rivaux de la royauté, les *Nlanza* et les *Mpanzu*, se disputaient le pouvoir royal depuis la mort du roi Alfonso 1er (Mvemba Nzinga) en 1543. Les six provinces du royaume (Soyo, Mpemba, Mbamba, Mpangu, Nsundi, Mbata) instrumentalisées par les missionnaires catholiques portugais venus pourtant pour prêcher la bonne parole, des commerçants et des marchands d'esclaves qui les armaient les unes contre les autres et agissaient suivant leurs propres intérêts, étaient toujours en rébellion, se proclamant chacune autonome, un signe annonciateur de l'éclatement du royaume. En plus, les Hollandais qui s'étaient installés sur la côte menaçaient d'occuper Mbanza Kongo (San Salvador), la capitale du royaume.

À la naissance de Kimpa Vita le royaume de Kongo était en proie à une guerre civile après la mort du roi Antonio 1er (Mvita Nkanga) décapité à la bataille d'Ambuila le 25 octobre 1665. Le peuple Kongo vécut cet événement comme une grande humiliation. Il plongea en plus dans un grand désespoir quand Pedro IV (Mpanzu a Mvemba), successeur d'Antonio 1er, alla se réfugier sur le mont Kibangu après avoir abandonné la capitale Mbanza Kongo totalement détruite en 1666 par les envahisseurs Yakas appuyés par les Portugais.

C'est dans ce climat de désordre politique et de désarroi de tout un peuple qu'apparut en 1704 une prophétesse, vieille femme nommée Apolina Mafuta. Celle-ci avait eu une vision de Marie et de son fils Jésus, tous deux Noirs, entourés de Saints, eux aussi Noirs. Elle déclarait être porteuse d'un message divin livré par Marie et par lequel Dieu exprimait sa grande colère vis-à-vis du peuple Kongo pour avoir abandonné Mbanza Kongo, le menaçant de graves calamités si le roi n'y retournait pas. Pour démontrer la véracité de ses propos, Apolina Mafuta conduisait les incrédules au bord de l'Ambriz, l'une des cinq rivières arrosant le mont Kibangu où elle avait trouvé une grande pierre en forme de tête humaine qu'elle disait être celle de Jésus, toute déformée par les coups de hache de la méchanceté des hommes.

Suivie par ses nombreux partisans, Apolina Mafuta se lança ensuite dans une campagne de destruction des fétiches, amulettes, idoles et autres objets appelés *nkisi* considérés comme païens et habités par de mauvais esprits et porteurs de germes de division, de haine et de jalousie qui ont considérablement affaibli le royaume de Kongo. Les crucifix, icônes, chapelets et effigies des saints chrétiens étaient assimilés aux *nkisi* et ne furent pas épargnés. Apolina Mafuta considérait les médailles et la croix portées par les missionnaires européens comme de puissants fétiches utilisés pour dominer les Noirs. Elle appelait les églises *nzo a nkisi,* maisons abritant des objets revêtus de pouvoirs maléfiques, *nkisi,* et la bible *nkanda a nkisi,* livre renfermant les secrets de la sorcellerie des missionnaires.

Mama Mafuta, comme on avait fini par l'appeler, avait opéré de nombreuses guérisons miraculeuses comme celle d'une femme mordue par un serpent rien qu'en proclamant le nom de la divinité des Bakongo, *Nzambi-a-Mpungu*.

À ce moment-là, Kimpa Vita avait presque vingt ans. Encore enfant, elle avait été initiée au culte traditionnel de *Kimpasi,* en vogue au royaume de Kongo au cours du 17e siècle pour devenir une *Nganga Marinda*, personne dotée du pouvoir de communiquer avec le monde surnaturel et de délivrer les gens des forces du mal par des cérémonies d'exorcisme appelées *Mbumba Kindonga.* Les missionnaires capucins qui assimilaient le culte de *Kimpasi* à la sorcellerie se lancèrent dans une violente campagne de destruction de ses temples et de représailles sur ses adeptes en les fouettant et en les emprisonnant.

À vingt ans (1704), Kimpa Vita était une jeune femme d'une très grande beauté, aux traits fins. Quand un jour elle tomba gravement malade, on l'avait cru morte. Revenue miraculeusement à la vie, elle déclara avoir eu la vision de Saint Antoine de Padou (1195-1231), franciscain portugais connu pour ses dons de guérison et très populaire dans le royaume de Kongo. « *Je suis Saint Antoine. J'ai été envoyé par Dieu pour apporter son enseignement aux Kongos. J'ai toujours essayé de venir en aide à ce peuple allant de province en province. J'ai d'abord été à Nzeto, mais ils ne m'ont pas bien reçu. Je suis ensuite allé à Soyo où ils ont voulu me battre. J'ai fui et suis arrivé à Bula. La même chose m'est arrivée. Actuellement, j'essaye ici à Kibangu et t'ai choisie ensuite* », lui avait dit Saint Antoine. Elle proclama cette vision et l'ordre reçu de Saint Antoine de réunir le peuple Kongo, redonner toute sa splendeur au royaume de Kongo, reconstruire la capitale Mbanza Kongo, aller prêcher la vraie religion des Bakongo et prier le vrai Jésus : « *Un nouveau royaume va naître. Vous devez reconstruire la ville, relever les maisons, redonner à la terre sa fertilité et ses récoltes* ».

Bien avant l'arrivée des Européens, les Bakongo pratiquaient une religion fondée sur la croyance en un Dieu unique appelé *Nzambi-a-Mpungu*. C'est l'Etre suprême qui voit et régit tout, et dont la volonté est toujours faite. En réalité, comme dans le christianisme (le Père, le Fils et le Saint-Esprit), ils croyaient en une trinité formant « *Un* » : « *Lukankansi* » Dieu suprême du ciel, « *Nzambi* » Dieu de la terre et « *Kalunga* » Dieu des eaux.

Aux foules toujours nombreuses de fidèles, désormais appelés Antoniens, qui la suivaient au mont Kibangu où elle avait commencé à prêcher, Kimpa Vita déclarait être pure comme Marie à l'annonce de sa maternité divine par l'archange Gabriel, qu'elle était la réincarnation de Saint Antoine, mourrait chaque vendredi et ressuscitait chaque lundi pour apporter la véritable voix de Dieu. Elle fut soutenue par Apolina Mafuta dans la campagne qu'elle lança à son tour pour détruire les symboles des croyances ancestrales ainsi que les objets de la nouvelle religion des *Besimputu* (hommes blancs venus d'Europe, *Mputu*) -icônes, chapelets, crucifix, effigies des saints,...- qui avait remplacé la religion ancestrale. Elle déclarait que le christianisme fondé 17 siècles auparavant par Jésus Christ était d'origine Kongo, Jésus lui-même et ses disciples des Bakongo -des Africains noirs-, San Salvador (Mbanza Kongo) le lieu de naissance et de baptême de Jésus, la vraie Jérusalem biblique qu'il fallait restaurer selon la volonté de Dieu. Elle déclarait que les Bakongo étaient le vrai peuple élu de Dieu et allaient récupérer les richesses confisquées par les Blancs après les avoir chassés de Kongo. Elle rejetait les sacrements religieux comme ceux de la confession et du mariage considérés comme inutiles, car Dieu connaît les intentions des croyants. Elle dénonçait l'occupation du royaume de Kongo par les hommes blancs, *Besimputu*, venus de *Kalunga* (la grande mer), s'en prenant indistinctement aux missionnaires catholiques, commerçants et marchands d'esclaves, tous qualifiés de *Nkadi a Mpemba* (Satan, des serviteurs du diable, des méchants), pour avoir apporté le malheur aux Bakongo en les détournant de leur religion et culture, en instillant au sein du peuple Kongo les germes de la division et de la haine, en exploitant les ressources du royaume pour leur enrichissement et surtout, en les traquant comme du gibier pour les vendre comme esclaves dans des territoires inconnus, loin de l'autre côté de la mer.

Comme l'enseignement de Kimpa Vita était dans son ensemble très proche de celui des missionnaires, en ce qu'elle proscrivait les vices, les superstitions et l'utilisation des «fétiches», les Bakongo l'avaient considérée comme une sainte. Kimpa Vita entreprit des campagnes de prières afin que Dieu redonnât vie au royaume de Kongo car les Bakongo s'étaient distancés du culte de *Nzambi-a-Mpungu,* jusqu'à abandonner leurs propres noms par le baptême pour devenir par exemple Ndozuau (pour Don João ou Jean), Dompetelo (pour Don Pedro ou Pierre), Ndoluvualu (pour Don Alvaro), Dontoni (pour Don Antonio ou Antoine), Ndosimao (pour Simaô ou Simon), Ndomanueno (pour Manuel ou Emmanuel), ou encore Ndo ndeli (pour André). De nombreuses personnes saisies par la puissance de l'esprit saint, *Kimpeve*, entraient en transe pendant ses prédications animées par son cantique « *Salve, San Antonio ! Ave Maria. Kimpa Vita, notre Dona Beatriz va nous sauver* », adaptation de l'*Ave Maria.*

Les Bakongo accueillirent avec ferveur le message de Kimpa Vita désertant en masse les églises des missionnaires catholiques pour rallier par dizaines de milliers la nouvelle église, le *Bundu Dia Mama Kimpa Vita,* lui vouant un véritable culte de vénération. Même Dona Maria Hipolita, l'épouse du roi Pedro IV adhéra. On s'agenouillait à son passage. On se précipitait pour la toucher afin d'obtenir une guérison miraculeuse. On ramassait les restes de ses repas dont la consommation apportait des bénédictions. Les arbres tordus se redressaient à son passage. Les femmes stériles devenaient fécondes rien que par son simple attouchement.

Auréolée par sa grande popularité, la confiance et l'amour que lui vouait le peuple Kongo, elle prit finalement la route de Mbanza Kongo à la tête d'une nombreuse foule de partisans scandant : « *Un seul roi, une seule capitale, un seul Dieu (Nzambi-a-Mpungu), un seul peuple Kongo »,* comme devise.

Mbanza Kongo fut reconstruite et reprit rapidement vie. Kimpa Vita s'y installa dans une belle maison construite dans l'enceinte de la Cathédrale. Les anciens habitants de Mbanza Kongo y étaient retournés et de nombreuses autres personnes y affluaient de partout pour s'approcher d'elle, écouter ses prédications ou à la recherche de guérison. Des dignitaires du royaume y accouraient aussi pour faire allégeance, lui remettant les insignes royaux dissipés en vue de la réunification du royaume sous l'autorité d'un seul roi. Pedro Constantinho da Silva Kibenga, le chef de l'armée du royaume, dépêché à Mbanza Kongo par Pedro IV pour y préparer son retour éventuel n'échappa pas non plus à ce qui apparaissait comme un ralliement politique massif au mouvement de Kimpa Vita. Le désespoir du peuple Kongo s'était transformé en espérance. Et comme trois siècles avant elle Jeanne d'Arc de France déclarait être habitée par des prophéties qui l'ordonnaient d'aller libérer Orléans et conduire le roi Charles VII à son sacre, Kimpa Vita disait aux Bakongo, prêts à participer à l'ambitieuse œuvre de renaissance de leur royaume: *« Le roi Pedro doit quitter son refuge du mont Kibangu. Qu'il vienne. Nous l'attendons »*

Pour Pedro IV le danger politique était bien réel devant le prestige politique grandissant de Kimpa Vita, devenue l'acteur principal du jeu politique. Il fut un jour surpris par l'irruption subite de celle-ci dans la citadelle royale dont les portes fortement gardées s'étaient d'elles-mêmes ouvertes pour lui donner accès. Kimpa Vita demanda au roi de regagner Mbanza Kongo, mais méfiant, celui-ci tergiversa, craignant de tomber dans un supposé piège de ses ennemis politiques avec qui elle avait également des contacts. Profitant du temps de réflexion que s'était donné Pedro IV avant de se décider, les missionnaires capucins très influents et puissants à la cour royale le pressèrent de l'arrêter. Toutes les tentatives qu'ils avaient jusque là menées pour mettre fin à la montée du mouvement messianique antonien qui menaçait la foi et risquait de leur faire perdre le contrôle du pouvoir royal avaient échoué. Comme Pedro IV ne voulait pas prendre le risque de s'aliéner la colère de la population en ordonnant l'arrestation de Kimpa Vita, il leur fallait trouver un motif imparable pour ôter son hésitation.

Prophétesse et sauveur du peuple Kongo, Kimpa Vita l'était, mais femme aussi. Comme tout le monde, les missionnaires capucins avaient aussi remarqué la présence d'un homme à ses côtés. Celui-ci la soutenait et la protégeait. Pour sa fidélité, son engagement et son grand dévouement, Kimpa Vita l'avait nommé Saint Jean, du nom de Jean l'apôtre préféré de Jésus. Quand vers fin 1705 elle disparut pour une retraite spirituelle qui dura beaucoup plus longtemps que d'habitude, ses adeptes ne manifestèrent pas d'inquiétude, confiants qu'ils étaient de son retour après sa rencontre spirituelle avec Saint Antoine et toujours fiers de porter des vêtements teintés de la sève de couleur rouge tirée d'un arbre appelé *Takula* qu'elle disait être le sang de Jésus qui pouvait transformer la vie et faits de l'écorce d'un arbre appelé *Musanda* qui selon toujours elle, avait enveloppé l'enfant Jésus à sa naissance.

Cette absence prolongée intriguait par contre les missionnaires capucins. Ils craignaient aussi qu'à son retour elle réussit la mission de réunification du royaume qu'elle s'était assigné, ce qui allait leur faire perdre le contrôle du royaume par la chute de l'église et la défaite de la foi chrétienne. Bernado da Gallo, prêtre capucin, très puissant à la cour royale où il exerçait des fonctions comparables à celles de chef de cabinet d'un chef d'état d'aujourd'hui, réussit finalement, après de très fortes pressions, à convaincre Pedro IV de rechercher Kimpa Vita. Il prit la tête d'une nombreuse troupe de soldats portugais et Bakongo fortement armés et parvint à la retrouver dans la forêt de Mpendele. Elle n'était pas seule; son compagnon, Saint Jean, et un enfant étaient avec elle. Les missionnaires capucins avaient enfin trouvé des motifs d'accusation de Kimpa Vita: imposture et mensonge, considérant que l'enfant trouvé sur elle ne pouvait être que le fruit de ses relations avec Saint Jean, son compagnon. Elle perdait dès lors toute prétention à la sainteté.

Kimpa Vita fut arrêtée et traduite devant le Conseil royal pour répondre des accusations d'hérésie, sorcellerie, imposture, xénophobie et blasphème. D'après les écrits des missionnaires elle fut jugée selon la loi traditionnelle Kongo. Pourtant celle-ci n'oblige pas une jeune fille à demeurer vierge avant le mariage. La société Kongo ne rejette pas non plus une fille-mère. À la demande de Bernado da Gallo qui faisait office de président du Conseil, assisté de Miguel de Castro, Secrétaire du roi, le Conseil royal prononça la sentence de mort par le feu après avoir reconnu Kimpa Vita coupable de crimes de nature religieuse, l'hérésie et le blasphème.

Le 2 juillet 1707, Kimpa Vita fut trainée devant un grand bûcher dressé sur la place d'Evululu (du nom d'origine de Mvululu), la capitale provisoire du royaume, en présence du roi Pedro IV, des missionnaires catholiques, des dignitaires du royaume et d'une très nombreuse foule. Elle refusa d'abjurer publiquement ses «*erreurs*» pour avoir la vie sauve, à la grande frustration du Conseil royal qui espérait obtenir par ce moyen le rejet de son message par la population. Pourtant elle aurait pu renier la maternité de l'enfant qu'elle portait pour espérer avoir la vie sauve en le confiant à l'une de ses nombreuses adeptes dévouées et prêtes à se sacrifier pour elle. Le *basciamucano,* juge, se présenta alors devant l'assistance déclarant que Kimpa Vita, son compagnon Saint Jean et l'enfant devaient mourir sur le bûcher.

Kimpa Vita monta sur le bûcher, prédisant qu'un « *enfant naîtra, le fils de Dieu, pour mettre fin à la barbarie de l'homme étranger*», et déclarant « *que m'importe de mourir maintenant ? Ce pas, maintenant ou jamais, j'ai à le franchir dans ma vie. Ma personne physique n'est autre chose qu'un peu de motte de terre. Je n'en accorde aucune importance. Un jour ou l'autre, ce corps se réduira en poussière, en cendre. Cependant, mon esprit, mon âme exalteront la gloire du Très Haut Nzambi-a-Mpungu Tulendo. Nul ici-bas ne peut en disposer. Et Dieu pourvoira un autre plus puissant qui arrivera à bout de l'envahisseur* ».

Dans son livre *Relations sur le Congo 1700-1717,* publié par l'Institut Royal Colonial Belge, le Père Lorenzo da Lucca, témoin oculaire de l'évènement, raconte la mise à mort de Kimpa Vita :

« *Deux hommes ayant en main des clochettes allèrent se placer au milieu de cette grande multitude, donnèrent un signal avec leurs clochettes et aussitôt on vit le peuple reculer, et au milieu de l'espace vide se présenta le basciamucano, c'est-à-dire le juge. Il était recouvert jusqu'aux pieds d'un manteau noir et portait sur la tête un chapeau également noir, d'un noir si laid que je ne pense pas qu'on puisse en trouver ailleurs de cette laideur. Devant lui furent amenés les coupables. La jeune femme qui portait un enfant sur le bras apparaissait maintenant remplie de crainte et d'épouvante. Les inculpés s'assirent sur la terre nue et attendirent leur arrêt de mort. Nous comprimes en ce moment qu'ils avaient décidé de bruler l'enfant avec la mère. Cela nous parut une trop grande cruauté. Je m'empressai de me rendre auprès du roi pour voir s'il y avait moyen de le sauver. Le basciamucano fit un long discours. Le principal thème en était l'éloge du roi. Il énumérait ses titres et énonçait les preuves de son zèle pour la justice. Il prononça finalement la sentence contre dona Beatrice, disant que sous le faux nom de saint Antoine elle avait trompé le peuple par ses hérésies et ses faussetés. En conséquence le roi, son seigneur, et le conseil royal la condamnaient à mourir sur le bûcher, elle et son concubinaire. Ils furent emmenés vers le bûcher. La femme fit tout ce qu'elle put pour faire abjuration. Mais ses efforts furent vains. Il se produisit un si grand tumulte parmi la multitude du peuple, qu'il n'y eut pas moyen pour nous de prêter quelque assistance aux deux condamnés. Ils furent tout à coup conduits au bûcher. Tout ce que nous pouvons dire pour le reste, c'est qu'on avait amassé là un grand tas de bois sur lequel ils furent jetés. On les recouvrit d'autres monceaux de bois et ils furent brulés vifs. Non contents de cela, le lendemain matin, des hommes vinrent encore bruler quelques os qui étaient restés et réduisirent tout cela en cendres très fines ».*

Kimpa Vita mourut, le nom de Jésus en bouche, brulée vive sur le bûcher comme l'ont été des siècles avant elle en Europe tous ceux qui avaient subi la sentence de l'implacable Saint Office, le tribunal de l'Inquisition, pour avoir osé contredire le dogme du catholicisme. Craignant que même ses cendres fussent utilisées comme des reliques, les missionnaires les brulèrent plusieurs fois afin d'effacer toutes traces de son existence physique, avant de les disperser dans des endroits secrets. On dit qu'une grande étoile était apparue sur Evululu après qu'elle eut expié et qu'elle avait réapparu dans plusieurs endroits. Pour ses adeptes, c'étaient là des signes de sa survie spirituelle, et même physique. Ils continuèrent à pratiquer activement son culte jusqu'en 1709, quand Pedro IV, reconnu seul roi de Kongo par la bulle du Pape Innocent XII, réoccupa Mbanza Kongo. Le Pape avait réagi au rapport de Bernado da Gallo sur la mise à mort de Kimpa Vita : « *les Bakongo, ces sauvages, venaient de régler leurs comptes de succession* ».

Dans les années qui ont suivi la mort de Kimpa Vita, le roi Pedro IV avait utilisé le message de celle-ci pour tenter d'unifier le royaume de Kongo. Malgré ses efforts, celui-ci s'émietta en petites chefferies indépendantes qui ont existé jusqu'à la Conférence de Berlin en 1885 quand le territoire des Bakongo fut réparti entre trois pays colonisateurs européens (France, Belgique et Portugal), sans pour autant avoir réussi à effacer le royaume de Kongo de la mémoire collective des Bakongo d'aujourd'hui dispersés en République du Congo, en République Démocratique du Congo et en Angola.

Il reste toutefois que le message de Kimpa Vita est précurseur des mouvements messianiques qui sont nés et se sont développés dans le pays Kongo, dont les plus importants sont le *Kimbanguisme,* prêché en 1921 par Simon Kimbangu, considéré par de nombreux historiens comme son successeur spirituel, et l'*Amicalisme* prêché par André Matsoua au Congo français. Kimpa Vita n'avait-elle pas prédit son retour ? En effet, comme elle deux siècles auparavant, Simon Kimbangu a prêché l'inculturation kongo du message biblique et une forte relation entre les Noirs africains et Jésus-Christ qu'il considérait comme le principal intercesseur de leurs prières à Dieu. Comme Kimpa Vita aussi, il s'en était pris à la sorcellerie et aux cultes superstitieux. Il annonçait aussi comme elle la libération de l'homme noir de l'emprise de la domination européenne et fut combattu par les missionnaires européens et le pouvoir colonial. Ne devrait-on pas en plus mentionner que durant tout le 18^{e}siècle l'art religieux dans le pays Kongo, où Jésus est toujours montré en Africain-noir, a été fortement influencé par les idées de Kimpa Vita? et que dans un passé très récent (1969), un musicien Ne-Kongo, Georges Kiamuangana Mateta Verckys, né dans la proximité de Nkamba, village natal de Simon Kimbangu, a composé une chanson qui lui a coûté l'excommunication par l'Eglise catholique romaine, *Nakomitunaka* (Je *m'interroge*), dans laquelle il se demande pourquoi Jésus et tous les Saints sont toujours présentés en hommes blancs, pourquoi les croyances ancestrales des Noirs ne sont-elles pas reconnues par les Européens, et comme s'il voulait dénoncer une certaine tendance raciste du message biblique, pourquoi le diable est souvent représenté en Noir ?

Le mouvement *Bundu dia Kongo* aujourd'hui actif dans le Bas-Congo s'inscrit aussi dans cette lignée historique des mouvements syncrétiques des Bakongo. Créé en 1969, *Bundu dia Kongo* se dit être un mouvement politique et culturel qui prône la valorisation de l'homme noir, l'élévation du peuple Kongo et l'affirmation de son identité. Son action imprégnée de mysticisme et d'une forte spiritualité porte sur la défense, la protection et la promotion des valeurs culturelles, des droits et des intérêts du peuple Kongo. *Bundu dia Kongo* s'engage aussi à combattre les injustices dont seraient victimes les Bakongo sur leur propre sol et milite pour l'instauration d'un État fédéral. Sa vision va au-delà du Bas-Congo et concerne l'ensemble du peuple Kongo formant l'ancien Royaume de Kongo et aujourd'hui dispersé en Angola, en République du Congo et en République Démocratique du Congo. Ne Muanda Nsemi, son fondateur, évoque ainsi la révision des frontières pour la réalisation de cette vision. Cela pourrait paraître anachronique dans le contexte politique actuel de l'Afrique. Mais on oublie vite que sans pouvoir proposer ce que seraient les *« meileures frontières »* pour les pays africains, de nombreux africanistes, historiens, politologues et analystes politiques de renom ont toujours condamné le découpage de l'Afrique lors de la Conférence de Berlin en 1885, le considérant comme arbitraire, l'un des facteurs de l'instabilité politique et l'une des causes de certains conflits ethniques. Le projet de Ne Muanda Nsemi ne vise-t-il pas à réparer l'erreur des puissances européennes de l'époque réunies à Berlin qui s'étaient partagé l'Afrique sans tenir compte des réalités culturelles et sociales de ses populations?

Comme Jeanne d'Arc avant elle, Kimpa Vita avait été inspirée par une grande spiritualité, la croyance en Dieu dans son combat pour la libération de son peuple de la domination étrangère. Toutes deux ont été victimes de l'intolérance religieuse et politique. Le peuple français a réhabilité Jeanne d'Arc en 1456 avant qu'elle fut canonisée Sainte de l'Église catholique en 1920 en dépit de la grande controverse sur sa vie. Les accomplissements de Kimpa Vita par contre ne sont pas reconnus. Une requête pour sa réhabilitation a été rejetée par le pape Paul VI en 1966. Cela n'a pas pour autant découragé un groupe des catholiques congolais qui ont introduit au Vatican en 1969 une autre requête pour l'ouverture d'une enquête en vue de sa béatification.

« *C'est en ma fin qu'est mon commencement* » avait dit Marie Stuart, reine d'Écosse (1542-1587), en montant sur l'échafaud. L'histoire de Kimpa Vita ne s'est pas arrêtée après sa mort sur sa terre de Kongo. Elle s'est prolongée à l'autre côté de l'Atlantique, en Amérique, où son message, son enseignement et ses idées ont inspiré des évènements historiques importants.

Beaucoup d'esclaves africains vendus en Amérique au 18e siècle étaient des Bakongo. Ils partaient des ports de Soyo et Kabinda pour être débarqués dans les îles des Caraïbes, aux États-Unis et au Brésil où ils ont apporté leur culture et continué de pratiquer leur religion. Nombre d'entre eux portaient des médailles des Antoniens, signes d'appartenance à la religion de Kimpa Vita.

La majorité des esclaves (plus de 60%) en Caroline du Sud aux États-Unis venaient de Kongo. Tous étaient des adeptes de Kimpa Vita, des hommes mystérieux qu'on créditait d'avoir le don d'ubiquité car pouvant disparaître et être retrouvés à plusieurs endroits différents à la fois. Le 9 septembre 1739 l'un d'eux, nommé Jemmy (appelé aussi Cato ou Cater du nom de son maître) réunit une vingtaine d'autres esclaves Bakongo, anciens soldats de l'armée du royaume de Kongo qui savaient utiliser des armes à feu pour attaquer une réserve d'armes. Après avoir recruté 60 autres esclaves, ils se lancèrent dans une marche vers le sud à partir du territoire de la rivière Stono, à environ 30 kilomètres de la Ville de Charleston, en direction de la Floride occupée par les Espagnols, où les conditions d'affranchissement des esclaves venaient d'être considérablement allégées. Sur leur chemin, ils saccagèrent les fermes des Blancs, tuant leurs propriétaires-maîtres des esclaves, criant « *Lukangu,Lukangu* » (vient de *kanga,* fermer en langue Kikongo, mais qui peut aussi dire le salut pour un chrétien), des mots tirés de la prière *Salva Antonia* de *Bundu di Mama Kimpa Vita*. Les fermiers blancs s'organisèrent rapidement en milices armées et réussirent à arrêter la marche des révoltés au terme d'une sanglante bataille dans laquelle ils perdirent une vingtaine des leurs et tuèrent une quarantaine d'esclaves. Les esclaves survivants furent tous décapités et leurs têtes exposées en signe d'avertissement.

Prenant la mesure de la gravité de la situation créée par ce qui est passé dans l'histoire américaine comme la plus grande révolte des esclaves, *Sono Rébellion*, l'état de Caroline du Sud adopta une loi connue sous l'appellation de *Negro Slave Acta of 1740*, portant principalement interdiction d'affranchir les esclaves même par des arrangements privés, et trois autres dispositions notamment: - la limitation de la circulation, du regroupement et de l'éducation des esclaves, - des pénalités et amendes à payer par les maîtres d'esclaves coupables de mauvais traitements sur leurs esclaves, - et l'interdiction d'importer des esclaves de Kongo pendant 10 ans. Les fermiers blancs de Caroline du Sud vendirent un grand nombre d'esclaves Bakongo aux Espagnols qui occupaient la Floride. Un terrain leur fut offert, sur lequel ils créèrent une nouvelle petite ville, *Santa Theresa de Moose*, considérée aujourd'hui comme la première ville des Noirs libres aux États-Unis. Aujourd'hui encore on trouve des traces de langue *Kikongo* dans une langue appelée *Mullah* et parlée par les Noirs américains vivant dans les régions côtières du Sud de la Caroline du Sud et de la Géorgie.

La deuxième vague des esclaves Bakongo arriva après l'expiration du moratoire de 10 ans. Un très grand nombre de ces nouveaux esclaves avaient été envoyés en Louisiane. C'est à la Nouvelle Orléans, la capitale de la Louisiane, où ils ont marqué leur présence par leur apport dans l'émergence d'un nouveau genre de musique aujourd'hui très populaire dans le monde. Profitant de la liberté qui leur était accordée le jour du dimanche, ils se réunissaient sur une place publique encore visible aujourd'hui dans le quartier des Noirs d'abord appelée *Place of Negroes*, puis *Place Publique* et *Circus Square* avant d'adopter son appellation définitive de *Congo Square,* où ils avaient érigé un marché, étaient autorisés à jouer leur propre musique et danser. En associant au tambour et au tam-tam les instruments de musique de l'homme blanc comme la guitare, le piano et la trompette, les esclaves jouaient une musique faite du mélange de divers courants musicaux et tirant son inspiration de chants de travail, *work songs*, et de cantiques religieux chantés dans les églises. Cette musique est surtout caractérisée par des improvisations, le musicien pouvant créer spontanément son œuvre en utilisant sa propre créativité et sa maîtrise de l'instrument ou sa voix. C'est la musique de Jazz.

Les premiers esclaves Bakongo sont arrivés en Saint Domingue dans les Caraïbes au début du 18e siècle, s'ajoutant aux esclaves venus d'Afrique de l'Ouest. Une législation française les considérait comme des *biens meubles* des planteurs blancs de la canne à sucre. Ils n'avaient pas droit à un quelconque jour de repos et étaient punis de mort en cas de fuite ou même de petits vols. Nombre d'entre eux fuyaient ces conditions de travail extrêmement difficiles pour chercher refuge dans les régions montagneuses du Nord. Se mélangeant avec des Indiens américains survivants de massacres perpétrés d'abord par les Espagnols et ensuite par les colons français, eux aussi en fuite, ils formaient une communauté dite de *Maroons*, développant une religion syncrétique des croyances africaines (Kongo, Fon du Benin, Yoruba du Nigeria), le *vaudou*. C'est là qu'apparut une figure emblématique de la résistance contre les planteurs blancs. Il s'appelait Makandala (transformé en Mack Dal), esclave venu de Kongo à l'âge de 12 ans. À l'âge adulte, il s'évada pour chercher refuge dans les montagnes du Nord d'Haïti où il rejoignit les *Marrons*. Makandala se proclama *Messie Noir,* prédisant que San Domingo allait être dirigé par les Noirs et que les Français seraient défaits. Il réussit à les convaincre qu'il avait été envoyé par Dieu pour libérer les Noirs de la domination des Blancs. En peu de temps, il s'imposa en leader des *Maroons*, rassemblant les groupes dispersés d'auto-défense pour créer une armée d'environ 10.000 soldats. Grand stratège, il développa un vaste réseau d'information pour mener une véritable guérilla par des attaques surprises des plantations au cri en Kikongo lancé par ses soldats « *Kanga Mundele, Kanga Ndoki* » (Arrêtez l'homme blanc, Arrêtez le sorcier), une expression tirée de « *Salva Antonia* », la prière de Kimpa Vita. Grand connaisseur des plantes, Makandala avait en plus réussi à composer un terrible poison qui servit d'excellente arme de terreur. Ce poison parvenait aux domestiques des planteurs blancs par des réseaux secrets qu'il avait créés, ce qui avait poussé nombre d'entre eux à fuir devant le risque d'empoisonnement.

Makandala fut arrêté, condamné à mort et exécuté le 20 janvier 1758. L'insurrection qu'il avait soulevée a causé la mort de 6.000 planteurs blancs. Elle est précurseur des mouvements de révolte des esclaves noirs de Saint Domingue qui vont apparaître à partir de 1771, s'intensifier avec la révolution noire conduite par Toussaint Louverture et aboutir avec la victoire de Jean-Jacques Dessalines par la proclamation de la première république noire, l'état d'Haïti, le 1er janvier 1804.

Les esclaves Bakongo ont laissé des traces qu'on peut encore retrouver aujourd'hui dans la culture et les pratiques religieuses traditionnelles au Brésil, au Venezuela, en Uruguay, en Colombie, en Argentine, au Pérou et dans les îles des Caraïbes. Le culte de *Candomblé,* appelé aussi *Macumba* dans la région de Rio de Janeiro au Brésil est une symbiose des religions et mythologies apportées par des esclaves Bakongo et ceux venus d'Afrique de l'Ouest entre 1549 et 1888. Deux branches coexistaient dans la pratique du culte de *Candomblé* ; le *Gege-Nago Candomblé* inspiré par les traditions Yoruba du Nigeria, et le *Candomblé do Kongo* par celles des Bakongo. Dans les deux branches, Jésus et les saints sont présentés en Noirs, comme dans l'enseignement de Kimpa Vita. La pratique du culte *Candomblé* était interdite car les planteurs blancs forçaient leurs esclaves à se convertir au christianisme. Malgré la persécution des contrevenants, la religion *Candomblé* est devenue très populaire surtout au Brésil où ses adeptes se comptent par millions.

Les esclaves venus de Kongo au début du 18e siècle avaient grandement contribué à la création de la *Samba*, une danse d'origine africaine qui, aujourd'hui, fait partie du patrimoine culturel du Brésil. Ernesto Joaquim Mario Dos Santos (1884-1974), aussi connu sous le nom de Donga, descendant des esclaves Bakongo, en fut le plus grand musicien. Mêlant les danses et cultes religieux africains, la *Samba* était à ses débuts jusqu'aux premières années du 20e siècle un moyen pour les Noirs de se rencontrer. C'était la musique des pauvres.

À la fin du 19e siècle, un esclave Ne-Kongo se distingua par son esprit rebelle à l'ordre établi, sa bravoure, son grand courage physique et surtout son engagement à défendre et protéger les faibles. Besouro Manganga, c'est son nom, attaquait au risque de sa vie les policiers et planteurs blancs qui maltraitaient les Noirs. Dans sa région natale de Bahia au Nord-est du Brésil, il est aujourd'hui célébré comme le symbole de bravoure.

Deux siècles avant Besouro Manganga, Zumbi, un autre Ne-Kongo s'était illustré dans la lutte contre l'oppression des occupants portugais au Brésil. Encore adolescent, Zumbi avait appris le catéchisme, le portugais et le latin, ce qui l'avait rendu capable d'assister les prêtres dans la célébration des messes. Il s'évada pour gagner le *Quilombo dos Palmares*, l'un des villages des esclaves fugitifs, où grâce à sa force physique et ses qualités de stratège militaire, s'imposa rapidement en véritable leader des *Quilombos* de la région de Palmarès qu'il voulait établir en états libres. Il rejeta la proposition de libérer les esclaves de Palmarès que lui firent les

Portugais en échange de la cessation de son insurrection, exigeant la libération de tous les esclaves africains partout au Brésil. Devant cette intransigeance, les Portugais montèrent une grande opération militaire pour défaire ses forces. Il fut capturé et décapité le 20 novembre 1695. Sa tête fut exhibée en public à Recife pour démentir l'immortalité que lui prêtaient les Noirs et décourager toute autre tentative de rébellion. Aujourd'hui au Brésil le 20 novembre est célébré comme un jour de prise de conscience des Afro-Brésiliens qui honorent Zumbi comme un héros national, combattant et symbole de la liberté.

Deux différentes communautés d'esclaves s'étaient formées en Jamaïque; celle dite « *Maroon Nation* » composée des esclaves venus d'Afrique de l'Ouest, et la *«Kongo Nation»* constituée des esclaves Bakongo. Bien que séparées géographiquement, les deux communautés croyaient en la négritude de Jésus, bien exprimée par le mouvement du *Jah Rastafari*, comme si la religion des Bakongo fondée sur le message de Kimpa Vita avait prédominé. Les Jamaïcains d'origine Kongo d'aujourd'hui parlent une langue similaire au Kikongo. Leur culture est basée sur le *Kumina,* à la fois religion, danse et une musique animée par un drum appelé *Ngoma,* qui tire son origine des pratiques religieuses des Bakongo et des Yorubas. Enfin, leur attachement au souvenir de leur origine Kongo se manifeste par des signes extérieurs comme les tresses « *Dreadlocks Kongo* » popularisées par le musicien Natty Kongo.

Les premiers esclaves Bakongo sont arrivés à Cuba au début du 16e siècle. Fuyant les mouvements révolutionnaires, ils avaient trouvé refuge dans les montagnes de l'Est de Cuba où ils ont créé des villages appelés *Les Palenquens* à l'exemple des *Quilombos* au Brésil. Ces *Camarrones Kongo,* comme on les appelait, pratiquaient le *Palo Mayombe*, une religion dérivée de celle de Kimpa Vita et par laquelle ils pouvaient communiquer avec les esprits. Ces Bakongo se sont aussi illustrés dans le mouvement indépendantiste de Cuba (1869-1878) connu sous le nom de « *Grito de Yara* » (Cri de Yara), célébré le 10 octobre. On cite Mariano Ganga, Domingo Macua, Felipe Macua, Mayimbe José Dolores, Ambrosia Congo, Felipe Ganga et Lorenzo Ganga, sans oublier une femme, Ma Dolores Iznaga, qui soignait les soldats indépendantistes.

Les Congolais, les Bakongo en particulier, doivent être fiers de l'extraordinaire histoire de Kimpa Vita. Ses idées, son message et son enseignement avaient atteint le continent américain où ils ont eu une influence considérable sur d'importants mouvements historiques, en plus de la culture et la religion.

Kimpa Vita a voulu libérer le royaume de Kongo de la domination portugaise, le réunifier sous l'autorité d'un seul roi et lui redonner la prospérité et sa grandeur d'antan. Elle a voulu concilier le dogme du christianisme avec les traditions des Bakongo. Les missionnaires catholiques l'ont combattue et accusée d'hérésie et de blasphème. Le roi de Kongo qui la considérait comme une rivale politique avait cédé à leurs pressions pour la mettre en jugement, démontrant par là la collusion des intérêts des occupants étrangers avec le pouvoir local pour étouffer tout mouvement véritablement nationaliste. Comme Sainte Jeanne d'Arc de France, Kimpa Vita mourut sur le bûcher en martyr de la foi chrétienne, le nom de Jésus en bouche. Cependant, l'Église catholique par le Pape Paul VI a rejeté en 1966 une requête pour sa réhabilitation et rien n'assure que la deuxième requête introduite depuis 1969 pourra être agrée. Les Congolais n'en ont pas besoin pour donner à Kimpa Vita la place qu'elle mérite dans leur histoire : pionnière du combat de libération du Congo, et grande inspiratrice des idéaux de grandeur et d'unité nationale.

III

LÉOPOLD II

CONGO BUSINESS

Léopold II (1835-1908)

A la naissance le 9 avril 1835 de Léopold Louis Philippe Marie Victor qui deviendra Léopold II, deuxième roi des Belges, la Belgique avait à peine 5 ans d'existence. Elle venait de se libérer de l'occupation hollandaise en 1830 mais vivait encore sous la menace de la convoitise expansionniste de la France napoléonienne et n'était pas reconnue par d'autres grandes puissances européennes de l'époque notamment l'Autriche et la Russie, à l'exception de l'Angleterre.

Le 17 décembre 1865 quand il accéda au trône, Léopold II tint ces propos, « *Je n'ai d'autre désir que de laisser la Belgique plus grande, plus forte et plus belle* ». Il savait que les traités conclus garantissant la neutralité de la Belgique en cas de conflits armés en Europe ne l'ont pas été dans l'intérêt de la Belgique et que ses puissants voisins pouvaient les ignorer s'ils devaient un jour protéger leurs propres intérêts, et avait compris que pour survivre dans cet environnement peu sûr, son pays devait s'élever au rang de puissance coloniale. Léopold II réussit à réaliser cette grande ambition pour son pays « *petit pays, petites gens* » comme il le déclara une fois, en se taillant au centre de l'Afrique un vaste territoire de plus de 2 millions de kilomètres carrés où il établit son empire personnel sous l'appellation d'État Indépendant du Congo.

Déjà dans son enfance, il exprimait une grande passion de découvrir des contrées éloignées. Alors que son père, Léopold 1er, premier roi des Belges, voulait l'initier à la politique et la diplomatie européenne avant son accession au trône, il avait préféré voyager à la recherche des opportunités d'expansion de la Belgique par la réalisation de grands investissements ou l'acquisition des colonies. Son passage par Athènes en 1860 d'où il ramena un morceau de marbre de l'Acropole portant son effigie et les écrits «il faut une colonie à la Belgique» fut la meilleure expression de son obsession pour les colonies. Mais ses aventures pour en obtenir une au Moyen-Orient, en Extrême-Orient, en Chine et en Amérique et sa tentative d'acheter les Philippines à l'Espagne échouèrent. Il en avait cependant tiré une leçon: c'est que pour être rentable, la production dans une colonie doit être assurée par des sociétés privées concessionnaires utilisant des contremaîtres à qui devraient être accordées des primes en fonction de leur rendement, et aussi par la soumission des populations locales au travail forcé. Cette leçon aura des conséquences funestes quand elle sera mise en pratique plus tard au Congo: 10 millions de Congolais périront, victimes de la brutalité, des massacres, mauvais traitements, et abus du système d'exploitation des ressources qu'il y instaurera.

Au moment où Léopold II accéda au trône, les pays européens étaient déjà lancés dans la course des colonies en Afrique. Il suivait avec beaucoup d'intérêt les échos des expéditions des explorateurs et finit par tourner son regard vers ce continent où existaient encore des « *vastes espaces inoccupés* ».

Roi d'un petit pays ne pouvant confronter ouvertement les puissances engagées dans la conquête coloniale, il s'est servi de son génie diplomatique exceptionnel et de son sens élevé des relations publiques pour atteindre ses fins: se faire attribuer tout le bassin du fleuve Congo! Dans certaines circonstances, il n'a pas hésité à recourir à des pratiques peu orthodoxes comme la dissimulation, le mensonge, la manipulation, la désinformation, l'intimidation, la corruption et la falsification.

Léopold II entra en scène en mettant en avant la lutte contre la traite pour justifier la colonisation, en plus de l'apport de la civilisation et de la christianisation aux peuples africains. Le 12 septembre 1876, il réunit à Bruxelles la Conférence Géographique Internationale. Des scientifiques, géographes et explorateurs de renom y prirent part. Le but inavoué était d'imposer son image de grand défenseur des causes humanitaires en Afrique.

Cette conférence se termina par la création de l'*Association Internationale Africaine*, l'AIA, dont le principal but proclamé était de combattre l'esclavage. Des stations militaires devraient ainsi être implantées dans les territoires de l'Est de l'Afrique jusqu'au lac Tanganyika, mais Léopold II s'efforça à les concentrer dans la partie Est du Congo. Un drapeau portant en son milieu une étoile jaune, symbole de la lumière dans les ténèbres africaines, sur fond bleu (qui a toujours fasciné les Congolais !) et qui a servi jusqu'à l'indépendance du Congo en 1960 fut adopté.

Les informations sur la traite recueillies par l'AIA contenaient des détails tellement horribles au point d'émouvoir profondément l'opinion. Les soutiens affluèrent de toutes parts. Encouragé par ce succès, Léopold II invita Stanley à Bruxelles pour discuter secrètement de ses visées sur le Congo.

C'est à cette occasion que Stanley lâcha cette célèbre phrase: « *Sans chemin de fer, le Congo ne vaut pas un penny* ». Léopold II en fut fortement impressionné tout en réalisant que l'entreprise serait très coûteuse. Il engagea Stanley à son service lui confiant la mission d'explorer la région et de créer des stations le long du fleuve afin d'habituer l'opinion belge et les autres pays européens à ses prétentions d'occupation.

Alors que l'explorateur français Savorgnan de Brazza avait déjà obtenu du roi Makoko qui régnait sur toute la région de *Stanley Pool* la reconnaissance de la souveraineté française, Stanley réussit à acheter un terrain sur la rive gauche du fleuve sur lequel il fonda le poste de Léopoldville le 31 décembre 1881.

En 1882, le parlement français ratifia le traité signé entre Savorgnan de Brazza et le roi Makoko. C'est à ce moment-là que Léopold II manœuvra en portant son attention sur le bassin du Kouilou-Niari (au Nord de *Stanley Pool* dans l'actuel Congo-Brazza), de manière à dévaloriser la possession française de *Stanley Pool* en la coupant de la mer. Il détenait ainsi une monnaie d'échange pour négocier la possession de la rive gauche du fleuve Congo.

La construction de la route des caravanes fut terminée à la fin de l'année 1881, permettant d'y amener de nombreuses embarcations et de les lancer sur le fleuve jusqu'à Stanley Falls (Kisangani). Stanley se mit ainsi à installer des stations le long du fleuve et à faire signer par les Chefs coutumiers locaux analphabètes des actes de cession de leurs terres.

Au même moment, le Portugal appuyé par l'Angleterre menaçait les plans de Léopold II. L'embouchure du Congo ainsi que toute la région côtière n'étaient-t-elles pas siennes ? Pour contrer cette nouvelle menace, Léopold II recourut à une intense campagne médiatique destinée à faire discréditer le Portugal dans l'opinion en l'accusant de continuer la traite et d'avoir négligé ses possessions. Le Portugal devait par conséquent perdre tous ses droits. Son projet fut par contre présenté comme le modèle d'un colonialisme humanitaire! Cette campagne réussit si bien que le Congrès américain reconnut le 11 avril 1884 le drapeau de l'*Association Internationale Africaine* devenue ensuite *Association Internationale du Congo* (AIC), désormais considérée comme un État international destiné à garantir la liberté du commerce pour tout le monde.

Ce résultat était dû au travail de lobbying entrepris par Henry S. Sanford, l'agent américain de Léopold II. Celui-ci avait bien exploité l'amplification du mouvement de retour des Noirs américaines en Afrique. En effet, les Américains espéraient résoudre la question de la ségrégation raciale en encourageant le retour des Noirs en Afrique où ils pouvaient, espéraient-ils, réaliser des investissements profitables aux États-Unis dans le cadre d'une Confédération des Républiques Nègres.

En jouant la carte américaine, Léopold II savait qu'une fois qu'un état important reconnaît l'existence d'un autre, d'autres états sont susceptibles de suivre. Ayant déjà réussi à imposer dans l'opinion une image de grand philanthrope et non de colonialiste et fait construire la route des caravanes, il se distinguait par une politique différente de celle des autres pays lancés dans la course des colonies.

Il devait cependant contenir les ambitions de la France et du Portugal qui continuaient d'avoir des prétentions sur le Congo encore inoccupé, car le Congo suscitait toutes les convoitises et était devenu un enjeu important des manœuvres politiques des puissances européennes. Des confrontations armées pour sa possession étaient à craindre.

Prenant la mesure de la situation, le Chancelier allemand Otto Von Bismarck prit l'initiative de réunir les pays européens dans le but de repartir pacifiquement les parties « *inoccupées* » du continent africain. Cette conférence fut ouverte à Berlin le 8 novembre 1884.

La Conférence de Berlin avait réuni 14 pays européens (Belgique, Danemark, France, Allemagne, Autriche, Hongrie, Royaume Uni, Hollande, Russie, Espagne, Portugal, Suède, Norvège et Italie), et les États-Unis d'Amérique. À l'absence de Léopold II, Henry S. Sanford et Stanley qui faisaient partie de la délégation américaine défendirent avec opiniâtreté sa politique congolaise.

Les fleuves et les rivières étant les seuls éléments clairement indiqués sur les cartes avaient servi au partage de l'Afrique. Là où ils n'existaient pas, les puissances européennes ont tracé des lignes droites sur les cartes sans tenir compte des réalités ethniques, culturelles, historiques ou géographiques. Ainsi des groupes ethniques qui auparavant avaient organisé leurs propres structures sociales et politiques se sont vus divisés.

La possession du Bas-Congo fut au centre des marchandages avant et au cours de la Conférence de Berlin. En utilisant la région du Kouilou-Niari comme monnaie d'échange pour la possession de la rive gauche du *Stanley Pool*, du Manianga et du Mayombe, Léopold II avait déjà amené la France à signer un accord donnant à celle-ci un droit d'option sur le Congo en cas de vente.

La France qui considérait l'AIC comme une aventure sans lendemains, reconnut l'AIC. Elle fut suivie par les autres pays européens, sauf le Portugal et la Belgique. Plus tard lorsque Léopold II sera contraint de céder le Congo à la Belgique, la clause d'option ne jouera pas étant donné qu'il ne s'était pas agi de vente.

Le Portugal qui continuait de revendiquer ses droits sur le Bas Congo fut contraint de céder face aux pressions de la France, des États-Unis et de l'Allemagne, en signant une convention avec Léopold II pour délimiter les frontières de ses possessions avec le Congo. L'enclave de Cabinda revint au Portugal et la frontière sur le fleuve Congo fut fixée jusqu'à Noki, pour se prolonger en une ligne droite tracée jusqu'à la rivière Kwango à l'Est, avant de suivre le cours du Kwango vers le Sud. D'autres accords allaient suivre pour délimiter les territoires non explorés du Sud-est.

À sa clôture le 26 février 1885, la Conférence de Berlin rendit un vibrant hommage à Léopold II, absent. N'avait-il pas démontré son humanisme en combattant la traite arabe? N'avait-il pas ouvert le Congo au commerce en construisant la route des caravanes? Et enfin n'avait-t-il pas déclaré ses bonnes intentions d'apporter la civilisation et de promouvoir le bien-être des populations africaines ?

Le Chancelier allemand Otto Von Bismarck traduisit mieux le sentiment général déclarant que l'AIC était appelée à devenir « *le gardien de l'œuvre que les pays européens avaient en vue* ».

La Conférence de Berlin plaça ainsi tout le bassin du fleuve Congo non sous l'autorité d'un État, mais plutôt d'une organisation privée qui avait mis au premier plan de son action des considérations humanitaires : la lutte contre l'esclavage, l'expansion du christianisme et de la civilisation, et la liberté du commerce. Cela eut pour avantages de contenter tout le monde et de neutraliser les prétentions des grandes puissances européennes.

Le 1er juillet 1887 la création de l'État Indépendant du Congo, EIC, fut proclamée à Vivi, sur la rive droite du fleuve Congo en amont de la Ville de Matadi, par l'Anglais sir Francis de Winton premier gouverneur général. Léopold II en devint le Chef de l'État suivant une autorisation accordée par le parlement belge le 16 avril 1885.

Afin de mettre en valeur le vaste territoire lui reconnu par la Conférence de Berlin, Léopold II entreprit la construction du chemin de fer Matadi-*Stanley Pool* devant remplacer la route des caravanes. Commencés en 1887 sous la conduite du général belge Albert Thys et la mise au travail des milliers de personnes venant d'Afrique de l'Ouest et de la Chine, les travaux prirent fin en 1898.

De grandes difficultés attendaient cependant Léopold II pour s'assurer le contrôle du Congo. Pendant que les Européens étaient occupés à trouver des arrangements pour le partage du continent, toute la région de l'Est du Congo, de la rivière Lomami à l'Ouest, au lac Tanganyika à l'Est, et des *Stanley Falls*(Kisangani) au Nord, au Nord du Katanga, était mise à coupe réglée par des négriers arabes venus de Zanzibar. Il s'agissait en réalité de métis, appelés Swahilis, nés d'Arabes installés sur la côte de l'océan Indien et de femmes noires autochtones. Tippo-Tippo, de son vrai nom Hamed ben Mohamed el-Murjebi, y régnait en maître absolu, contrôlant tous les trafics d'esclaves et d'ivoire. Il avait même pu élargir son terrain de chasse vers l'Ouest après avoir lancé ses hommes sur les traces de Stanley dans sa descente du fleuve Congo.

Plus au Nord en Egypte, les Britanniques étaient confrontés à la révolte des islamistes mahdistes. Après avoir exécuté le gouverneur britannique Charles Gordon, ils menaçaient de conquérir la région du Sud du Soudan appelée Equatoria. Ils exigeaient la soumission de la reine Victoria et sa conversion à l'islam avant tout arrangement avec l'Angleterre. Devant la poussée des Mahdistes, le gouverneur de l'Equatoria, Emin Pacha, Allemand de naissance sous le nom de Eduard Carl Oscar Hérédo Schnitzer partit se réfugier à Ailai sur les bords du lac Albert, d'où il lança des messages de détresse. Le public britannique, très choqué et indigné par les exigences des Mahdistes se mobilisa pour organiser une expédition de secours, mais le gouvernement britannique qui avait déjà engagé ses troupes dans la campagne d'Egypte choisit de différer son intervention militaire.

Voyant le grand bénéfice publicitaire qu'il pouvait tirer pour faire avancer ses visées d'occupation de l'Equatoria (région du Sud du Soudan jusqu'au lac Albert), Léopold II accepta de libérer Stanley qu'il avait encore sous contrat pour conduire une expédition de secours à Emin Pacha. Il engagea en plus Tippo Tippo à son service pour aider Stanley, le nommant Gouverneur de Stanley Falls ! Léopold II espérait aussi récupérer un trésor attribué à Emin Pacha, d'une valeur estimée à 100.000 livres de l'époque constitué de 6.000 pointes d'éléphant.

L'expédition de sauvetage d'Emin Pacha échoua lamentablement sans pour autant décourager Léopold II dans son projet d'occupation de l'Equatoria et des territoires septentrionaux du Congo. Il y envoya de nouvelles expéditions militaires qui occupèrent Lado et Redjaf avec l'aide des Azandés ralliés pour se mettre sous la protection de l'État Indépendant du Congo contre les Mahdistes venant du Nord et les hordes de Tippo Tippo au Sud. Léopold II pour sa part craignait la réalisation d'une coalition islamiste entre les Mahdistes et Tippo Tippo.

Dans l'entre-temps, l'Angleterre et la France venaient de mettre en déroute les Mahdistes en Egypte et au Nord du Soudan et avaient conclu un accord (l'Accord anglo-français de 1888) qui ignorait la présence de l'Etat Indépendant du Congo dans l'Equatoria. Comprenant qu'il ne pouvait pas faire front à la coalition anglo-française, Léopold II se résigna et abandonna ses prétentions sur l'Equatoria. En 1908 il signa avec l'Angleterre un accord fixant la frontière Nord de l'EIC sur la ligne de partage des eaux du Congo et du Nil et se prolongeant jusqu'au lac Albert.

L'occupation du centre et de l'Est du Congo s'avéra plus difficile. Toute cette région était sous l'emprise des esclavagistes métis arabes, appelés Swahilis, et aussi des Zanzibarites ou Arabes noirs venus de Zanzibar. C'étaient des Africains convertis à l'islam et qui étaient convaincus de leur supériorité sur les païens africains non-croyants. Ils menaient des razzias sauvages sur les villages, confisquant les biens et prenant en captivité tous les survivants.

Des colonnes d'esclaves enchaînés portant des pointes d'ivoire et s'étendant sur des kilomètres partaient de l'intérieur du Congo vers Zanzibar. Les esclaves qui tombaient sur la route par suite de fatigue ou de maladie étaient tout simplement achevés et leurs corps abandonnés dans la forêt. Les bébés et les jeunes enfants que portaient les femmes esclaves connaissaient le même sort, car il fallait alléger la charge pour assurer le transport de l'ivoire. Selon des sources concordantes, sur 5 esclaves partis du Congo, 4 mourraient en route. Durant les années de la traite arabe, 50.000 à 100.000 esclaves arrivaient ainsi chaque année à Zanzibar.

Avant de se lancer à la conquête de ces territoires, Léopold II voulut d'abord sensibiliser, convaincre et mobiliser l'opinion européenne sur la cause qu'il prétendait défendre: l'éradication de l'esclavage. Il organisa à cet effet à Bruxelles de Novembre 1889 à Juillet 1890 le Congrès Antiesclavagiste dont la principale résolution fut l'autorisation qui lui fut accordée de percevoir les taxes sur les importations, contournant ainsi le principe de la liberté de commerce instauré par la Conférence de Berlin.

Comprenant que pour occuper le Congo il lui fallait organiser une armée, il créa la Force Publique en 1886. Celle-ci était à ses débuts composée d'Africains recrutés en Afrique de l'Ouest (Haoussas), en Somalie, en Egypte, à Zanzibar et en Afrique du Sud (Xhosas du Natal).

Les soldats étaient placés sous le commandement d'officiers européens venus de Belgique et de partout en Europe principalement d'Italie et de la Scandinavie.

Quatre missions étaient assignées à la Force Publique : maintenir l'ordre dans les territoires occupés; occuper et sécuriser ces territoires et les frontières ; assurer la mise en exécution de la politique d'exploitation des ressources du Congo et assurer la mise en exécution des décisions de justice. Ces missions n'avaient pas changé jusqu'à l'accession du Congo à l'Indépendance. Le règlement militaire de la Force Publique par exemple qui recommandait au soldat de considérer le civil comme un ennemi est resté inchangé des années durant après l'Indépendance !

En 1894, Léopold II décida l'enrôlement obligatoire des Congolais. Les premiers à joindre les rangs de la Force Publique venaient des tribus de la région de l'Equateur, les Bangala, gens du fleuve habitués aux contacts avec d'autres tribus et considérés à l'époque par les belges comme plus ouverts. Ce fut ensuite les Batetela du chef militaire Ngongo Lutete qui venait de rompre son alliance avec Tippo Tippo. Pour contrebalancer la grande prédominance des Bangala et des Batetela, obligation fut faite par la suite à chaque tribu du Congo de fournir un contingent de recrues. Les chefs coutumiers en profitèrent pour se débarrasser des éléments gênants ou des marginaux et parfois fournirent des esclaves.

C'est avec un collier au cou que les recrues quittaient le village pour rejoindre le camp militaire. En règle générale, ils signaient un contrat de 7 années au terme duquel ils pouvaient choisir entre le réengagement et la démobilisation. Dans ce dernier cas, ils regagnaient leur village où ils jouissaient d'un certain prestige et devenaient des candidats privilégiés aux postes d'encadrement des équipes de travail dans les sociétés coloniales.

Les Congolais ne pouvaient prétendre à un quelconque grade d'officier. On y entrait avec le grade de soldat de 2e classe, on en sortait avec celui de sergent-major, le grade le plus élevé qu'un congolais pouvait normalement atteindre. Les conditions de vie dans les camps militaires de la Force Publique étaient des plus difficiles. L'alimentation était très pauvre, les salaires modiques, la discipline très rigoureuse et les punitions très sévères et pénibles. Cela créa des frustrations qui dégénérèrent en mutineries et révoltes dont les plus importantes furent menées en 1895 et 1897 par les soldats de la garnison de Luluabourg (Kananga) et les soldats Batetela conduits par Ngongo Lutete.

Afin de prévenir des révoltes à caractère tribal, l'EIC instaura le principe de limiter le nombre des soldats appartenant à une même tribu à 25% des effectifs d'un contingent. La conséquence immédiate de cette disposition fut le recul de la langue des Batetela, le Kitetela, au profit du Lingala, la langue du commerce des peuples du fleuve qui finira par s'imposer comme langue officielle de la Force Publique. Cependant avec l'incorporation des mots français ou tirés d'autres langues congolaises, le lingala de la Force Publique appelé « *Kisoldat* » se distinguait du Lingala traditionnel.

La Force Publique fut souvent appelée à faire taire toute révolte des populations comme la répression des adeptes du prophète Simon Kimbangu suivie de deux décrets d'interdiction pris en1936 et 1940, et celle, très sanglante (300 morts) de la révolte en 1930 des populations de Luluabourg qui protestaient contre l'effondrement des prix de l'huile de palme. Elle a apporté un appui remarquable aux forces Alliées pendant les deux Guerres Mondiales. Pendant la Deuxième Guerre Mondiale par exemple, 200 soldats congolais partirent au front d'Ethiopie à la demande de la Grande-Bretagne. Ses troupes participèrent également à des campagnes conjointes avec les troupes françaises du Général de Gaule dans les territoires de l'Afrique occidentale française ainsi qu'aux campagnes des Alliés en Afrique du Nord. Quatre cents soldats congolais participèrent aux missions de l'Ambulance belge de Campagne au Kenya, en Somalie, à Madagascar et en Birmanie, pour apporter des soins aux soldats alliés blessés.

La conquête du Sud du Congo fut particulièrement difficile, la région du Katanga étant aussi convoitée par les puissances européennes, particulièrement l'Angleterre, à cause des richesses minières immenses de son sous-sol découvertes en 1891.

Un puissant monarque, M'Siri, y régnait. Né en 1830 à Ngelengwa dans le Nord-ouest de l'actuelle Tanzanie, M'Siri appartenait à la tribu des Wanamwenzi. Son père, Mazwiri-Kalasa, avait prospéré dans le commerce de l'ivoire et des esclaves avec les marchands arabes. Il s'était ensuite intéressé au cuivre de la région du Katanga où il avait pu établir des alliances de sang avec des chefs locaux. Lors d'un de ses voyages au Katanga, il amena son fils avec plusieurs accompagnateurs dont certains y restèrent. Ils furent appelés « *Bayeke* », chasseurs d'éléphant. Vers 1858, M'Siri s'installa à demeure au Katanga. Au cours des années suivantes, il s'imposa aux chefs locaux par la force des armes à feu et put se créer un royaume sur le territoire allant de la rivière Luapula à l'Est au fleuve Congo à l'Ouest.

La brutale domination de M'Siri fit naître de grandes frustrations et la haine des autochtones. Les révoltes qui s'en suivirent dont la plus importante fut celle des Basanga, affaiblirent considérablement son royaume.

Pendant ce temps, Léopold II qui dans son entendement considérait toujours que le Katanga lui avait aussi été attribué par la Conférence de Berlin peaufinait ses plans d'occupation pour contrecarrer les manœuvres de l'Angleterre qui exigeait de M'Siri la reconnaissance de sa souveraineté sur le Katanga.

En 1886, Léopold II s'engagea à concéder pour une période de 99 ans à la *Compagnie du Congo pour le Commerce et l'Industrie* (CCCI) crée par son officier d'ordonnance Albert Thys, rebaptisée plus tard *Compagnie du Katanga*, le tiers du territoire du Katanga si celui-ci était intégré dans l'EIC. En plus, l'exploitation de toutes les richesses qui y seraient trouvées pendant les 20 premières années de son existence lui appartiendraient en totalité. Aussitôt créée, la CCCI organisa (1891-1892) une expédition militaire au Katanga. M'Siri voulait obtenir l'aide en fusils et poudre pour combattre la rébellion des Basanga, alors que l'expédition de la CCCI voulait sa soumission au drapeau de l'EIC. Il fut tué pendant le siège de Bukenya, la capitale du royaume, au cours d'une altercation avec un officier belge de l'expédition, le Capitaine Omer Bodson.

Le territoire du Sud-est du Katanga à la forme de la queue de raie sur la carte et qui s'enfonce dans la Rhodésie (actuelle Zambie) était encore réclamé par la Grande-Bretagne, raison pour laquelle celle-ci n'avait pas reconnu la souveraineté de Léopold II sur le Congo encore moins celle de la Belgique jusqu'au déclenchement de la Première Guerre Mondiale. La Belgique ayant rejoint la coalition franco-britannique contre l'Allemagne, la Grande-Bretagne avait finalement salué ce geste par la reconnaissance en 1913 de l'annexion du Congo à la Belgique.

D'autre part, les Allemands convoitaient les territoires du Nord du Congo. Ils n'avaient pas abandonné leur projet jamais réalisé de relier le Cameroun à leurs possessions d'Afrique orientale en prenant possession de la partie Nord du Congo. L'Allemagne revendiquait en outre une partie des territoires de l'Est du Congo en utilisant les cartes présentées par la délégation de Léopold II à la Conférence de Berlin, dont l'une faisait apparaître les limites du territoire congolais à l'Ouest du lac Tanganyika. La défaite de l'Allemagne à la Première Guerre Mondiale étouffa ses ambitions territoriales. La Force Publique avait dans l'entre-temps occupé les territoires allemands de l'Afrique Orientale. Tabora tomba le 19 septembre 1916, mais la Belgique ne put tirer avantage de cette victoire militaire pour revendiquer la possession de ces territoires. Elle dut reculer face à l'opposition des grandes puissances victorieuses pour se contenter du mandat de tutelle sur le Rwanda et l'Urundi (actuel Burundi) lui conféré par la Société des Nations.

Les frontières du Congo ayant ainsi été grossièrement tracées dès 1892, Léopold II pouvait alors commencer l'exploitation des richesses du vaste territoire, 80 fois plus grand que son royaume de Belgique, que la Conférence de Berlin avait placé sous son contrôle personnel.

Pour le mettre en valeur et exploiter ses richesses, il lui fallait beaucoup d'argent. Comme les taxes sur les exportations et les importations ne suffisaient pas, il prit alors en 1891-1892 des décrets portant sur le monopole du commerce de l'ivoire et du caoutchouc au profit de l'EIC. Il créa ensuite trois zones d'exploitation dont deux dans l'Equateur constituées en concessions de 15 années furent attribuées à la Société Anversoise du Commerce du Congo, connue aussi sous le nom de l'Anversoise et à l'Anglo Belgian India Rubber Company, ABIR. La charte ou l'accord qui les liaient à l'EIC leur faisait obligation de verser à celui-ci la moitié de leurs profits. La troisième zone fut confiée à une société créée à sa propre initiative pour l'exploitation de toute la région comprise entre le Kasaï et le Lac Tumba. C'était le Domaine Privé du Roi. Dans la pratique ces sociétés dites à charte se comportaient comme en territoire conquis et exerçaient toutes les fonctions généralement reconnues à un gouvernement : assurer l'ordre, gérer l'économie et construire les infrastructures.

À partir du début des années 1890, la demande de l'ivoire commença à diminuer fortement pendant que celle du caoutchouc augmentait de manière fulgurante. L'Irlandais John Dunlop venait de réussir en 1888 à fabriquer la chambre à air gonflable à partir de la technique de vulcanisation mise au point auparavant par deux Américains, Charles Nelson Good Year et Thomas Hancock. La demande du caoutchouc pour la fabrication des pneus devint de plus en plus importante.

Le caoutchouc sauvage se trouvait en abondance au Congo; il pouvait être obtenu en faisant une simple entaille dans une espèce de liane poussant dans les forêts congolaises, la *landolphia,* et recueillir le liquide laiteux qui en coulait et coagulait presqu'instantanément.

Voyant l'immense bénéfice généré par le caoutchouc, Léopold II qui au départ faisait payer l'impôt en caoutchouc, imposa le système de quotas de livraison par villages. Des primes étaient payées aux agents de l'EIC pour les performances réalisées. Il va de soi que ce système conduisit à de graves scandales, la collecte du caoutchouc étant devenue un moyen facile d'enrichissement pour ces agents revêtus de toute l'autorité sur le territoire sous leur contrôle. Les soldats de la Force Publique ainsi que des tribus réputées pour leur esprit belliqueux furent mises à contribution pour soumettre les populations congolaises.

En l'espace de quelques années, tout le territoire congolais fut transformé en un vaste camp de travail forcé. D'atroces peines étaient infligées à ceux des Congolais qui ne livraient pas le quota de caoutchouc imposé. Les membres du corps, souvent les mains, étaient coupés et parfois, comme il arrivait souvent, les «fautifs» étaient simplement abattus.

L'arbre à caoutchouc devenant de plus en plus rare dans l'environnement immédiat des villages, il fallait parcourir des distances de plus en plus longues dans la forêt à sa recherche. Malgré la peine grandissante du travail, les Congolais étaient toujours forcés de fournir le même quota imposé.

Combien de Congolais périrent du fait de cette pratique brutale de collecte du caoutchouc ? 10 millions selon les estimations les plus conservatives.

Grâce aux énormes profits tirés du caoutchouc, Léopold II entreprit de grands travaux d'embellissement de la Belgique dans le but inavoué de convaincre l'opinion belge encore sceptique quant à la viabilité et l'importance de son aventure congolaise pour la Belgique. Le Musée Royal d'Afrique Centrale, connu anciennement sous l'appellation de Musée de Tervuren et l'Arche du Cinquantenaire dans la Ville de Bruxelles par exemple, comptent parmi les nombreuses grandes constructions réalisées avec l'argent tiré du sang congolais. Le Musée Royal d'Afrique Centrale a ceci de particulier qu'il est la mémoire du Congo, en ce qu'on y trouve rassemblées toutes les connaissances du Congo sous tous ses aspects. On y trouve par exemple 300.000 différents échantillons de pierres (rocs), des centaines de dossiers d'archives minières, 20.000 cartes géographiques et environ 300.000 photographies aériennes. Léopold II envisageait en plus de construire une autoroute contournant toute la Belgique.

Avec l'argent du Congo Léopold II mena un train de vie de très grand luxe se lançant dans des conquêtes d'un autre genre, les conquêtes féminines cette fois, dont celle d'une très jeune femme de petite vertu âgée de 18 ans du nom de Caroline Blanche Delacroix ren contrée dans un luxieux palace parisien. Le grand scandale provoqué par cette relation dans toute l'Europe, à cause surtout de la très grande différence d'âge -48 ans- entre les deux partenaires, et la désapprobation des Belges qui ne manquaient aucune occasion pour manifester ouvertement leur hostilité à l'égard de Caroline, n'avaient pu décourager Léopold II. Celui ci continua de témoigner à Caroline de nombreux signes d'amour en la couvrant de cadeaux très coûteux en bijoux et vêtements et de dons des propriétés (hôtels particuliers, châteaux, ...). Comme si cela n'avait pas suffi, Caroline reçut le titre de courtoisie de Baronne de Vaughan. Elle avait donné deux enfants Léopold II, Lucien qui a vécu jusqu'en 1984 et Philippe Henri Marie, tous deux revêtus de titres de noblese respectivement de Duc de Tervuren et de Comte de Ravenstein.

Le 14 décembre 1909, trois jours avant sa mort, Léopold II se mit en règle avec l'église en épousant religieusement Caroline, lui donnant ainsi droit à la succession. Caroline hérita d'une part relativement importante de la fortune de Léopold II dont des titres des sociétés congolaises, soulevant l'indignation des Belges. L'ironie est que devenue riche Caroline n'a pas longtemps vécu son veuvage, étant revenue à ses anciennes amours une année à peine après la mort de Léopold II, en épousant son ancien amant-proxénète Antoine Emmanuel Durieux !

Profitant de la tenue de l'Exposition Internationale de Bruxelles en 1897, Léopold II avait fait venir 267 Congolais du Bas-Congo et de l'Equateur, des soldats de la Force Publique et des Pygmées, dans le but de montrer le résultat de ses efforts de civilisation. Des « *villages congolais* » furent construits à l'identique, comme un zoo humain, où ces Congolais pouvaient exhiber leur mode de vie à la grande joie des visiteurs. De ces 267 touristes congolais d'un genre particulier, sept ne purent rentrer dans leur pays. Ils étaient morts de froid et furent enterrés à la sauvette loin des cimetières belges car n'étant pas considérés comme des hommes à part entière. Grâce à l'action de l'Église St Jean Evangéliste de Tervuren, leurs corps ont été rassemblés en 2006 et enterrés dans des tombes individuelles portant leurs noms, dans un coin des jardins du Park de Tervuren: Sambo (femme), Mpemba (femme), Ngemba (femme), Mibange (homme), Ekia (homme), Nzau (homme) et Kitukua (homme).

La brutalité du système d'exploitation de Léopold II ne passa pas inaperçue. Les missionnaires protestants américains supportés par leurs congrégations et des donateurs privés étaient présents au Congo depuis 1878. Ils furent témoins de mauvais traitements infligés aux Congolais. Mais contrairement à leurs homologues catholiques européens qui prônaient la glorification de Dieu et combattaient les pratiques culturelles locales, comme la polygamie, les scarifications sur le corps, l'idolâtrie ou la consommation de vin de palme, considérées comme des péchés, les missionnaires protestants américains dont la plupart venaient de la *Southern Presbyterian Mission* étaient plutôt tolérants. Là où les gouvernements européens et le gouvernement américain avaient préféré fermer les yeux, deux Noirs américains, Georges Washington Williams et William Henri Sheppard, un Irlandais, Roger Cassement et un Anglais, Edmund Dene Morel, avaient exposé à la connaissance du monde le vrai visage du système d'exploitation pratiqué au Congo.

Georges Washington Williams est l'auteur d'une lettre ouverte à Léopold II qu'il accusa de crimes contre l'humanité et dans laquelle il recommandait l'instauration d'une juridiction internationale pour le juger. La publication de cette lettre eut le mérite d'alerter le monde sur la brutalité et les mauvais traitements infligés aux Congolais pour l'exploitation des richesses naturelles de leurs terres.

William Henri Sheppard avait vécu pendant 20 ans chez les Bakuba. Ses articles très documentés et illustrés par des photographies des atrocités commises par le système d'exploitation de Léopold II étaient régulièrement publiés par des journaux des missionnaires américains et relayés à travers le monde. La crédibilité de ses accusations fut établie après son acquittement par un tribunal qui avait rejeté la plainte pour diffamation portée contre lui par une société à charte opérant dans le territoire des Bakuba.

Roger Casement et Edmund Dene Morel ont organisé le mouvement de dénonciation et de protestation contre le système d'exploitation des ressources établi au Congo par Léopold II, au sein d'une structure appelée *Congo Reform Association*, la première organisation privée internationale de défense des droits humains. Leur action persévérante et déterminée avait poussé les gouvernements européens et américains à contraindre Léopold II à céder le Congo à la Belgique.

Devant la montée des accusations, Léopold II avait réagi par la constitution de sa propre commission d'enquête. Il dépensa en plus d'importantes sommes d'argent pour payer des lobbies aux États-Unis et financer des campagnes dans la presse dans le but de faire taire les critiques. Malgré tout, la commission d'enquête confirma les accusations.

Ayant exprimé dans son testament sa volonté de céder éventuellement le Congo à la Belgique, Léopold II négocia les conditions de cette cession avec le gouvernement belge. L'accord de cession lui fut particulièrement favorable. En plus de 110 millions de francs belges de l'époque, il reçut 45 millions pour financer ses travaux architecturaux et 50 millions en reconnaissance des *sacrifices consentis* en faveur du Congo, étant entendu que toutes ces sommes devaient provenir du Congo lui-même.

Craignant d'éventuelles poursuites judiciaires, il prit les dispositions utiles pour effacer les traces de sa calamiteuse gestion du Congo, en faisant notamment détruire toutes les archives de l'Etat Indépendant du Congo en Belgique et au Congo.

Le 15 novembre 1908 le parlement belge vota à une très grande majorité (88% de voix favorables) la reprise du Congo par la Belgique. L'Etat Indépendant du Congo était mort et le Congo devenait une colonie belge, le Congo Belge. Léopold II mourut une année après, le 17 décembre 1909. Il a donné à la Belgique le statut de grande puissance coloniale et une importante source d'enrichissement. Les Belges le reconnaissent comme « *Roi bâtisseur* » pour avoir entrepris de grands travaux d'infrastructure dans leur pays, et ceux d'embellissement qui ont transformé Bruxelles. Sa gouvernance du Congo a par contre été catastrophique, ayant causé l'une de plus grandes exterminations des peuples des temps modernes pour l'accaparement des richesses à des fins personnelles. Elle fut dénoncée et combattue pendant des années par des personnes animées par le seul sens de justice et de respect de la dignité humaine, et une organisation privée qui avait soulevé un vaste mouvement de protestation dans le monde et exercé des pressions sur les gouvernements européens et américain pour le contraindre à se dessaisir du Congo.

Comme si l'histoire se répétait, un peu plus d'un siècle après, les Congolais sont encore victimes de la pratique de la violence par un nouveau type de prédateurs, les compagnies multinationales opérant par des états frontaliers pour exploiter les richesses de leurs terres. Malgré les millions de morts qu'elle a déjà causées, cette nouvelle tragédie semble encore loin de s'arrêter, comme si le Congo était condamné à souffrir de ses richesses.

IV

HENRY MORTON STANLEY

L'ARCHITECTE

Henry Morton Stanley (1841-1904)

A la sortie de la révolution industrielle à la fin du 18e siècle, les Européens commencèrent à considérer l'Afrique sous de nouvelles perspectives. L'Europe pouvait bâtir sa prospérité sur le très vaste et très peuplé continent africain par un autre type de commerce plus lucratif que celui des esclaves, y écouler ses produits et exploiter ses immenses ressources. C'est ainsi que comme saisis par une véritable frénésie de découverte, ils se lancèrent dans une course de conquête des colonies. Des hommes de tous genres, allant d'intrépides aventuriers poussés par l'esprit de simple curiosité ou de gain jusqu'aux véritables scientistes, en passant par de pieux missionnaires allaient faire connaître le centre l'Afrique sous tous ses aspects (géographiques, culturels, topographiques, géographiques). On les appelait explorateurs parmi lesquels Henry Morton Stanley est sans doute le plus célèbre.

Henry Morton Stanley est né le 28 janvier 1841 sous le nom de John Rowlands à Denbigh au pays des Galles. De père inconnu, un bâtard, il fut abandonné par sa mère à l'âge de 5 ans dans un orphelinat. À l'âge de 15 ans, il s'évada pour se retrouver à Liverpool où il dut survivre grâce à de petits métiers. En 1857, il se fit engager comme garçon de chambre dans un navire en partance pour l'Amérique où il débarqua à New Orléans. C'est en cherchant un emploi qu'il fit la rencontre d'un négociant de coton nommé Stanley. Celui-ci le prit sous sa protection et l'initia dans la gestion des affaires. À la recherche d'une identité, Stanley prit le nom de son protecteur, Stanley, qu'il considérait comme le père qu'il avait toujours voulu connaître. À l'éclatement de la guerre civile américaine en 1851, il s'engagea dans les forces Confédérales des États du Sud en guerre contre les forces Unionistes des États du Nord. Fait prisonnier par les Unionistes Stanley fut libéré six mois après. Il repartit pour l'Angleterre où il séjourna brièvement avant de regagner les États-Unis pour s'enrôler cette fois-ci dans les forces Unionistes. Il est de ce fait l'une des rares personnes connues pour avoir combattu des deux côtés pendant la Guerre Civile américaine.

Stanley déserta les forces Unionistes pour accompagner un reporter indépendant dans les Plaines indiennes de l'Ouest américain et aller à l'aventure à travers le monde. Il se retrouva ainsi en Turquie où il connut de graves mésaventures financières avant de revenir aux États-Unis pour se lancer dans la carrière de reporter. Ses articles sur la guerre des Indiens sous le nom de Henry Stanley connurent un grand succès dans le public et lui valurent une grande renommée.

En 1868, il fut engagé comme correspondant par l'éditeur du journal *The New York Herald* , James Gordon Bennett Jr. pour couvrir la campagne lancée par l'armée anglaise au Nord-est de l'Afrique pour libérer des diplomates anglais et leurs familles pris en otages par l'empereur d'Abyssinie. Sa dépêche annonçant la victoire des forces anglaises ayant été la première à atteindre l'Europe, sa réputation de grand reporter et correspondant de guerre fut définitivement établie.

Quelques années auparavant, en 1855, le missionnaire anglais David Livingstone, né en Ecosse en 1813, venait de publier le livre *Missionary Travels and Researches in South Africa* relatant sa traversée de l'Afrique australe de l'Ouest à l'Est, en passant par les fabuleuses chutes *Victoria Falls*, sur le fleuve Zambèze. Cette publication connut un tel succès que dans l'opinion européenne Livingstone passa plus pour un explorateur qu'un missionnaire.

En 1858, Livingstone fut envoyé en Afrique par le Gouvernement anglais et la *Royal Geographic Society* pour élaborer la carte de toute la région du bassin du fleuve Zambèze et évaluer le potentiel de ses ressources minérales et agricoles. Ce travail fut accompli en cinq années. Livingstone repartit pour l'Afrique en 1866, cette fois dans le but de découvrir la source du Nil qui jusque-là était encore inconnue.

Son expédition était suivie avec intérêt et une grande excitation en Europe. N'était-ce pas le travail d'un véritable humaniste, un homme qui se consacrait à soigner les populations africaines et à dénoncer avec force l'extrême barbarie et les ravages causés par la traite arabe ? Mais brusquement, les nouvelles de l'explorateur cessèrent d'arriver en Europe. On le donnait pour mort, perdu dans les brousses africaines, ou pire, dévoré par des cannibales! Angoissée, l'opinion européenne attendait des nouvelles. C'est dans ces circonstances que James Gordon Bennett Jr., l'éditeur du *New York Herald* engagea Stanley pour aller à sa recherche.

Parti de Zanzibar en 1871, Stanley arriva à Ujiji sur la côte orientale du Lac Tanganyika après 236 jours de marche, où il trouva Livingstone. Il passa plusieurs mois en sa compagnie, parcourant avec lui la région des Grands Lacs à la recherche des sources du Nil. Il fut ainsi initié et intéressé au travail d'exploration. Malgré les liens qu'ils avaient noués, il ne put toutefois le convaincre de retourner avec lui en Europe. Son retour en Europe fut célébré comme l'un des plus grands événements de l'époque.

Le livre qu'il publia sur sa rencontre avec Livingstone « *How I found Livingstone* » connut un très grand succès, au point de l'amener à proclamer son intention de retourner en Afrique afin de résoudre l'énigme de la source du Nil, une question qui continuait de fasciner le public. Réussir là où bien d'autres avant lui avaient échoué, tel est le pari qu'il s'était promis de relever.

Mais avant de se lancer dans cette nouvelle aventure, il accepta l'offre de *NewYork Herald* d'aller couvrir pendant quatre mois la campagne lancée par les Anglais sur la Côte d'Or de l'Afrique de l'ouest contre le roi ashanti Kofi. On dit que Stanley fut profondément choqué par l'extrême opulence de celui-ci, ne comprenant pas que tant de richesses en plusieurs tonnes d'or pussent être laissées à la jouissance d'une seule personne. Il en fut presque révolté au point de participer aux combats, n'hésitant pas à mitrailler sans états d'âme des populations sans défense, comme il fera quelque temps après au Congo.

De retour à Londres, Stanley réussit à convaincre les propriétaires du *Daily Telegraph* de Londres et de *New York Herald* de New York de financer pour 60.000 dollars américains de l'époque son expédition en Afrique à la recherche de la source du Nil. Il envisageait d'explorer la région des Grands Lacs, puis de suivre la rivière Lualaba jusque n'importe où elle pouvait le mener. Avec le financement de ses sponsors, il fit construire une embarcation d'environ 12 mètres de long démontable en cinq parties de 126 kg chacune, qu'il baptisa *Lady Alice,* du nom de la jeune fille qu'il espérait épouser, avant de joindre Zanzibar où il recruta des porteurs.

Parti de Bagamoyo sur la côte de l'Océan Indien en 1874 à la tête d'une expédition de 356 personnes, en une longue caravane s'étirant sur près d'un kilomètre, Stanley atteignit le lac Victoria après 103 jours de marche. De là il prit la direction du Sud pour atteindre Ujiji où il avait retrouvé Livingstone trois années auparavant. C'est dans cette région qu'il rencontra Tippo Tippo qui lui fournit des pirogues, des porteurs ainsi qu'une escorte armée et l'accompagna même sur une partie du chemin vers les *Stanley Falls* (Kisangani) qu'il atteignit le 4 janvier 1877. À son grand étonnement, le Congo se met à couler vers l'Ouest. Il se dit que cela ne pouvait être qu'un autre grand fleuve que le Nil, devant terminer sa course dans l'océan Atlantique. Sur une distance d'environ 1.670 kilomètres, le fleuve devient navigable jusqu'au *Stanley Pool*, l'actuel Kinshasa, à environ 600 kilomètres de la côte de l'Atlantique. Stanley n'était pas encore au bout de ses peines ; il fallait contourner les nombreuses cataractes sur le fleuve, en démontant et remontant chaque fois le *Lady Alice* qu'il fallait porter de même que les pirogues. La tâche fut particulièrement éprouvante pour l'expédition qui perdit plusieurs de ses membres suite à des accidents de noyade. Extenués, épuisés par la famine et découragés, Stanley et ses compagnons ne purent aller au-delà des chutes de Yalala, là où s'arrêta en 1816 l'expédition de Tuckey. Ils étaient à trois jours de marche de Boma où vivait une colonie d'une dizaine d'Européens qui vinrent à son secours après avoir reçu un message de détresse.

Exactement 999 jours après son départ de Zanzibar, Stanley arriva à Boma où la petite colonie européenne organisa une fastueuse réception en son honneur. Peut-t-on imaginer que dans ces conditions il eut pour abri à Boma le creux d'un grand baobab comme le veut une croyance fortement ancrée dans les esprits au Congo?

Les nouvelles qu'il envoyait en Europe sur son chemin de retour par l'Afrique du Sud et Zanzibar où il devait ramener les rescapés de son expédition, 99 au total, étaient régulièrement publiées par les grands journaux en Europe et aux Etats-Unis. La traversée du centre de l'Afrique de l'Est à l'Ouest dans sa partie la plus large et la descente du grand fleuve Congo jusqu'à l'océan Atlantique furent célébrées comme des véritables exploits héroïques éclipsant la traversée de l'Afrique de l'océan Indien à l'océan Atlantique dans sa partie australe par un autre Anglais, Verney Cameron en 1872, au point d'amener le Congrès américain à voter une motion de reconnaissance.

Dans ses comptes-rendus et comme il le fera après dans son livre *Through The Dark Continent* publié en 1878, Stanley ne se privait pas d'en rajouter. En réalité son passage ressemblait à un ouragan; il n'hésitait pas à forcer son chemin à la mitraillette à la moindre résistance des populations rencontrées, à voler des pirogues en cas de besoin, ou piller les champs pour nourrir son expédition.

Convaincu que le fleuve Congo était destiné à jouer un grand rôle dans le développement du commerce en Afrique centrale, servir de grande et longue voie de commerce et que l'exploitation d'immenses ressources dans cette partie de l'Afrique pouvait contribuer énormément à la prospérité de son pays, Stanley pressa le gouvernement anglais d'en réclamer la propriété. Une voie ferrée devrait être construite pour permettre de traverser les 360 kilomètres de cataractes à travers les *Monts du Cristal* afin de relier le bief maritime à la longue voie navigable (1.700 kilomètres) de *Stanley Pool* à *Stanley Falls*. Des stations de commerce devraient en outre être construites le long du fleuve. À sa grande déception, ni le gouvernement anglais, encore moins les groupes financiers anglais, ne manifestèrent aucun intérêt à cette proposition, alors que des négociants français, portugais et hollandais s'étaient déjà installés sur la côte congolaise sans avoir reçu un quelconque appui militaire, sans routes, ni chemin de fer.

En Belgique pendant ce temps Léopold II avait pris une longueur d'avance dans l'occupation du centre de l'Afrique. Il avait déjà mis en place deux structures opérationnelles pour faire avancer ses ambitions ; un organisme politique, l'*Association Internationale Africaine* (AIA), qui avait mis en avant la lutte contre la traite, et un organisme commercial, le *Comité d'Études du Haut-Congo,* chargé d'étudier les conditions d'exploitation des ressources dans le bassin du Congo et de construction d'un chemin de fer de Matadi au *Stanley Pool* (Kinshasa). En 1878, il invita Stanley à Bruxelles pour discuter avec lui de ses plans. Les deux hommes avaient compris qu'ils avaient besoin l'un de l'autre pour réaliser leurs propres ambitions. Ils ne pouvaient que s'entendre.

Dans la même année, Léopold II engagea Stanley à son service pour construire une voie de halage, appelée aussi Route des Caravanes, devant permettre d'acheminer par portage des parties démontées des embarcations jusqu'à *Stanley Pool*, où elles devaient être réassemblées avant d'être lancées sur le fleuve. C'est pendant les travaux de construction de cette voie que Stanley acquit le nom de « *Bula Matadi* », déformé en « *Boula Matari* » qui signifie « *Briseur des rocs* ». Les autochtones étaient impressionnés, à la limite de l'effroi, au point de prendre Stanley pour un surhomme quand il faisait sauter des rochers à coups de dynamite. Avec le temps « *Bula Matari* » désignera l'État colonial, l'ordre colonial ou leurs représentants qui imposaient un travail toujours plus dur et qui ne finit pas.

Après avoir achevé la construction de la Route des Caravanes en 1881 Stanley se mit à installer des stations le long du fleuve et à faire signer par les Chefs coutumiers locaux analphabètes, des actes de cession de leurs terres. Habituellement, ces terres étaient acquises contre remise des pièces d'étoffe, des bouteilles d'alcool, des fusils ou divers objets de pacotille dont il s'était préalablement muni. Après un marchandage sur la place du village, les chefs autochtones portaient de leur main une simple marque en guise de signature sur des bouts de papiers leur tendus par Stanley. Apparemment ils n'étaient pas conscients de l'importance et de la gravité de l'acte ainsi posé, n'étant souvent motivés que par la seule avidité de posséder des biens et articles européens qui grandissaient leur prestige.

Stanley revint du Congo avec un projet de construction du chemin de fer Matadi-Stanley optant pour le tracé dit « *tracé-Nord* ». Celui-ci partait de Vivi sur la rive droite du fleuve en amont de Matadi et était coupé en deux sections (de Vivi à Isangila et d'Isangila au Stanley Pool). Le projet de Stanley ne fut pas retenu aux motifs de son coût jugé très onéreux et de grandes difficultés techniques pour faire partir le rail de Vivi. En réalité ce projet était en concurrence avec un autre proposé par le général belge Albert Thys et prévoyant la construction d'un chemin de fer partant d'un trait de Matadi à *Stanley Pool*. Dans le but de se libérer de l'influence des actionnaires anglais, Léopold II avait dépêché à l'insu de Stanley une mission parallèle à celle du *Comité d'études du Haut-Congo* que celui-ci conduisait. Cette vision fut accomplie par Thys qui réussit à réaliser un chemin de fer entièrement belge.

Stanley qui était encore au service de Léopold II revint au Congo en 1887. Il était à la tête d'une expédition de 400 hommes, dont de nombreux officiers militaires, recrutés partout en Europe, organisée par Léopold II pour secourir Emin Pacha (Eduard Carl Oscar Theredor Schnitzer), gouverneur de la région au sud du Soudan appelée Equatoria. En réalité Léopold II voulait cacher ses intentions d'occuper l'Equatoria derrière une opération humanitaire. Voulant démontrer l'importance et l'utilité de la route des caravanes, il instruisit Stanley de rentrer au Congo par Boma. Le drapeau du club nautique new yorkais *New York Yatch Club* servait d'étendard à l'expédition à la demande expresse de James Gordon Bennet Jr. l'éditeur du *New York Herald,* le principal financier de l'expédition.

En remontant le Congo, un spectacle de désolation attendait Stanley; des villages entiers étaient saccagés, brûlés et vidés de leurs habitants, des champs détruits, ... Les hommes de Tippo Tippo étaient passés par là. Mais lorsqu'il rencontra celui-ci à Stanley Falls il dut se résigner à collaborer avec lui pour poursuivre sa marche vers le Nord. Pour sceller cette collaboration, Tippo Tippo fut nommé Gouverneur de *Stanley Falls* pour le compte de l'État Indépendant du Congo, à la grande indignation de l'opinion européenne.

La traversée de la forêt de l'Ituri fut particulièrement pénible et éprouvante. La densité de la forêt, l'hostilité des tribus ainsi que les flèches empoisonnées des Pygmées ralentissaient la marche de l'expédition. Celle-ci fut en plus frappée par des maladies et connut de nombreuses désertions et mutineries. Certains officiers s'illustrèrent par un comportement d'une grande cruauté vis-à-vis des habitants rencontrés. Pour satisfaire leur curiosité, ou simplement pour se divertir, il leur arrivait parfois d'ordonner la mise à mort des esclaves, le dépeçage des corps dont les morceaux étaient donnés aux éléments noirs de l'expédition. Ils voulaient par là se convaincre du cannibalisme des Noirs! Ces événements avaient fortement inspiré Joseph Conrad, auteur du livre *In the Heart of the Darkness* (Au Cœur des Ténèbres). Stanley de son côté ne se privait pas d'infliger de cruels châtiments corporels aux membres de son expédition, y compris les officiers européens.

Quand finalement Stanley rencontra Emin Pacha, il lui fit deux propositions; servir l'État Indépendant du Congo en qualité de gouverneur de l'Equatoria, ou rentrer avec lui en Europe avec son trésor. En effet, dans l'entendement de Léopold II, Lado et Redjaf qui sont situés sur le 5e parallèle Nord, faisaient partie du territoire qui lui a été attribué à la Conférence de Berlin. Emin Pacha déclina d'abord l'offre de Stanley au motif qu'il ne pouvait pas abandonner la population qui lui faisait confiance et qu'il devait poursuivre ses travaux scientifiques, notamment l'étude des mouvements d'immigration des oiseaux du Haut Nil, des cultures locales et de la géographie de l'Equatoria. Il finit toutefois par céder aux pressions de Stanley et partit avec lui à Zanzibar en 1888. Mais plutôt que de rentrer en Europe, il choisit de s'engager au service colonial allemand. Il mourut, décapité, en octobre 1892, après avoir été fait prisonnier par des esclavagistes arabes qu'il combattait.

Rentré définitivement en Angleterre, Stanley épousa une artiste, peintre néoclassique nommée Dorothy Tennant. Selon de nombreux écrits, ce mariage ne fut pas consommé. Cela ne devrait pas étonner car comme le rapportent ces mêmes écrits, Stanley tenait en horreur l'intimité avec la gent féminine. On lui attribuait des tendances homosexuelles. Les deux époux avaient adopté un enfant, nommé Denzil qui fit en 1954 avant sa mort en 1959 le don d'une grande partie des archives de Stanley au Musée Royal d'Afrique Centrale de Bruxelles.

Auréolé par sa très grande réputation, Stanley parcourut l'Europe et les États-Unis pour donner des conférences et promouvoir ses livres. Il était partout accueilli avec ferveur et parfois traité comme un vrai chef d'état, comme aux Etats-Unis où il se déplaçait en train spécial et avait droit à des honneurs militaires. Il fut nobélisé en 1899, devenu *Sir* Stanley, *Knight of the Grand Cross of the Order of the Bath* (Chevalier de la Grande Croix de l'Ordre des Bains), en reconnaissance des services rendus à l'empire britannique en Afrique. De 1895 à 1990 il siégea au Parlement anglais élu du Parti libéral jusqu'à sa mort le 10 mai 1904. Ses restes reposent au cimetière de l'église *St Michael Church,* dans le petit village de Pirbright, district de Surrey au Sud-est de l'Angleterre, dans une tombe portant une stèle de granit sur laquelle est gravée l'épitaphe suivante: « HENRY MORTON STANLEY- **BULA MATARI**, 1841-1904. **Africa** ».

V

ALBERT THYS

LE GRAND BATISSEUR

Albert Thys (1840-1915)

« *Sans chemin de fer, le Congo ne vaut pas un penny* » a dit Henry Morton Stanley au roi des Belges Léopold II lors de leur première rencontre à Bruxelles en 1878. Stanley venait de réussir l'exploit à l'époque d'avoir traversé le centre de l'Afrique dans sa plus large partie, de l'Est (Océan Indien) à l'Ouest (Océan Atlantique) en descendant le fleuve Congo jusqu'à son embouchure. Jusque-là, le centre de l'Afrique était encore inconnu des Européens. Ceux qui venaient commercer en Afrique se contentaient de demeurer sur les côtes. Depuis Diego Cão en 1482, toutes les expéditions qui avaient tenté de pénétrer le centre de l'Afrique en remontant le fleuve Congo depuis l'océan Atlantique avaient échoué. Elles s'arrêtaient devant une barrière naturelle infranchissable à environ 200 kilomètres de l'océan.

Venu de l'amont du fleuve après l'avoir parcouru depuis la Lualaba, Stanley amena des informations qui allaient avoir d'importantes répercussions sur les projets d'occupation européenne de l'Afrique centrale. Il avait révélé l'existence d'un très dense réseau de grandes rivières drainant un vaste territoire d'une superficie de plus de deux millions de kilomètres carrés et jetant leurs eaux dans un grand fleuve qui termine sa course dans l'océan Atlantique. Ce fleuve, le Congo, et ses affluents pouvaient être considérés comme des voies naturelles de communication pouvant faciliter l'écoulement d'immenses et très variées richesses intérieures vers la côte d'où elles pouvaient être embarquées pour l'Europe. Pour ouvrir le vaste espace du bassin du Congo au monde extérieur, il fallait donc absolument construire un chemin de fer afin de relier le bief maritime du fleuve Congo qui s'arrête à Matadi au *Stanley Pool* (Kinshasa) d'où le fleuve devient navigable sur 1.700 kilomètres jusqu'à *Stanley Falls* (Kisangani) constituant ainsi un vaste réseau de navigation fluviale avec les grandes rivières qui s'y déversent.

Comme par un caprice de la nature, le grand fleuve semble s'arrêter à environ 600 kilomètres de l'océan Atlantique, en formant un grand lac, le *Stanley Pool,* avant de pousser ses eaux à 40 mètres cubes/seconde dans un étroit et très profond couloir en maints endroits, descendant de 257 mètres d'altitude jusqu'à Matadi sur un parcours de 380 kilomètres. Un bief navigable de 130 kilomètres allant de Manianga à Isangila sépare deux séries de rapides et chutes sur ce parcours, dont la première comprend trente groupes de rapides et chutes sur une distance de 150 kilomètres de *Stanley Pool* à Manianga avec une différence d'altitude de 90 mètres, et la deuxième vingt-trois groupes de rapides et chutes très rapprochés et parfois soudés sur une distance de 100 kilomètres d'Isangila à Matadi, avec une différence d'altitude de 120 mètres. C'est dans cette dernière zone où se situent les fameuses chutes de Yalala qui s'étendent sur environ un kilomètre et demi avec une dénivellation de 15 mètres, et sur lesquelles avaient buté les expéditions de Diego Cão en 1482, celle du capitaine anglais James Kingston Turkey en 1816 et celle du Hongrois Lazzlo Magyar en 1848.

Matadi où commence le bief maritime jusqu'à l'océan Atlantique est situé à -257 mètres d'altitude de Kinshasa, dans presqu'un trou car entouré de montagnes dont certaines culminent à plus de 100 mètres d'altitude.

Les informations livrées par Stanley eurent un effet immédiat sur les plans de Léopold II. Celui-ci avait d'abord porté ses efforts sur la côte orientale de l'Afrique, en implantant une station à Karéma sur les bords du lac Tanganyika, d'où il pensait pouvoir pénétrer le centre de l'Afrique, mais abandonna ce plan ayant compris le grand bénéfice qu'il pouvait tirer en utilisant le fleuve Congo.

Léopold II engagea Stanley à son service pour étudier les conditions de mise en valeur et d'exploitation commerciale du vaste territoire que celui-ci venait d'explorer. Un organisme commercial appelé *Comité d'Etudes du Haut-Congo* fut à cet effet constitué avec la participation des intérêts belges (ceux de Léopold II, majoritaire) hollandais et anglais (dont certains avaient déjà installé des comptoirs à Boma) avec pour tâche immédiate l'étude d'une voie de communication par chemin de fer et bateaux à vapeur devant relier Matadi au *Stanley Pool*, et l'implantation des stations le long du fleuve. Les souscripteurs s'engagèrent à créer après la réalisation des études du chemin de fer, une société pour sa construction et son exploitation sous l'appellation de *Société Internationale des Chemins de fer en Afrique.*

Stanley construisit d'abord une voie de halage appelée *Route des Caravanes* mise en service en 1881, permettant de transporter au portage par l'homme des embarcations démontées qui devaient être réassemblées au *Stanley Pool* avant d'être lancées sur le cours supérieur du fleuve Congo et ses nombreux affluents. Des milliers de Congolais, engagés ou réquisitionnés de force, étaient soumis à ce travail de portage, très pénible. Ils marchaient pendant des dizaines de jours pour atteindre *Stanley Pool*, portant de lourdes charges, trainant ou poussant des pièces mécaniques lourdes de plusieurs centaines de kilos. Dans ces conditions il était souvent difficile de réunir chaque fois un nombre suffisant de porteurs, d'autant que des villages entiers se vidaient, leurs habitants fuyant aussi loin qu'ils le pouvaient pour échapper au travail forcé de portage. Devant l'évidence que la *Route des Caravanes* n'était pas une solution durable au crucial problème de transport, surtout du point de vue économique, et que le système de portage devenait de plus en plus dangereux à cause de l'augmentation des charges et des cadences, la construction d'un chemin de fer s'imposait

Sous la direction de Stanley, son agent d'exécution, le *Comité d'Eudes du Haut-Congo,* installa des stations à Vivi, Isangila, Manianga, *Stanley Pool* (Léopoldville) et *Stanley Falls* (Kisangani).
Il proposa aussi un tracé du chemin de fer après des études topographiques et des travaux de reconnaissance, comportant deux sections (de Vivi à Isangel et de Manianga au *Stanley Pool*) reliées par la partie navigable du fleuve entre Isangila et Manianga.

Pendant que le *Comité d'Études du Haut-Congo* poursuivait sa tâche, Léopold II décida contre toute attente de le dissoudre. Il avait compris qu'il lui fallait prendre des initiatives politiques et diplomatiques pour promouvoir ses plans. Or l'organisation du *Comité d'Études du Haut-Congo*, structure à caractère commercial, ne lui permettait pas d'agir librement car devant chaque fois demander l'avis de ses associés anglais et hollandais avant de prendre une initiative quelconque. Il profita de la faillite de ses partenaires hollandais pour le restructurer dans le sens d'avoir les mains libres pour agir seul. En compensation du désengagement des souscripteurs, il leur offrit le droit de préférence dans les sociétés commerciales, industrielles ou financières qui seraient créées dans l'État Indépendant du Congo. Il créa ensuite en 1882 l'*Association Internationale du Congo*, une organisation à caractère politique qui lui permit de faire reconnaître sa souveraineté sur le Congo tout en continuant d'utiliser le *Comité d'études du Haut-Congo* pour la mobilisation des fonds. Le succès de cette politique ne tarda pas à venir; les États-Unis furent premiers à reconnaitre l'Etat Indépendant du Congo.

La réalisation des projets de Léopold II était un grand défi à relever du point de vue technique, financier, politique et économique. Il fallait mobiliser des fonds importants, s'assurer de l'adhésion des Belges encore sceptiques et indifférents, rassurer les puissances européennes et surtout surmonter les grandes difficultés techniques pour sortir le train du « *trou* » de Matadi.

Un homme, Albert Thys, est pourtant parvenu à vaincre toutes ses difficultés. Albert Thys a vu le jour le 28 novembre 1849 à Dalhem, dans les environs de la ville de Liège, en Belgique. À seize ans il commença une formation militaire qui le conduisit jusqu'à l'École de Guerre d'où il sortit lieutenant en 1872. Son destin se détermina définitivement quand en 1876 il entra au Secrétariat de Léopold II pour les affaires africaines. C'était sur la recommandation du directeur de l'École de Guerre qui s'était souvenu de l'étudiant très passionné pour la géographie de l'Afrique qu'il avait été.

Quelques mois à peine après son entrée au cabinet du roi, Thys fut chargé de la préparation de la *Conférence Géographique de Bruxelles* qui aboutit à la création de l'A*ssociation Internationale pour l'Exploration et la Civilisation de l'Afrique*, plus connue sous l'appellation de l'*Association Internationale Africaine* (AIA). Après s'être acquitté avec brio de cette tâche il fut nommé Officier d'Ordonnance du roi en 1883, une position qui lui permit de travailler directement avec le roi. Il fut donc tout naturellement impliqué dans le projet du *Chemin de fer des Cataractes*.

Pendant que Stanley conduisait les études sur le terrain pour le compte du *Comité d'Études du Haut-Congo*, Léopold II envoya de sa propre initiative d'autres missions dans le but d'évaluer la faisabilité technique et la rentabilité économique du projet de Stanley. Toutes ces missions conclurent que la construction du chemin de fer suivant le tracé de Stanley allait se faire dans des conditions financières extrêmement onéreuses. Ce projet présentait en plus d'énormes inconvénients à cause de quatre transbordements du trafic qu'il impliquait, et que Vivi, point de départ, n'était pas accessible aux bateaux de haute mer. Enfin, les difficultés techniques étaient aggravées par le nombre élevé d'obstacles naturels qu'il fallait surmonter en construisant de coûteux ouvrages d'art.

Mais Stanley tenait à son tracé. Le 24 décembre 1885, il réussit à faire signer par l'État Indépendant du Congo et un groupe d'investisseurs anglais du nom de *Congo Railway Company*, une convention par laquelle l'État Indépendant du Congo garantissait à concéder au groupe anglais la construction et les droits d'exploitation du chemin de fer. Des souscriptions au capital devraient en outre être ouvertes dans les quinze pays signataires de l'Acte de Berlin dans le but de donner un caractère international à l'entreprise.

En Belgique, l'annonce de cette Convention souleva un grand tollé d'indignation. Les Belges qui jusque-là manifestaient peu d'intérêt au *Chemin de fer des Cataractes* et n'avaient rien fait pour qu'il fût belge se sentirent blessés dans leur amour patriotique. La promesse faite par leur roi à un groupe des investisseurs anglais, dit *Syndicat de Manchester*, de lui octroyer les droits de police sur le chemin de fer et une bande de terrain de part et d'autre de celui-ci, ne fit que grandir leur émoi. Léopold II avait-il un autre choix que de céder aux exigences des Anglais, prêts à libérer les fonds nécessaires, s'il voulait avoir son chemin de fer ?

C'est à ce moment qu'intervint Thys, donnant la pleine mesure de toutes ses capacités pour la construction d'un chemin de fer entièrement belge.

Thys fit comprendre à Léopold II que la Convention conclue avec le *Syndicat de Manchester* n'était pas conforme avec l'Acte Général de Berlin en ce qu'elle accordait à une entreprise privée des droits de souveraineté dévolus à un état, en l'occurrence l'État Indépendant du Congo. Il s'engagea à réunir des fonds suffisants pour réaliser l'étude définitive du tracé du chemin de fer et plus tard sa construction proprement dite. Son honneur, son prestige personnel et sa carrière étaient désormais en jeu.

Comme lancé dans une sorte de croisade personnelle, il entreprit avec détermination et une foi inébranlable, une campagne de propagande à travers toute la Belgique, pour expliquer l'intérêt du chemin de fer pour son pays et démontrer ses retombées financières positives, dans le but de faire adhérer ses concitoyens à son projet et collecter des fonds. Le soutien qu'il reçut de la prestigieuse *Société Belge des Ingénieurs et Industriels* fut déterminant. Celle-ci s'était non seulement investie dans l'organisation des conférences et réunions qu'il animait, mais avait en plus endossé son projet du tracé du chemin de fer partant d'un trait de Matadi au *Stanley Pool*.

Ayant reçu toutes les assurances de Thys quant à la réalisation du chemin de fer, Léopold II rompit les négociations avec le *Syndicat de Manchester*. Cela n'avait pas pour autant écarté définitivement les Anglais car certains de ses amis anglais avaient promis de souscrire dans la société projetée par Thys.

À l'initiative de Thys, *la Compagnie du Congo pour le Commerce et l'Industrie* vit le jour le 9 février 1887, avec pour objet social l'étude, la construction et l'exploitation d'un chemin de fer reliant le Bas Congo au *Stanley Pool,* et la mise en valeur des régions du Haut-Congo. Thys en fut nommé Administrateur Directeur Général, positi on qu'il gardera pendant 28 ans. À la différence du *Comité d'Études du Haut-Congo* créé à l'initiative de Léopold II et dont les objectifs étaient similaires, *la Compagnie du Congo pour le Commerce et l'Industrie* était une société commerciale privée, la première société coloniale qui jouera un rôle de premier plan dans l'exploitation des ressources du Congo. Cependant elle sortait parfois de ce rôle pour organiser des opérations militaires pour l'occupation des territoires pour le compte de l'État Indépendant du Congo, à l'exemple de celle menée en 1891 pour occuper le Sud-Katanga après l'élimination de M'Siri.

La *Compagnie du Congo pour le Commerce et l'Industrie* initia pendant l'existence de l'État Indépendant du Congo la création de 31 sociétés formant ce qui était connu sous le nom de « *Groupe Thys* » avant d'en créer 28 autres pendant l'époque coloniale. Thys ambitionnait aussi d'étendre les activités de la *Compagnie du Congo pour le Commerce et l'Industrie* en dehors du Congo. Avec le concours de la *Société Générale,* il créa à cette fin la *Banque d'Outremer* qui à son tour créa la *Compagnie d'Orient,* un holding, qui à l'exemple de la *Compagnie du Congo pour le Commerce et l'Industrie* au Congo, était appelée à s'engager dans des entreprises non seulement au Congo, mais aussi plus loin comme en Chine, au Brésil et au Canada. La *Banque d'Outremer* connut une période de très grande prospérité jusqu'en 1928, quand elle fut absorbée par la *Société Générale.* Celle-ci contrôlait 80% de l'économie coloniale. À cause de son poids énorme dans l'économie du Congo, les rapports de la *Compagnie du Congo pour le Commerce et l'Industrie* avec l'État Indépendant du Congo frisaient à certains moments des relents de réels conflits d'intérêt. Tel fut le cas quand Léopold II prit des mesures radicales limitant la liberté du commerce en violation de l'une de principales résolutions de la Conférence de Berlin, notamment le monopole de collecte du caoutchouc et de l'ivoire pour l' État Indépendant du Congo, lui-même et les sociétés qui lui étaient inféodées, et l'instauration de l'impôt sous forme de travail.

En 1887, l'État Indépendant du Congo signa une Convention avec la *Compagnie du Congo pour le Commerce et l'Industrie* par laquelle il lui concédait l'étude complète du chemin de fer du Bas-Congo et l'option pour 99 ans de le construire et exploiter. Cette convention garantissait en plus à la *Compagnie du Congo pour le Commerce et l'Industrie* la concession des terrains nécessaires à la construction du chemin de fer et de ses dépendances, ainsi que celle de 150.000 hectares des terres en pleine propriété. Enfin, elle lui garantissait des subsides annuels équivalant à 20% des droits de sortie.

En mai 1887 Thys arriva à Boma à la tête d'une expédition ayant un double objectif: examiner les difficultés techniques auxquelles allait être confrontée la construction du chemin de fer et explorer les possibilités commerciales dans le Haut-Congo. Il devait en plus examiner pour le compte personnel de Léopold II les problèmes de l'administration de l'État Indépendant du Congo dans le but d'en améliorer l'organisation.

La mission commerciale partit de Stanley Pool à bord d'un petit bateau démontable, le *Roi des Belges,* dont les pièces avaient été portées par 2.000 personnes sur la *Route des Caravanes.* Elle remonta le fleuve jusqu'à Nouvelle Anvers (aujourd'hui Makanza) dans l'Équateur avant d'explorer les régions riveraines du Kasaï. À son retour en Belgique, elle publia une carte détaillée (1/200.000[e]) de toute la région du Kasaï. Elle confirma surtout l'existence de nombreuses et très variées ressources dans les territoires visités, garantie d'un volume suffisant de trafic pour assurer la rentabilité du chemin de fer. Ce qui se vérifiera avec la progression continue du rendement qui, à partir de 1923, atteindra 200.000 tonnes/an dans les deux sens avant d'atteindre 600.000 tonnes pendant la Deuxième Guerre Mondiale. Pour atteindre ce résultat, Thys avait compris qu'il fallait mettre en place un dispositif commercial devant quadriller le Haut-Congo et assurer le ravitaillement en vivres et le confort des agents européens. Il créa ainsi trois filiales à la *Compagnie du Congo pour le Commerce et l'Industrie*, dont : -la *Compagnie des Magasins*

Généraux du Congo, chargée de construire des hôtels et ouvrir des magasins pour la vente au détail des articles d'importation, - la *Société Anonyme Belge pour le Commerce du Haut-Congo*, pour l'exploitation des comptoirs d'achat des produits (principalement l'ivoire et le caoutchouc) et, *la Compagnie des Produits du Congo* pour le ravitaillement en vivres à partir des plantations, fermes et élevage établis au Congo.

Le travail de la mission d'études s'avéra beaucoup plus difficile que l'on avait imaginé. À l'absence de toute carte géographique de la région et d'un quelconque moyen de transport, il avait fallu procéder à la reconnaissance de tout le territoire sur près de 380 kilomètres entre Matadi et le *Stanley Pool* pour déterminer le tracé définitif du chemin de fer. C'est surtout la sortie du train de Matadi qui posait les plus grandes difficultés. Sur une trentaine de kilomètres environ dans la direction de *Stanley Pool*, des pentes presqu'à pic, des vallées très profondes et des courants d'eau rendus tumultueux par des rapides et chutes, se succèdent dans un paysage rocailleux et presque désertique. Comment franchir les gorges qui bloquent la sortie de Matadi et dont le pic (Pic Camber) culmine à 500 mètres environ ? Comment traverser la rivière Mpozo coulant au fond d'un canyon de 250 mètres? Comment traverser le massif montagneux de Palabala culminant à 400 mètres ? C'est face à ces hautes murailles de pierres et aux nombreuses rivières coulant au fond de profonds ravins souvent très rapprochés et parfois collés qu'allait se jouer le sort du projet. Car une fois ces obstacles franchis, on entrait dans une région des plateaux où les difficultés techniques allaient être relativement moins nombreuses et plus faciles à surmonter.

A son retour en Belgique en 1889, l'expédition de Thys publia son rapport sous le titre de *La Brochure Blanche,* dans laquelle la faisabilité technique du projet du chemin de fer ainsi que la rentabilité financière de son exploitation commerciale avaient été clairement démontrées. Thys distribua *La Brochure Blanche* aux associés de la *Compagnie du Congo pour le Commerce et l'Industrie*, aux gouvernements européens et américain, à des banquiers, des ministres, des parlementaires, des chefs d'entreprises et même des particuliers, dans le but de les intéresser à investir dans le *Chemin de fer des Cataractes*. Avec l'aide de Léopold II qui s'était aussi impliqué personnellement par des contacts avec ses amis banquiers en Allemagne et en Angleterre, la campagne de mobilisation des fonds aboutit le 31 juillet 1889 avec la création de la *Compagnie des chemins de fer du Congo* placée sous la direction de Thys.

Le capital initial de la nouvelle société fut de 25 millions de francs de l'époque souscrit à une très grande majorité (71%) par la partie belge (gouvernement, banquiers et industriels, *Compagnie du Congo pour le Commerce et l'Industrie* et des particuliers), les Anglais (20%), les Allemands (8%) et les Américains (1%). Cette position dominante de la partie belge satisfaisait Léopold II et Thys, assurés désormais que le chemin de fer allait être belge.

Aussitôt que la *Compagnie des chemins de fer du Congo* fut créée, la *Compagnie du Congo pour le Commerce et l'Industrie* lui céda ses études ainsi que tous les droits que l'État Indépendant du Congo lui avait concédés au titre de la convention signée en 1887, notamment les droits d'option de 99 ans sur la construction et l'exploitation du chemin de fer. La *Compagnie des chemins de fer du Congo* signa immédiatement après avec l'État Indépendant du Congo un *Cahier des Charges de la Concession* fixant notamment le délai d'exécution des travaux (5 ans) et donnant le droit à l'État Indépendant du Congo de racheter la Concession en cas de non-exécution des travaux dans le délai.

Le 15 mars 1890, le premier coup de pioche des travaux de construction du chemin de fer Matadi-*Stanley Pool* est donné à Matadi. Des Ingénieurs, techniciens, ouvriers spécialisés, administratifs et comptables, au nombre de 200, recrutés en Europe (Belgique, Italie, Suisse, Allemagne, Hollande, Grèce) étaient à pied d'œuvre. Mais la tâche fut particulièrement difficile pour réunir le nombre suffisant des travailleurs noirs. Comme les natifs du Bas-Congo étaient très occupés au travail de portage et n'étaient pas qualifiés, il a fallu recruter à Zanzibar et en Afrique de l'Ouest (Sénégal, Sierra-Leone, Guinée) parmi les anciens travailleurs du chemin de fer Dakar-St Louis au Sénégal. Léopold II réussit même à faire venir 500 travailleurs chinois et 300 Noirs américains des Barbades et des Antilles anglaises. À sa grande déception, les ouvriers chinois ne résistèrent pas aux difficiles conditions de travail et au climat. Près de 200 d'entre eux moururent quelques mois à peine après leur arrivée. Ceux qui avaient déserté étaient retrouvés en errance dans le Kasaï, le Katanga et même à Zanzibar ! Ceux qui étaient restés s'étaient tout simplement reconvertis en jardiniers ou planteurs de choux, au grand bonheur du personnel blanc. Les Noirs américains pour leur part furent tout simplement renvoyés chez eux après leur violente révolte à leur débarquement au Congo, destination qui ne leur avait pas été indiquée à la signature du contrat d'engagement.

Dès le départ une grande difficulté se posa pour l'établissement du point de départ du rail. L'endroit choisi était au pied d'une haute falaise rocheuse descendant presqu'à pic dans le fleuve. Il a fallu utiliser la dynamite pour dégager un espace suffisant à l'établissement d'un débarcadère pour accueillir les navires de haute mer et stocker les matériels, construire une gare et la plate-forme de départ. Mais c'est la vallée de la rivière Mpozo et le massif rocailleux de Palabala qui furent un vrai cauchemar pour les constructeurs. Il a fallu attaquer à la dynamite le flanc des falaises rocailleuses descendant droit dans le fleuve pour poser le rail. Un pont métallique de 60 mètres fut jeté au fond d'une vallée de plus de 200 mètres pour traverser la rivière Mpozo. Plus de deux cents ponts et aqueducs dont plusieurs en courbe ou ne dépassant pas cinq mètres furent construits pour traverser les nombreux ravins et cours d'eau présents sur ce parcours. Ceux qui ont déjà emprunté le train Kinshasa-Matadi doivent certainement se souvenir de frissons ressentis à l'approche de Matadi quand le train roule sur le rail, accroché sur le flanc des montagnes, comme suspendu à plusieurs dizaines de mètres au-dessus du fleuve.

En deux années de travail, un parcours de seulement 24 kilomètres avait été accompli! Mais les constructeurs pouvaient toutefois pousser un soupir de soulagement quand le massif de Palabala fut franchi en 1893. Le plus dur avait été fait. Ils venaient de réaliser de véritables prodiges techniques pour vaincre la nature. Mais à un prix qu'ils étaient loin d'imaginer au départ car ce parcours fut un vaste tombeau et un profond gouffre financier. Les pertes en vies humaines furent particulièrement lourdes; 900 travailleurs noirs et chinois y avaient déjà trouvé la mort suite à des accidents de travail, des noyages et des maladies.

Le doute quant à l'achèvement du projet commença à gagner les esprits quand il apparut que plus de la moitié des ressources avaient déjà été utilisées rien que pour les travaux sur ce bout du parcours. Qui allait prendre des risques dans un projet déjà réputé trop onéreux ?

C'est à ce moment que les détracteurs du *Chemin de fer des Cataractes,* qu'ils appelaient « *tramway-joujou* » par ironie, amplifièrent leurs critiques, surtout en France où l'idée de construire un chemin de fer devant relier l'Océan à Brazzaville, de l'autre cote de *Stanley Pool*, faisait son chemin. Mais c'était sans compter avec la détermination et la ténacité de Thys. Ne cédant pas au découragement, Thys se retourna d'abord vers des banquiers pour obtenir un petit prêt afin d'éviter la suspension des travaux. Mais il fallait beaucoup plus d'argent pour arriver au *Stanley Pool* et seul le gouvernent belge pouvait avancer les fonds nécessaires. Le projet de chemin de fer s'invita ainsi dans le débat politique belge. Au parlement, de longs et houleux débats sur fond de la justification de l'aventure coloniale de Léopold II et de l'exécution de son testament ne purent départager dans un premier temps les pro et les anti *Chemin de Fer des Cataractes*. Une commission parlementaire d'enquête fut à cet effet dépêchée au Congo. Les avis de la Commission furent largement positifs; elle avait reconnu l'impressionnant travail déjà réalisé, la faisabilité technique du projet ainsi que les perspectives très favorables de son exploitation commerciale. Une nouvelle société sera créée plus tard en 1936 sous la dénomination de *l'Office d'Exploitation des Transports Coloniaux* (OTRACO) sur les cendres de la *Compagnie des Chemins de Fer du Congo*, liquidée, en application de la convention qui prévoyait la reprise du chemin de fer par la Belgique.

Le 27 mars 1896 Léopold II signa la loi votée par le parlement belge portant approbation d'une convention de prêt devant permettre le financement des travaux du *Chemin de Fer des Cataractes* jusqu'à l'achèvement. Ce résultat était dû au travail persévérant de lobbying mené par Thys auprès des parlementaires belges. Désormais les travaux allaient se poursuivre sans trop de grandes difficultés, sauf à la traversée de la rivière Inkisi, la plus grande sur l'ensemble du tracé quand il a fallu jeter un pont métallique de 60 mètres de longueur.

Le 16 mars 1898 les travaux de construction du *Chemin de fer des Cataractes* prennent fin. L'inauguration officielle de la ligne aura lieu le 6 juillet 1898. Avec ses 365 kilomètres de voie ferrée, 99 ponts métalliques, 1250 aqueducs en acier, 3 millions de mètres cubes de terrassements et 60.000 mètres cubes de maçonneries, ce fut l'un des chantiers les plus importants dans le monde à l'époque. Son coût final (82,4 Millions de Francs belges de l'époque) a été plus de trois fois supérieur aux prévisions initiales. Cela n'est pourtant pas une exception car de nombreux autres grands travaux comme le canal de Suez (1869) et le canal de Panama (1914) avaient vu leur devis initial tripler sinon plus. Les pertes en vies ont été très importantes parmi les travailleurs noirs, soit 1.800 morts sur un total de 7921. Ces malheureux étaient d'ordinaire enterrés le long du chemin de fer dans des tombes anonymes. Par contre, un cimetière appelé « *Cimetière des Pionniers* » fut ouvert sur le flanc du Mont Ngaliema, là où aboutissait la *Route des Caravanes* au *Stanley Pool* pour servir de lieu de repos éternel aux 139 travailleurs européens morts. Leurs corps furent toutefois déterrés vers la fin des années 1960 et envoyés en Belgique laissant le terrain libre pour l'installation en 1969 d'un parc de recréation, *les Jardins de Verdure.*

Comme l'a reconnu Thys à la fin des travaux, le chemin de fer était loin d'être parfait et que des travaux ultérieurs d'amélioration et de transformation seraient nécessaires. En effet, le chemin de fer présentait surtout deux grands défauts qui limitaient les possibilités d'augmentation du trafic. D'abord, la présence de fortes pentes sur le tracé ne permettait pas aux locomotives de tirer plus de 4 wagons, et ensuite le faible rayon (50 mètres) de plusieurs courbes ne permettait pas d'augmenter la vitesse des convois.

Ces défauts furent corrigés au terme des travaux effectués entre 1923 et 1931. L'écartement fut porté de 0,75 mètres à 1,067, le rayon minimum des courbes passa de 50 mètres à 250, le niveau des pentes fut fortement abaissé de 45‰ à 17‰, la charge totale à l'essieu portée de 10 à 15 tonnes. Enfin, la longueur totale de la voie fut ramenée à 366 kilomètres grâce notamment à un échange de terrain dans le territoire angolais sous contrôle du Portugal. Les conséquences immédiates de ces améliorations ne se firent pas attendre; le rendement augmenta jusqu'à 200.000 tonnes dans chaque sens, ainsi que la vitesse du train avec comme corollaires la diminution de la durée du parcours et l'amélioration du confort des voyageurs. Le « *train blanc* » (à cause de la couleur blanche de toutes les voitures du convoi), mis en service en 1932 se distinguait par l'impeccable qualité des services offerts aux voyageurs (accueil, repas, ..) et la ponctualité des horaires. C'était le fleuron de la *Compagnie des Chemins de Fer du Congo,* et plus tard de *l'Office d'Exploitation des Transports Coloniaux*(OTRACO), symbole de réussite permettant tous les espoirs. Dans ses plans d'amélioration de la voie ferrée Thys envisageait en plus son électrification. Il avait à cette fin envoyé en 1910 une mission technique conduite par son propre fils Robert pour étudier les possibilités d'exploitation des chutes de la région.

Après la construction du chemin de fer Matadi-*Stanley Pool* Léopold II pouvait lancer son vaste projet de construction d'un réseau mixte de transport rail/fleuve à l'intérieur du Congo. Le géologue Jules Cornet venait dans l'entre-temps de découvrir d'immenses richesses minières au Katanga. Dès lors l'ambitieux et grand projet de construction d'une longue voie ferroviaire, le *Transafricain*, allant du Cap au Caire perdait tout intérêt immédiat.

Thys avait de bonnes raisons de penser que Léopold II allait encore cette fois-ci lui confier la réalisation de ses projets. Il lui avait toujours démontré son dévouement et sa loyauté depuis son entrée en son Cabinet. Il avait une expérience éprouvée de construction d'un chemin de fer, et en plus à sa disposition une équipe d'ingénieurs et techniciens de très grande valeur qui lui étaient tout dévoués. Enfin, il était à la tête d'un important groupe financier et capable de mobiliser facilement les capitaux nécessaires.

Contre toute attente, Léopold II choisit plutôt Édouard Louis Joseph Baron Empain, banquier, entrepreneur, homme d'affaires, ingénieur et industriel belge. Thys était devenu trop important à ses yeux. Il apparaissait comme le vrai Chef d'État du Congo et semblait l'éclipser par son grand prestige, sa réputation d'organisateur, son sens élevé d'humanisme et le vaste réseau d'affaires qu'il s'était créé dans le monde. Léopold II ne voulut pas lui donner l'occasion d'accroitre son rayonnement. Déçu, Thys démissionna de son poste d'Officier d'Ordonnance du roi en 1904.

Le chantier du chemin de fer Matadi-Stanley Pool fut à l'évidence une véritable « école » de formation où se sont illustrés des personnages qui furent célébrés comme « *pionniers* » et « *bâtisseurs* » de la Colonie. Des villes congolaises, de grandes infrastructures ou des rues portaient leurs noms jusqu'en 1966 comme Jadotville (devenue Likasi) pour l'ingénieur Jean Jadot, le constructeur des chemins de fer du Katanga; le Camp Cito, le camp des travailleurs de l'Onatra à Kinshasa (devenu Camp Kaula) pour l'ingénieur Nicolas Cito, conducteur de la première locomotive entrée en gare de Kinshasa, le barrage Delcommune au Katanga en mémoire d'Alexandre Delcommune ou encore l'avenue Dhanis (devenue avenue Boboliko) dans la commune de Kintambo à Kinshasa.

Sous la conduite de Baron Empain (il donna son nom à la Ville de Kindu, Kindu Port Empain), des voies ferrées constituant le réseau de la *Compagnie Belge des Chemins de Fer des Grands Lacs* (CFL) furent construites pour permettre de relier le Nord du Katanga et le lac Tanganyika au Stanley Falls ; la voie Ponthierville (Ubundu)-*Stanley Falls* (Kisangani), 125 kilomètres, achevée en 1908 ; Kindu-Kongolo 365 kilomètres, achevée en 1911 ; Kongolo-Kabalo, 108 kilomètres achevée en 1930 ; et Kabalo-Albertville (Kalemie) le long du lac Tanganyika, 271 kilomètres, achevée en 1915. Après sa jonction avec le chemin de fer Kabalo-Kamina, 451 kilomètres, ce réseau sera connecté en 1918 à la voie ferroviaire de 448 kilomètres exploitée dans le sud par la *Compagnie du Bas-Congo au Katanga*, BCK, reliant Elisabethville (Lubumbashi) à Bukama, permettant ainsi la liaison ferroviaire continue de 1566 kilomètres du trafic ferroviaire entre Albertville (Kalemie sur le lac Tanganyika) et Port Franqui (Ilebo) plus à l'Ouest, important point de transit entre Kinshasa et Lubumbashi. Des chemins de fer à écartement très réduit (0,65 mètres) furent construits dans le Mayombe entre Boma et Tshela (140 kilomètres); dans le Nord Bumba-Aketi-Isiro-Mungbere; et entre Uvira et Kamaniola, (93 kilomètres). Au total environ 5000 kilomètres de voies ferrées furent construites jusqu'en1953.

Thys fut nommé Général en 1913, une année avant l'éclatement de la Première Guerre Mondiale. Quand la Belgique fut envahie par les troupes allemandes, il se sentit interpellé par sa conscience à participer à la défense de sa patrie. Mais sa demande de reprise du service fut rejetée au motif qu'il avait dépassé la limite d'âge pour le service militaire actif. C'est profondément déçu, amer, et envahi par une grande tristesse qu'il se résigna à rentrer définitivement dans son village natal, Dalhem, d'où il fera de rares sorties pour aller dans ses bureaux de Bruxelles, jadis trépidants d'activités mais devenus moroses et silencieux. Il s'éteignit le 16 février 1915 à Bruxelles.

Thys n'aura pas vu l'accomplissement du programme d'équipement ferroviaire du Congo dont il avait donné le coup d'envoi par la construction du chemin de fer Matadi-Kinshasa. Il n'aura pas non plus vécu les moments de l'Indépendance du Congo, un événement qu'il avait déjà évoqué en 1887 dans une lettre à sa femme, « *En fait, ici, les indigènes sont ce sont les Citoyens du nouvel Etat et les blancs envoyés au Congo par le gouvernement seront des tuteurs provisoires à la population noire qui ne sera appelée à la gestion des affaires publiques que quand son éducation sera suffisamment faite. Finalement jusqu'ici toute occupation coloniale a abouti, non seulement à l'asservissement de la race aborigène, mais encore, et presque fatalement, à la suppression de cette race, et à son remplacement par la race conquérante. C'est notamment ce qui s'est passé dans les Amériques, et même plus ou moins dans les Indes anglaises et néerlandaises. Ici, il ne peut pas un seul instant être question d'agir ainsi. Le nègre est le Citoyen de l'Etat Indépendant du Congo ; nous devons, non l'asservir, mais l'éduquer et l'élever socialement parlant, jusqu'à ce qu'il puisse se gouverner lui-même quitte à être flanqué à la porte par les Nègres de l'avenir* ».

La philosophie de Recours à l'Authenticité prônée par Mobutu Sese Seko au début des années 1970 avait tenté d'effacer les souvenirs de la colonisation par la suppression de tous les signes et symboles visibles évoquant la colonisation. Mais déjà en 1966, les

Villes, les rues et les places publiques portant des appellations ou des noms étrangers avaient été débaptisées de leurs noms étrangers pour porter des appellations *authentiquement* zaïroises (ou congolaises). La Ville de Thysville était ainsi devenue Mbanza Ngungu. Cela n'a cependant pas effacé définitivement le souvenir de Thys de la mémoire des habitants du Bas-Congo. Son histoire, vécue par les anciens et passée de génération à génération est celle d'un grand chef blanc qui traitait bien les travailleurs noirs et les protégeait de mauvais traitements. Ceux-ci l'appelaient affectueusement *Tata Thys*, *Papa Thys*. Une association sans but lucratif, créée sous le nom de *La Ngungoise*, tente, entre autres choses, de perpétuer et honorer sa mémoire par l'organisation et le développement des liens de partenariat entre l'actuelle ville de Mbanza-Ngungu (ex-Thysville) et Dalhem, y compris par la réalisation de petits projets à caractère social. Le petit village de Dalhem aura-t-il les ressources nécessaires pour répondre à cette attente en l'honneur de son illustre fils?

VI

LES DEFENSEURS DE LA CAUSE CONGOLAISE

GEORGE WASHINGTON WILLIAMS
WILLIAM HENRY SHEPPARD
EDMUND DENE MOREL
ROGER CASEMENT

Après son succès à la Conférence de Berlin, Léopold II eut les mains libres pour administrer à sa guise le vaste territoire au centre de l'Afrique qu'il a instauré en État Indépendant du Congo.

Jusqu'au début des années 1890, des milliers d'Européens et Américains avaient déjà voyagé au Congo ou y vivaient. Tous avaient été témoins de graves brutalités et exactions sur les populations commises par la Force Publique, les sociétés à charte et les agents de l'État Indépendant du Congo pour exploiter les ressources du Congo, mais gardaient le silence. Les gouvernements européens et le gouvernement américain pour leur part avaient tout simplement préféré rester indifférents.

Il y eut pourtant des personnes attachées à la justice et au respect de la dignité humaine qui se sont levées pour briser le silence et combattre avec persévérance, détermination et courage le système de Léopold II jusqu'à son effondrement en 1908. Parmi elles, deux Américains, George Washington Williams et Henri William Sheppard, un Irlandais, Roger Casement et un Anglais, Edmund Daine Morel. Curieusement leurs noms et leur histoire sont rarement évoqués dans les manuels d'histoire enseignée au Congo.

Les Congolais devraient pourtant leur rendre les honneurs qu'ils méritent en reconnaissance de leur engagement personnel à défendre leur cause pour la justice, l'égalité et le respect de leur dignité humaine.

George Washington Williams

George Washington Williams est né le 16 octobre 1849 à Bedford Springs, dans l'état de Pennsylvania. Dans sa vie relativement courte, 42 ans, il a été militaire, journaliste, historien, pasteur, juriste et même politicien. Malgré cette apparente instabilité professionnelle chacune de ses activités fut une réussite.

G.W Williams a été premier à exposer devant le monde le véritable visage du système de Léopold II, accusant celui-ci de « *crimes contre l'humanité* », une expression dont il a la paternité pour être premier à l'avoir utilisée, et recommandant de le traduire devant une juridiction internationale.

George Washington Williams (1849-1891)

À l'âge de 15 ans il entama une carrière militaire dans les forces Unionistes lors de la Guerre Civile américaine. Après sa démobilisation il s'engagea dans l'armée mexicaine en lutte contre les forces de l'empereur Maximilien, beau-frère de Léopold II, avant de se réengager dans l'armée américaine pendant les Guerres Indiennes. Revenu à la vie civile en 1868, il exerça diverses professions sans vraiment se fixer sur aucune. Il fut d'abord pasteur pour à peine un an après des études de théologie à la *Newton Théologisa Institution* dans l'état de Massachusetts d'où il sortit premier diplômé noir en 1874. •

Mais déjà, il avait pris conscience de la similitude des conditions des Noirs d'Amérique et ceux d'Afrique, et conçu l'idée d'amener les Noirs américains aider leurs frères d'Afrique à se libérer. Il se lança ensuite dans le journalisme en créant deux titres qui disparurent après quelques parutions -moins d'une dizaine-, revint brièvement au ministère baptiste avant d'entreprendre les études de droit. Il put ainsi travailler pendant quelque temps comme avocat avant de se lancer en politique, se faisant élire en 1879 membre, le premier Noir, de l'assemblée législative de l'état de l'Ohio où il ne siégea que pour la durée d'une session(1880-1881), mais se fit remarquer par son projet de loi –avorté- visant l'abrogation d'une loi raciste proscrivant le mariage mixte.

Sa vie connut un tournant décisif quand il publia deux livres importants, le premier sur l'histoire de la race noire, des esclaves et soldats noirs, l'histoire de l'Afrique et l'expérience des gouvernements noirs au Liberia et en Sierra Leone, sous le titre de « *Historie of the Negro Race in American frome 1619 to 1880. Negroes as Slaves, as Soldiers, and as Citizens, together with a prelimary consideration of the Unity of the Human Family and historical Sketch of Africa and an Account of the Negro Governments of Sierra Leone and Liberia* », et le deuxième sur la participation des soldats noirs dans la Guerre de Sécession sous le titre de « *A History of Negro Troops in the War of Rebellion* ».

Reconnu désormais comme historien, spécialiste de l'histoire des Noirs américains, il consacra les années qui ont suivi à des tournées de conférences à travers les États-Unis pour plaider la reconnaissance de la contribution des soldats noirs dans la Guerre Civile et promouvoir l'idée qui le tenait tant à cœur d'envoyer des Noirs américains travailler en Afrique. Là-bas, pensait-il, ils pouvaient trouver des occasions de promotion qu'ils n'avaient pas ou qui leur étaient refusées en Amérique.

Sa grande renommée lui permit de rencontrer diverses personnalités influentes du monde des affaires, du monde académique, des medias, des organisations des communautés noires ainsi que des hommes politiques les plus importants. Il eut ainsi l'occasion de rencontrer le Président Chester Arthur, lui apportant son soutien au projet de retour des Noirs américains en Afrique. En reconnaissance de ses mérites, celui-ci le nomma Ambassadeur en Haïti en 1885 mais G.W Williams ne put occuper ce poste, la nouvelle administration qui arriva aux affaires ayant annulé sa nomination. Il se fit aussi remarquer par son combat acharné pour faire reconnaitre les droits aux services sociaux, aux pensions et à la réinsertion pour les soldats noirs ayant combattu dans la Guerre Civile, plaidant en plus devant le Congrès pour l'érection d'un monument en leur hommage.

G.W Williams vit les chances de réaliser son projet de faire travailler des Noirs américains en Afrique se préciser quand il rencontra Henry Shelton Sanford, l'agent des relations publiques de Léopold II aux Etats-Unis. Dès ce moment il porta son intérêt sur le Congo, allant jusqu'à faire une déclaration demandant au Congrès de reconnaitre l'Association Internationale du Congo qui deviendra l'État Indépendant du Congo.

En 1889, il fut envoyé comme correspondant en Europe par une grande agence de presse, l'*Associated Literan Press.* La ville de Bruxelles vivait dans une grande effervescente suscitée par la Conférence Internationale Anti-esclavagiste qui se tenait au même moment. Il tenta sans succès de se faire nommer représentant des États-Unis, mais eut la chance de rencontrer Léopold II.

Son premier article envoyé d'Europe portait sur une interview de Léopold II. G.W Williams fut tellement charmé, ébloui presque séduit par Léopold II au point de le présenter comme « *un des plus nobles souverains au monde, dont l'ambition la plus élevée est de servir la cause de la civilisation chrétienne, et de promouvoir les meilleurs intérêts de ses sujets, en gouvernant avec sagesse, miséricorde et justice* ». Très encouragé par la vision du Congo que Léopold II lui a présentée, G.W Williams conclut un accord avec une entreprise belge pour le recrutement des ouvriers noirs qualifiés pour le Congo.

G.W Williams avait eu le privilège d'exposer dans les détails à Léopold II ses projets pour le Congo, et celui-ci avait compris qu'il avait en face un homme d'une autre trempe, un homme dont les motivations allaient au-delà des considérations matérielles, un humaniste, qui pourrait ne pas se taire devant la réalité du système de son gouvernement du Congo. Léopold II chercha ainsi à le décourager d'aller au Congo, évoquant tantôt les difficiles conditions de vie, tantôt l'inutilité d'un tel déplacement quand il pouvait tout superviser à partir d'Europe ou des Etats-Unis comme il le faisait lui-même.

Quand il revint aux États-Unis, G.W Williams eut contre toute attente de grandes difficultés à exécuter le contrat de recrutement des travailleurs. Les Noirs américains à qui il s'adressait manifestaient très peu d'enthousiasme pour son projet devant son manque évident de connaissance sur le Congo. Il était incapable de répondre avec clarté et précision aux questions d'ordre pratique sur les conditions de vie et de travail au Congo. Tenant à son projet il décida de s'y rendre.

G.W Williams arriva au Congo en février 1890. En remontant le fleuve Congo jusqu'à *Stanley Falls* (Kisangani), il fut témoin de la brutalité des traitements infligés aux Congolais. Il constata également le grand dépeuplement du territoire, estimant que sur les 40 à 50 millions de personnes vivant au Congo selon Stanley, il n'en restait à peine que 15 millions. Horrifié par ce qu'il voyait, il se mit à recueillir des témoignages pour écrire et dénoncer la cruauté du système d'exploitation instauré au Congo par Léopold II. Avec courage, il lui adressa une lettre ouverte avec copie pour publication au *New York Herald,* avant d'être reprise parles principaux journaux aux Etats-Unis et en Europe. Cette lettre ouverte, un véritable coup de tonnerre, fut un acte d'accusation cinglant contre Léopold II pour crimes contre l'humanité, une expression dont G.W Williams garde la paternité. Les principaux chefs d'accusation portaient sur le vol des ressources des populations pour entretenir les soldats de la Force Publique, la violation par l'État Indépendant du Congo des contrats d'engagement des travailleurs étrangers, la partialité du système judiciaire, la cruauté et la barbarie des traitements infligés aux populations avec l'usage fréquent du fouet et des chaînes, l'utilisation par l'État Indépendant du Congo des femmes comme esclaves sexuelles, l'usage des pratiques commerciales déloyales vis-vis d'autres pays, le recours fréquent à la confiscation des biens des populations, la capture et la vente des esclaves.

À la suite de cette lettre, il adressa un rapport au Président américain Benjamin Harrison le pressant de prendre les mesures nécessaires pour l'installation au Congo d'un régime juste, respectueux des droits des Congolais et dirigé avec leur participation. En effet il estimait que les Etats-Unis portaient une part de responsabilité pour avoir été premiers à reconnaitre l'Etat Indépendant du Congo, le faisant ainsi entrer dans le concert des états du monde.

G.W Williams accusa en plus Stanley et les agents de l'État Indépendant du Congo d'avoir trompé les chefs locaux en les dépossédant de leurs terres en échange de quelques articles de pacotille, vieux fusils et bouteilles d'alcool. Comme les agents de l'Etat Indépendant du Congo et les soldats de la Force Publique agissaient en son nom, Léopold II devait être tenu personnellement responsable de ces crimes et en répondre devant un tribunal international pour la mauvaise gouvernance d'un peuple dont la vie et le sort lui avaient été confiés par les puissances européennes et les Etats-Unis à la Conférence de Berlin.

Léopold II reçut la lettre de G.W Williams comme une douche froide. Il pouvait s'attendre à tout sauf que ce fut l'œuvre d'un Noir ! Il utilisa des moyens importants pour tenter d'étouffer les accusations, faisant publier des articles en sa faveur dans de nombreux journaux importants du monde et multipliant des interviews pour exposer ses projets pour le Congo et son avenir. Il réussit en plus à obtenir du parlement belge une déclaration réfutant les accusations de G.W Williams. Celui-ci pendant ce temps séjournait à Londres de retour de son voyage au Congo. Il projetait d'écrire un livre sur le Congo et faire des enquêtes sur le traitement des populations noires dans les territoires africains occupés par l'Angleterre, la France, le Portugal et l'Allemagne. Il ne put cependant pas réaliser ses projets, ayant trouvé la mort le 2 août 1891 à Londres des suites d'une maladie. Mais Léopold II et ses agents l'avaient toujours dans la ligne de mire. Ils saisirent la révélation de son engagement avec une femme anglaise rencontrée sur son chemin de retour en Europe, alors qu'il avait laissé une femme aux États-Unis, pour amplifier leurs attaques sur le plan de caractère.

G.W Williams a eu le courage de défier un roi et ses puissants soutiens pour défendre les Congolais. Même si son combat n'a pas eu de résultats immédiats, ses accusations avaient été prises au sérieux par une grande partie de l'opinion en Europe et aux États-Unis. Elles seront corroborées plus tard par des preuves très documentées qui contraindront Léopold II à se dessaisir du Congo.

William Henry Sheppard

Premier missionnaire noir américain au Congo, William Henry Sheppard est reconnu pour avoir révélé les graves atrocités et abus commis par le système de Léopold II dans la région de Luebo, dans le Kasaï, où il avait passé près de vingt ans (de 1890 à 1910). Son entrée dans la campagne de dénonciation commencée par George Washington Williams en 1890 a la particularité d'avoir été marquée par un procès qui avait accaparé l'attention du monde entier et constitué de ce fait un enjeu décisif sur la crédibilité de toutes les accusations portées jusque-là.

William Henry Sheppard est né le 8 mars 1865 à Waynesboro dans l'État de Virginia. À l'âge de douze ans, il travailla comme serveur de bar à *Hampton Institute* où les élèves noirs étaient autorisés à travailler, suivant un programme de promotion des Noirs mis en place par le grand activiste noir des droits civiques Booker T. Washington qui était aussi enseignant. Il poursuivit ses études à *Tuscolana Theological Institute*, l'actuel *Stillman College*, l'un des rares séminaires à l'époque ouverts aux Noirs dans l'Etat d'Alabama.

Après avoir été ordonné pasteur en 1888, W.H Sheppard exprimait constamment un ardent désir d'aller prêcher en Afrique. Mais comme la direction d'une mission ne pouvait pas être confiée à un Noir, suivant les règles de l'époque de la *Southern Presbytherian*

Church, il avait dû patienter et finir par accepter d'être placé sous la direction d'un jeune pasteur blanc, le Révérend S. Lapsey (1866-1892), fils d'une riche famille recruté malgré son inexpérience. Mais quelques temps après leur arrivée à Luebo en 1990, la hiérarchie de sa congrégation se résigna à lui confier la direction de la mission de Luebo après la mort précoce de S. Lapsey.

Au Congo, W.H Sheppard était considéré comme tous les autres étrangers blancs, malgré la couleur noire de sa peau. On lui donna le nom de « *Mundele Ndombe* » (un Blanc noir). Comme tous les autres étrangers aussi, il partageait l'idée que les natifs africains étaient non civilisés, des sauvages. Toutefois, il changea rapidement cette opinion à leur contact et en partageant leur vie.

En plus de sa tâche de missionnaire, W.H Sheppard se consacrait aux travaux d'anthropologie. Il était très apprécié par les populations locales pour la protection qu'il leur assurait et sa grande contribution à leur alimentation; il les approvisionnait régulièrement en viande d'hippopotame et d'éléphant, fruit de ses chasses.

Quand il apprit l'existence d'un mystérieux royaume dans la région de Luebo, sa curiosité le poussa à le découvrir. À cause de sa situation au centre du Congo, le Royaume des Bakuba était encore épargné des ravages de la traite arabe et du travail de collecte de caoutchouc imposé par l'Etat Indépendant du Congo. Ses rois l'interdisaient aux étrangers, menaçant de tuer tout celui qui s'y risquait. W.H Sheppard se mit à apprendre la langue des Bakuba avant de tenter d'y aller. Par toutes sortes d'astuces comme la recherche d'œufs de village en village, il réussit à s'approcher de leur territoire. Quand il fut capturé, il les surprit en leur parlant dans leur langue. Pour le roi des Bakuba Kot a Mwey, W.H Sheppard ne pouvait être que l'incarnation de l'esprit de son défunt père. Il lui donna le nom de ce dernier, Bope Mekabe.

W.H Sheppard vécut parmi les Bakuba pendant vingt ans. Il collectionna par milliers des objets d'art Kuba, considéré comme le plus raffiné d'Afrique, aujourd'hui exposés dans de prestigieux musées américains. Il fut surtout impressionné par leur organisation politique et sociale qui de son point de vue ressemblait à certains aspects à celle des anciens Égyptiens. Pendant son long séjour dans le Kasaï, il s'était aussi consacré à l'exploration de la région. Ce qui lui avait permis de découvrir un lac jusque-là inconnu, faisant de lui membre de la prestigieuse *Royal Geographic Society*.

En 1900, il fut chargé par la hiérarchie de sa congrégation, *Southern Presbytherian Church,* de vérifier les informations publiées par le *New York Times* selon lesquelles une dizaine de villageois avaient été brulés vifs et près d'une centaine d'autres tués dans le territoire des Bena Kamba par des éléments dits *Zappo Zappo*, membres d'une tribu utilisée par l'État Indépendant du Congo pour soumettre d'autres tribus, envoyés par l'administration de l'État I6ndépendant du Congo pour collecter l'impôt. L'ayant pris pour un haut fonctionnaire de l'État Indépendant du Congo, le chef des *Zappo Zappo* qui le reçut lui avait montré des corps mutilés et des mains droites sectionnées en train d'être enfumées pour être montrées comme preuve de l'exécution de l'ordre de massacre. W.H Sheppard avait compté plus de quatre-vingts mains droites, trouvé une soixantaine de femmes destinées à servir comme esclaves sexuelles des soldats de la Force Publique enfermées dans un enclos, et des signes évidents de cannibalisme. Il avait comme par hasard découvert le vrai visage de l'État Indépendant du Congo et la nature réelle de son système d'exploitation des ressources sous la forme la plus hideuse et macabre.

William Henry Sheppard (1865-1924)

Le rapport qu'il adressa à sa hiérarchie fut d'abord publié par le *New York Times* avant d'être relayé par d'autres journaux importants aux États-Unis et en Europe, soulevant une grande vague d'indignation et la désapprobation générale du système de Léopold II. Il avait aussi inspiré le célèbre écrivain noir américain Mark Twain pour écrire une satire, *King Leopold's Soliloquy* (Le soliloque du roi Léopold), dans laquelle Léopold II est mis en scène sous l'image d'un personnage grotesque, égoïste, cupide et sanguinaire tentant de contrecarrer les critiques et défendre sa *mission civilisatrice*.

Dans les années qui ont suivi, W.H Sheppard se mit à réunir de nombreuses autres preuves, toujours plus accablantes et irréfutables des violences, atrocités et châtiments corporels de toutes sortes infligés aux Congolais par la Force Publique, les agents de l'État Indépendant du Congo et ceux des sociétés concessionnaires. Les images prises par l'appareil photographique Kodak encore à ses débuts illustraient ses articles dans le *Kasaï Herald,* le journal que la mission de Luebo publiait à l'intention de ses soutiens aux États-Unis, et étaient abondamment diffusées en Europe, donnant au Congo la triste réputation de *pays des mains coupées*.

Pour préserver le peu de crédibilité qui lui restait encore, Léopold II réagit par une grande campagne de relations publiques dans toute l'Europe et aux Etats-Unis, faisant publier des articles en sa faveur dans des journaux importants, finançant la publication des livres, créant des Organisations de défense de sa cause au Congo. Dans certains cas il n'a pas hésité à recourir à la corruption ou à l'intimidation. Il utilisa aussi ses pouvoirs souverains sur le Congo en prenant en 1906 un décret qui rendait passible d'amende ou de peine d'emprisonnement toute critique ou calomnie à l'encontre de l'État Indépendant du Congo, ses agents ou les sociétés concessionnaires. Cela n'avait pas pour autant découragé W.H Sheppard. Ainsi en 1908, l'année où l'État Indépendant du Congo allait cesser d'exister, il publia avec l'aide de William Morrison, dirigeant de *Southern Presbytherian* Ch*urch* au Congo, un article révélant les mauvais traitements infligés aux Bakuba par la société concessionnaire Compagnie du Kasaï, CEKA, pour collecter le caoutchouc. Recourant au décret de Léopold II, celle-ci porta plainte pour calomnie contre W.H Sheppard et Morrison.

Le procès attendu fut un moment crucial pour la longue campagne de dénonciation du système de Léopold II. En effet, une condamnation de W.H Sheppard et de Morrison allait discréditer toutes les accusations antérieures et ainsi blanchir Léopold II. Les enjeux allaient au-delà du Congo. Des comités de soutien à W.H Sheppard et Morrison furent créés en Europe. Le gouvernement américain exprima une vive préoccupation et son intérêt au déroulement du procès, une manière voilée d'avertir qu'au cas où W.H Sheppard et Morrison étaient condamnés, il pourrait ne pas cautionner la cession du Congo à la Belgique. Le procès qui s'ouvrit à Léopoldville focalisa l'attention du monde entier. Morrison ne comparut pas suite à une prétendue erreur technique de procédure. Il s'agissait en réalité d'une manœuvre pour éviter la condamnation possible d'un Blanc qui, avait-on pensé, pouvait irriter davantage le gouvernement américain. W.H Sheppard fut défendu par un avocat venu de Belgique, Émile Vandevelde, qui était aussi dirigeant du Parti Ouvrier belge. Une dizaine de Bakuba étaient venus du Kasaï pour témoigner en sa faveur. Le procès se solda par un verdict qui sembla « *couper la poire en deux* » ; W.H Sheppard fut acquitté, ce qui fut célébré comme une grande victoire par tous les critiques du système de Léopold II. La compagnie du Kasaï fut simplement sommée de payer des frais judiciaires.

À son retour aux États-Unis en 1910, W.H Sheppard tomba en disgrâce. Sa conduite morale avait été mise en cause pour avoir eu des rapports sexuels avec des femmes autochtones et un enfant nommé Shepete avec une femme Kuba. Shepete avait travaillé à l'imprimerie de la Mission presbytérienne de Luebo avant de disparaître dans les années 1940 sans laisser de traces. Apres avoir été poussé à démissionner de *Southern Presbytherian Church* en 1912, W.H Sheppard alla vivre à Louisville dans l'État de Kentucky, où il devint pasteur de *Grace Presbyterian Church* jusqu'à sa mort le 25 novembre 1927.

Edmund Dene Morel
Roger Casement

Jusqu'au tournant du 20e siècle Léopold II avait réussi à résister aux accusations sur les atrocités commises par le système d'exploitation des ressources qu'il avait instauré au Congo. Mais la rencontre des destins de deux personnes au début des années 1900 donna une tournure décisive aux événements. En créant une organisation pour la défense des droits des Congolais, *Congo Reform Association,* Edmund Dene Morel et Roger Casement ont pu mener un combat victorieux contre le système de Léopold II, épargnant d'extermination les populations congolaises. Leur histoire est celle d'abnégation, de détermination et de courage.

E.D Morel a été journaliste, écrivain et homme politique, né le 10 juillet 1973 à Paris d'un père français et d'une mère anglaise. Après une enfance difficile à la suite de la mort de son père, il fut engagé à 21 ans comme employé de bureau par la compagnie de transport maritime basée à Liverpool, *Elder Dempster,* qui avait avec l'État Indépendant du Congo un contrat de transport de tout le fret partant et venant entre Anvers et Boma.

Pour augmenter ses revenus, E.D Morel écrivait des articles sur le commerce avec l'Afrique dans lesquels il exprimait souvent une opinion très positive et prenait la défense des intérêts de sa compagnie *Elder Dempster,* victime selon lui des mesures protectionnistes décrétées par le gouvernement français. Grâce à sa connaissance du français, il fut nommé représentant d'*Elder Dempster* au port d'Anvers en Belgique, une position qui lui permettait d'accéder à tous les comptes de fret. Il fut un jour fortement perturbé par la découverte qu'il fit de la grande différence entre les chiffres rapportés par l'État Indépendant du Congo et les statistiques du fret sur les quais.

Pourquoi entretenait-on cette situation, et qui en profitait? Il constata aussi que les bateaux à destination de Boma étaient toujours chargés à plus de ¾ d'armes, munitions, explosifs et chaînes, tandis que ceux qui en revenaient étaient remplis de divers produits de traite comme le caoutchouc et l'ivoire. Comme il n'y avait pas de guerre au Congo, il conclut que ces produits ne pouvaient être obtenus que par la soumission forcée des populations, la confiscation ou les massacres. Sans le savoir, il venait de démasquer le système d'exploitation des richesses du Congo.

Edmund Dene Morel (1873-1924)-

Les dirigeants d'*Elder Dempster* de qui il voulut obtenir des explications le découragèrent d'en savoir plus et sous l'influence de Léopold II, lui proposèrent une promotion à la condition de ne plus s'intéresser à cette question de fret. E.D. Morel rejeta cette offre aux allures de corruption et démissionna de son emploi pour se consacrer totalement à la poursuite de ses investigations.

Avec l'aide d'un bienfaiteur anglais, John Holt, il créa un petit journal, le *West Africa Mail*, pour attirer l'attention du public sur la brutalité du système de Léopold II, les entraves à la liberté du commerce et les graves violations des droits des peuples autochtones. De nombreuses lettres, photos et caricatures reçues des missionnaires œuvrant au Congo accompagnaient ses articles, donnant ainsi au lecteur une certaine perception visuelle de la situation.

En utilisant des mots très durs tels *sanglant, diabolique, atroce, cruel, violent, horrible* ou encore *hideux* pour qualifier le régime de Léopold II, il réussit à facilement émouvoir l'opinion. Il publia aussi plusieurs pamphlets sur les atrocités du système de Léopold II dont *« The Congo Horrors »*, « *The Scandal of The Congo, The Treatment of The Women and Children in the Congo*», et «*The New African Slavery*», en plus de trois livres qui furent très bien accueillis par les critiques et eurent un effet impressionnant sur l'opinion publique. Son premier livre, *Affairs of West Africa*, est une présentation de l'histoire du Congo, sa flore, faune, géographie et ses potentialités commerciales et industrielles, qui conclut par la condamnation du système de Léopold II. Son deuxième livre, *The British Case in The French Congo*, eut pour effet de mobiliser l'opinion pour exercer de fortes pressions sur le parlement anglais et obtenir en 1903 une résolution contraignant le gouvernement anglais à engager des négociations avec les puissances européennes signataires de l'Acte de Berlin en vue de la réforme du Congo. Son troisième livre, *King's Léopold Rule in Africa*, était abondamment illustré par des photos des atrocités, dont celles des femmes et des enfants mutilés. Ces photos et des extraits des récits factuels firent le tour de l'Europe, mettant les différents gouvernements dans l'obligation de prendre position et agir. C'est ainsi que le gouvernement anglais mit en place en 1903 une Commission d'enquête sur les abus, traitements et atrocités dont étaient accusés l'Etat Indépendant du Congo et ses agents.

R. Casement était Irlandais, né le 1er septembre 1964 à Sandycove en Irlande. Il avait déjà une grande expérience de l'Afrique quand il prit la charge de la Commission d'enquête du gouvernement anglais sur la gouvernance du Congo. Son premier voyage au Congo datait de 1883, en qualité de commissaire sur un navire d'*Elder Dempster*. Jusqu'à la fin des années 1800 il avait travaillé comme directeur d'un comptoir commercial à Boma. Il avait aussi aidé les équipes techniques chargées de la construction du chemin de fer Matadi-Léopoldville et accompagné Stanley sur une partie de sa remontée du fleuve Congo lors de son dernier voyage au Congo en 1886, ce qui avait déjà fait de lui un témoin oculaire des mauvais traitements infligés aux Congolais. Il travailla ensuite pour l'administration coloniale britannique au Nigeria et en Afrique du Sud jusqu'en 1900, quand il fut intégré dans le service consulaire de l'Angleterre et affecté à Boma.

R. Casement parcourut l'intérieur du Congo pendant trois mois pour réunir des preuves des atrocités commises par les agents de l'État Indépendant du Congo, les soldats de la Force Publique et les dirigeants des sociétés commerciales. Il prenait le soin de noter les noms des personnes interviewées y compris ceux des victimes rencontrées et des endroits visités. La publication de son rapport fut l'objet de tractations et diverses manipulations. En utilisant ses réseaux d'influence et avec l'aide de ses amis politiques en Angleterre, Léopold II avait cherché par tous les moyens à l'expurger des éléments les plus accablants. C'est finalement un rapport où les noms des témoins, victimes, fonctionnaires de l'État Indépendant du Congo, missionnaires, travailleurs du chemin de fer Matadi-Léopoldville et commerçants interrogés, ainsi que des lieux visités, n'étaient indiqués que par de simples initiales, donc anonymes, qui fut adopté, à la très grande déception de R. Casement.

Ce rapport connu sous le nom de « *Rapport Casement* » fut toutefois une première victoire de tous ceux qui, depuis George Washington Williams en 1890, s'étaient courageusement lancés à l'assaut du système de Léopold II. Pour la première fois en effet, le gouvernement de la plus grande puissance coloniale de l'époque, l'Angleterre, venait de reconnaître que de graves abus étaient commis au Congo et qu'il était nécessaire de prendre des mesures appropriées pour que « *les indigènes du Congo soient traités avec humanité* ».

Ce résultat ne parut toutefois pas totalement satisfaire R. Casement. Il lui fallait poursuivre le combat jusqu'au bout c'est-à-dire, la disparition de l'État Indépendant du Congo. R. Casement avait lu tous les livres et écrits d'E.D. Morel et suivi l'action de celui-ci jusqu'à l'obtention de l'implication du gouvernement anglais. Il appréciait l'aide qu'E.D Morel lui a apportée en lui fournissant des informations utiles à son enquête et reconnaissait sa grande capacité d'organisateur des mouvements de pression sur les décideurs politiques. C'est donc tout naturellement qu'il se tourna vers lui pour lui proposer de créer une structure formelle pour mener leur combat. *Congo Reform Association* vit ainsi le jour en mars 1904 avec pour objectif de « *garantir un traitement juste et humain aux habitants de l'État du Congo, et les rétablir danseurs droits au sol et à la liberté individuelle* ». C'est l'une de toutes premières organisations internationales privées de défense des droits de l'homme.

En Angleterre, d'éminentes personnalités du monde politique, scientifique et des affaires, des dirigeants religieux, des philanthropes, adhérèrent dans les toutes premières semaines de l'existence de la nouvelle association. Des sections furent ouvertes en dehors de l'Angleterre et de l'Europe dont celle des États-Unis qui connut la participation très remarquée des grands activistes des droits civiques noirs américains comme Booker T. Washington, l'écrivain Mark Twain et le panafricaniste W.E.B du Bois.

Roger Casement (1864-1916)

Comme le statut de fonctionnaire de l'état anglais dans lequel se trouvait R. Casement était incompatible avec une position formelle quelconque dans les structures de *Congo Reform Association* ce fut E.D. Morel qui prit la charge de la direction de l'Association. Dans la même année de création de *Congo Reform Association*, E.D. Morel se rendit aux Etats-Unis où son séjour bénéficia d'une très vaste couverture médiatique grâce à une intense campagne anti-Léopold II qui avait précédé son arrivée. E.D. Morel tint des conférences, accorda de nombreuses interviews, rencontra des leaders d'opinion et des hommes politiques importants jusqu'au président Theodore Roosevelt. Les principaux journaux américains (*The New York Times, The New York Post, The Washington Post, The Boston Globe*, ...) rapportaient régulièrement ses activités et publiaient des articles et commentaires sur la réalité du système de Léopold II. En peu de temps, le Congo capta l'attention du public, point de départ de la montée d'une opinion négative sur le système de Léopold II et de fortes pressions sur le Congres qui finit par agir en 1906 en adoptant une résolution demandant la mise à fin de l'Etat Indépendant du Congo. Par toutes sortes de manœuvres, Léopold II s'efforça pendant les deux années suivantes à éviter l'inéluctable, sinon le retarder autant que possible mais, harcelé de toutes parts, finit par céder.

Dans sa campagne de dénonciation des crimes de l'État Indépendant du Congo, *Congo Reform Association* avait bénéficié de l'apport important de deux personnes. Alice Seeley Harris, ancienne missionnaire anglaise rentrée du Congo avait ramené un important lot de photographies sur les atrocités du système de Léopold II qu'elle avait elle-même prises et qui étaient utilisées dans des conférences, rencontres publiques, rendez-vous avec des personnalités de divers milieux, ou toutes autres occasions où l'on parlait du Congo. Elle intervenait souvent pour présenter ses photographies, expliquant les circonstances de temps et de lieu dans lesquelles elles avaient été prises, décrivant les objets utilisés (fouets, chaines,..) pour soumettre les Congolais ou leur infliger les peines les plus atroces.

Hezekiah Andrew Shanu était un sujet nigérian engagé au service de Léopold II en 1884 pour recruter en Afrique de l'Ouest des travailleurs et des soldats pour la Force Publique. Travaillant au bureau du gouverneur général de l'État Indépendant du Congo à Boma, il pouvait accéder aux documents sur l'administration du Congo. Après un long séjour en Europe, il quitta le service de l'Etat Indépendant du Congo en 1893 pour se lancer dans les affaires. En peu de temps, il devint un des commerçants les plus prospères de Boma rendant occasionnellement à l'État Indépendant du Congo des services très appréciés. Il était ainsi intervenu pour calmer les soldats ouest-africains, prêts à se mutiner et mettait régulièrement à disposition des logements très confortables pour les hauts fonctionnaires de l'État Indépendant du Congo de passage à Boma. Alors que l'État Indépendant du Congo lui avait tout donné, il se tourna brusquement contre lui, prenant de grands risques en aidant R. Casement dans son enquête. Il continua de fournir régulièrement des informations très pertinentes pour la campagne de *Congo Reform Association.* Cette collaboration prit fin quand il fut découvert dans la transmission à E.D. Morel des copies des procès-verbaux des jugements de certains officiers blancs de la Force Publique accusés d'abus. Pour leur défense, ceux-ci évoquaient souvent des ordres reçus et parfois exhibaient des documents en appui. À défaut d'être jugé, H.A Shanu fut l'objet d'un intense harcèlement; l'État Indépendant du Congo lui retira les décorations qu'il avait reçues en reconnaissance des services rendus et décréta le boycott de son commerce. Désespéré devant la faillite inévitable, il se suicida en 1905.

Quand le 16 juin 1913 *Congo Reform Association* tint sa dernière Assemblée Générale, l'État Indépendant du Congo était mort depuis 1908. Le Congo était devenu une colonie, le Congo Belge. Même si ce changement n'avait pas beaucoup modifié les traitements réservés aux Congolais, E.D. Morel et R. Casement pouvaient avoir des motifs de satisfaction pour avoir détruit un système d'exploitation des ressources qui avait déjà causé des millions de morts, et était fondé sur les massacres des populations, les mutilations corporelles, la confiscation des terres, la prise d'otages et l'esclavage sexuel des femmes.

Dans les années qui ont suivi leur victoire sur Léopold II, ils se sont lancés, chacun de son côté, dans d'autres combats pour défendre des causes qui leur paraissaient justes.

Pendant la période de grande tension qui avait précédé l'entrée de l'Angleterre dans la Première Guerre Mondiale, E.D. Morel s'était rangé dans le camp des pacifistes opposés à la guerre. Il plaidait plutôt pour la neutralité de son pays mais dut admettre la fatalité quand l'Angleterre fut attaquée, continuant toutefois son nouveau combat dans le cadre d'un mouvement pacifiste «*the Union for Democratic Control*» dont il fut Secrétaire Général jusqu'à sa mort. Ce mouvement qui était devenu la plus grande organisation anti-guerre en Angleterre prônait; - l'abandon de la diplomatie secrète au bénéfice du débat parlementaire, démocratique ; -des négociations avec les autres pays démocratiques européens après la guerre en vue de créer un cadre de concertation pour prévenir des conflits armés; - l'engagement à ne pas humilier les vaincus et à garantir l'intangibilité des frontières. Curieusement ces idées se retrouveront une trentaine d'années plus tard dans la Charte de l'Organisation des Nations-Unies !

En 1917 E.D Morel fut condamné à six mois de prison après avoir été reconnu coupable de violation d'une loi de la défense de la patrie *the Defense of the Realm Act*, pour avoir dissipé à l'extérieur de l'Angleterre, en temps de guerre, des documents de propagande de son Organisation. Après sa libération, il fut élu en 1922 membre du Parlement où il siégea pour le compte du Parti Travailliste jusqu'à sa mort le 12 novembre 1924.

R. Casement fut envoyé en poste consulaire au Brésil en 1906 et nommé représentant du gouvernement anglais dans une commission d'enquête sur les mauvais traitements et l'esclavage auxquels étaient soumis les Indiens Putumayo du Pérou pour la collecte du caoutchouc sauvage. Comme au Congo ! A son retour en Angleterre en 1911, il fonda l'*Anti-Slavery Society*, une organisation de défense des droits et de la protection des Indiens de la Colombie et du Pérou. Il fut ennobli, *Sir Casement*, par le gouvernement anglais en reconnaissance de l'importance de son travail pour la protection des Indiens d'Amérique du Sud. Apres avoir pris sa retraite du service consulaire anglais en

1913, il eut enfin le temps de se consacrer entièrement à la cause de libération de sa patrie, l'Irlande, occupée par l'Angleterre. En peu de temps il réussit à organiser des réseaux efficaces de collecte des fonds auprès de la diaspora irlandaise pour l'acquisition des armes. Quand l'Angleterre entra en guerre contre l'Allemagne, il crut saisir l'occasion de faire avancer la cause irlandaise en concluant avec l'Allemagne un pacte garantissant l'Indépendance de l'Irlande en cas de victoire de l'Allemagne, en contrepartie de l'intensification des manœuvres de diversion par les patriotes irlandais dans le but de fragiliser l'armée anglaise. Il fut arrêté sur une plage lors d'une opération de récupération des armes venues d'Allemagne, jugé pour espionnage, sabotage et haute trahison, condamné à mort et exécuté par pendaison le 3 aout 1916. En 1965, le gouvernement anglais accéda à la requête du gouvernement irlandais pour le rapatriement de ses restes en Irlande (depuis, indépendante), où des funérailles nationales ont été organisées en son honneur et un monument érigé en sa mémoire.

E.D. Morel et R. Casement avaient consacré une partie de leur vie, engagé leurs propres ressources et pris des risques considérables pour défendre la cause de la justice pour les Congolais, leur droit à la vie, à la jouissance des ressources de leur terre et au respect de leur dignité humaine. Ils avaient plusieurs fois été l'objet de sarcasmes et quolibets, passant pour des rêveurs cherchant à changer un certain ordre établi des choses fondé sur le droit de dominer qu'auraient les Européens, Blancs, sur les Africains, Noirs. Comme G.W Williams et W.H Sheppard, ils n'ont pas tiré de profits matériels ou financiers du combat acharné qu'ils ont mené pour pousser les puissances du monde occidental à agir et sauver les Congolais d'extermination. Ils méritent la reconnaissance des Congolais.

Arrivée de la première locomotive à la gare de Léopoldville en 1898.

Une vue de la Nouvelle Jérusalem, la cité sainte du kimbanguisme à Nkamba.

Construction du chemin de fer Matadi-Léopoldville, 1890-1898

Une vue de la falaise rocailleuse à laquelle s'«accroche» le rail sur la rive gauche du fleuve Congo en amont de Matadi.

Une vue de l'Université Kimpa Vita à Uíge, Angola

La chicotte, instrument de soumission des Congolais.

Ci-gît BULA MATARI

La stèle de granit sur la tombe de Stanley à Pirbright, Angleterre.

Épitaphe: «HENRY MORTON STANLEY- BULA MATARI, 1841-1904. Africa».

Un épisode de l'histoire du contentieux belgo-congolais. Moïse Tshombé rentrant «*triomphalement*» de Bruxelles avec le «*portefeuille*» du Congo.

Henry William Sheppard (en blanc) avec un groupe de Bakuba venus de Luebo pour témoigner à son procès à Léopoldville, 1908.

L'arrestation de Patrice-Emery Lumumba en décembre 1960.

29 juin 1960. Le témeraire Ambroise Boimbo brandissant le sabre royal après l'avoir ravi au roi Baudouin 1er. Tout un symbole.

Clôture de la conférence de Table-Ronde, février 1960. Le roi Baudouin 1er
En conversation avec le grand Chef des Bayeke, Antoine Mwenda Munongo.

«*Nakomitunaka*» ou l'expression du syncrétisme par la chanson.

Georges Kiamuangana Mateta, Verckys, auteur de la chanson «*Nakomitunaka*»

Patrice-Emery-Lumumba (gauche) et Joseph Kasa-Vubu à Bruxelles, lors des travaux de la Table-Ronde.

Mobutu en conversation avec Mudingayi, Président du Sénat (centre) et son Premier Ministre, Léonard Mulamba (à droite) après la légitimation de son coup d'état du 24 novembre 1965 par le Parlement.

Le football pour la grandeur et le prestigedu Zaïre

L'équipe nationale de football du Zaïre, les Léopards en 1974. Débout de gauche à droite: Tubilandu, Mwepu, Kibonge, Ngoy, Lobilo, Buanga, Mavuba, Mukombo, Kazadi. Accroupis de gauche à droite : Mbungu, Kembo, Mana, Kidumu, Ndaye, Mayanga, Kakoko.

Kibonge Mafu (à gauche), représentant l'élite congolaise du football congolais avec le légendaire footballeur brésilien Edson Arantes do Nascimento, le roi Pelé, à Kinshasa en 1968.

1971, l'enrôlement dans l'Armée des étudiants de l'Université Lovanium. Sur la photo à partir de la gauche: les soldats de deuxième classe (*likili*) Truman Nimbai Kalumvueziko (l'auteur) Léonie Kubukubu, Véronique Kakiese et Floribert Tshamala.

Le procès des étudiants, 1969. Le tribunal prononça de lourdes peines d'emprisonnement (jusqu'à 20 ans). Les condamnés furent toutefois libérés quelques mois après et autorisés à reprendre les études.

Retour à l'Université Nationale du Zaïre, au grade de sergent. On reconnaît l'auteur, assis les mains posées sur les épaules d'un camarade, Floribert Tshamala à sa droite et Jacques Mangalaboyi à l'extrême droite sur la rangée supérieure.

L'«*Authenticité*» projetée au devant de la scène mondiale

«Rumble in the jungle», l'affiche publicitaire du «combat du siècle» Ali-Foreman, Kinshasa en 1974.

VII

SIMON KIMBANGU

LE PROPHETE LIBERATEUR DE L'HOMME NOIR

Simon Kimbangu (1887-1951)

De tous les prophètes noirs africains qui sont apparus au début du 20e siècle et fondé des églises chrétiennes indépendantes, Simon Kimbangu (celui *qui révèle les choses cachées* en langue Kikongo) est sans doute le plus important. Malgré la brièveté de ses prédications, le message qu'il a porté a eu des effets extraordinaires. Par la dimension politique qu'il comportait, ce message qui est surven u dans le contexte de la colonisation avait réveillé les Congolais, leur faisant prendre conscience de la privation des libertés, des injustices et des traitements brutaux auxquels ils étaient soumis. Il apportait aussi l'espoir de libération pour l'homme noir partout dans le monde et est à l'origine du mouvement nationaliste et anticolonial qui a secoué non seulement le Congo belge, mais aussi8 le Congo français et l'Angola.

Kimbangu est né le 12 mars 1887 à Nkamba, un village du district des Cataractes dans la province du Bas-Congo. Encore enfant, il s'était déjà fait remarquer par une sagesse précoce. Les propos qu'il tenait étaient parfois énigmatiques et lourds de sous-entendus! Il reçut le baptême chrétien (protestant) en 1915. Apres des études primaires à l'école protestante de la *Baptist Missionnary Society* (BMS) de Lukengo près de Nkamba, il devint catéchiste, une tâche qu'il accomplissait à la satisfaction des missionnaires très étonnés et impressionnés par sa grande connaissance de la Bible.

En 1918, lors d'une de ses fréquentes retraites de prière pendant lesquelles il entrait en « *relation divine* » avec Jésus Christ, il reçut la mission de convertir ses frères et les guérir. Toute la contrée était en proie à une épidémie de grippe espagnole particulièrement ravageuse. Il hésita, estimant qu'il n'était pas plus qualifié que les pasteurs ou diacres plus formés que lui pour accomplir cette mission. Mais les appels divins continuèrent avec toujours plus d'insistance. Kimbangu crut s'en échapper en quittant Nkamba en 1920 pour gagner Léopoldville (Kinshasa) où il trouva un emploi à la Compagnie des Huileries du Congo-Belge, HCB. Alors qu'il croyait avoir trouvé la paix, il fut confronté à une situation qui le bouleversa profondément. Pour une raison qu'il ne pouvait s'expliquer, son salaire ne lui parvenait pas et ce, pendant trois mois consécutifs. Un jour pendant qu'il méditait sur son sort, il entendit la voix de Jésus lui rappeler la mission qu'il lui avait confiée. Il comprit alors que le blocage de son salaire était la manifestation de la colère divine pour sa désobéissance et se décida de regagner Nkamba pour accomplir la volonté de Dieu.

Kimbangu opéra son premier miracle le 6 avril 1921 par la guérison d'une femme agonisante, suivi de celui de résurrection d'une jeune fille morte depuis trois jours, rien qu'en prononçant le nom de Jésus et en imposant les mains. De nombreux autres cas de guérison et de résurrection ont été signalés et tous sont aujourd'hui répertoriés avec détails (nature de miracle, dates et lieux de survenance, identité des personnes concernées,..), par l'Église kimbanguiste.

La nouvelle des miracles de Kimbangu se répandit comme une traînée de poudre, attirant à Nkamba d'immenses foules de personnes venues de toutes parts du Bas-Congo et même d'au-delà les frontières, du Congo français et d'Angola, pour écouter les prédications, recevoir la guérison ou les bénédictions du Prophète, le « *Ngunza* » comme on l'appelait. Les paralytiques se sont levés et ont marché, les aveugles ont recouvré la vue, les muets ont retrouvé la parole, les sourds ont commencé à entendre et surtout, des morts ont ressuscité.

Kimbangu prêchait l'Évangile. Il condamnait la polygamie, la consommation d'alcool et de tabac, l'utilisation des fétiches, l'adultère et la violence. En peu de temps, les églises (catholique et protestante) s'étaient vidées de leurs fidèles, les compagnies et les commerces désertés par leurs travailleurs et de nombreux Congolais s'étaient mis à résister au paiement de l'impôt.

L'impressionnant succès de Kimbangu ne laissa pas indifférents le clergé catholique et les missionnaires protestants qui pressèrent les autorités coloniales de mettre fin à la montée du mouvement messianique dans tout le Bas-Congo. Après avoir échappé à une première tentative d'arrestation, Kimbangu entra en clandestinité dans les savanes de Mbanza-Nsanda, continuant de prêcher et opérer des miracles. Son message prit alors un ton politique quand qu'il se mit à prédire l'indépendance des pays africains,

Devant la crainte d'une insurrection populaire au Bas-Congo qui risquait de s'étendre jusqu'à Léopoldville et même au-delà, l'administration coloniale lança les troupes de la Force Publique et de la Police à sa recherche. Ses adeptes, les Kimbanguistes, furent molestés et arrêtés par milliers sur l'ensemble du territoire du Bas-Congo. Des villages entiers furent détruits et leurs habitants obligés de fuir en brousse. Comprenant que seul son sacrifice pouvait mettre fin aux souffrances de son peuple, il se résolut de se rendre. Le 10 septembre 1921, il s'adressa à ses partisans réunis pour un culte, leur livrant un message prophétique et d'adieu, et exposant sa vision de l'épanouissement de l'homme noir : « *Mes frères (Zimpangi zami), l'Esprit est venu me révéler que le temps de me livrer aux autorités est arrivé. Tenez bien ceci : avec mon arrestation commencera une période terrible d'indicibles persécutions pour moi-même et pour un très grand nombre de personnes. Il faudra tenir ferme, car l'Esprit de notre Dieu Tout-puissant (Mpeve ya Batata Nzambi'a Mpungu Tulendo) ne nous abandonnera jamais. Il n'a jamais abandonné quiconque se confie en Lui. Les autorités gouvernementales (Muhu za luyalu) vont imposer à ma personne physique un très long silence mais elles ne parviendront jamais à détruire l'œuvre que j'ai accomplie, car elle vient de notre Dieu le Père. Certes, ma personne physique (kiame) sera soumise à l'humiliation et à la souffrance, mais ma personne spirituelle (Kimpeve kiame) se mettra au combat contre les injustices semées par les peuples du monde des ténèbres qui sont venus nous coloniser. Car j'ai été envoyé pour libérer les peuples du Kongo (kula minkangu mia Kongo) et la race Noire du monde (Zindombe zazo). L'Homme Noir deviendra Blanc, et l'Homme Blanc deviendra Noir. Car les fondements spirituels et moraux, tels que nous les connaissons aujourd'hui, seront profondément ébranlés. Les guerres persisteront à travers le monde. Le Kongo sera libre et l'Afrique aussi. Mais les décennies qui suivront la libération de l'Afrique seront terribles et atroces. Car tous les premiers gouvernants de l'Afrique Libre travailleront au bénéfice des Blancs. Un grand désordre spirituel et matériel s'installera. Les gouvernants (Minyadi) de l'Afrique entraîneront, sur le conseil des Blancs, leurs populations respectives dans des guerres meurtrières et s'entretueront. La misère s'installera. Beaucoup de jeunes quitteront l'Afrique dans l'espoir d'aller chercher le bien-être dans les pays des Blancs. Ils parleront toutes les langues des Blancs. Parmi eux, beaucoup seront séduits par la vie matérielle des Blancs. Ainsi, ils deviendront la proie des Blancs (Nkuta Mindele). Il y aura beaucoup de mortalité parmi eux et certains ne reverront plus leurs parents. Il faudra une longue période pour que l'Homme Noir acquière sa maturité spirituelle. Celle-ci lui permettra d'acquérir son indépendance matérielle. Alors s'accomplira la troisième étape. Dans celle-ci naîtra un Grand Roi Divin. Il viendra avec ses trois pouvoirs: Pouvoir Spirituel (Kinzambi), Pouvoir scientifique (Kimazayu) et Pouvoir Politique (Kimayala). Je serai Moi-même le Représentant de ce Roi. Je liquiderai l'humiliation que, depuis les temps les plus reculés, l'on n'a cessé à infliger aux Noirs. Car, de toutes les races de la terre, aucune n'a été autant maltraitée et humiliée que la race noire. Continuez à lire la bible. A travers ses écrits, vous arriverez à discerner les actes de ceux qui sont venus vous apporter ce livre et les écrits ou principes moraux contenus dans ce livre. Il faut qu'un voleur soit saisi avec l'objet qu'il a volé. Nous aurons notre propre Livre Sacré, dans lequel sont écrites des choses cachées pour la race noire et les peuples du Kongo. Un Instructeur, (un enseignant : Nlongi) viendra avant mon retour pour écrire ce livre et préparer l'arrivée du Roi. Il sera combattu par la génération de son temps, mais petit à petit, beaucoup de gens comprendront et suivront son enseignement. Car, sans cet enseignant (Nlongi) qui préparera les peuples ? Car l'arrivée du Roi sera très meurtrière et sans pardon. Alors, il faut que les peuples du Kongo soient instruits avant cet événement. Vous ne savez pas encore ce que c'est qu'une guerre spirituelle. Quand les peuples Kongo commenceront à se libérer, un pays qui osera attaquer le Kongo sera englouti sous les eaux. Vous ne connaissez pas encore la puissance de ceux qui sont envoyés par le Père Tout-Puissant. A quoi sert à l'homme de s'attaquer à Dieu si, le jour de sa mort, même s'il avait beaucoup de biens matériels, il n'a même pas le temps d'arranger son doigt ? Vous ne savez pas de quoi est faite votre vie et pourquoi vous vivez. Car, exister physiquement c'est apparaître comme presque rien. Pourquoi tuer votre prochain et espérer rester en vie et pour combien de temps ? Dieu n'est pas le temps, ni l'espace. Il est un Tout dans le Tout (Wena wa Kalunga). La génération du Kongo perdra tout. Elle sera embrouillée par des enseignements et des principes moraux pervers du monde européen. (Mavanga ma besi Mputu). Elle ne saura plus les principes maritaux de ses Ancêtres. Elle ignorera sa langue maternelle. Alors je vous exhorte à ne pas négliger ni mépriser vos langues maternelles. Il faut les enseigner à vos enfants et à vos petits-enfants. Car viendra un temps où les langues des Blancs seront oubliées. Dieu le Père a donné à chaque groupe humain (Nkangu wa bantu) une langue qui sert comme d'une alliance de communication (Nsinga wa Mbila)».*

Dans ce message, Kimbangu a prédit les humiliations et les souffrances qu'il allait endurer ainsi que l'extraordinaire essor de son message messianique. Il a prophétisé l'indépendance des pays africains et prédit des moments difficiles et de grandes souffrances pour les populations après les indépendances à cause des dirigeants manipulés par les puissances coloniales. Il s'est proclamé Envoyé de Dieu pour libérer le peuple Kongo et l'homme noir partout dans le monde, et annoncé la venue prochaine d'un Grand roi qui achèvera la libération totale de l'homme noir. Il a enfin exhorté l'homme noir à se libérer spirituellement pour acquérir la maturité spirituelle, à protéger ses langues maternelles et à s'investir dans la recherche scientifique pour accomplir son épanouissement intégral.

Le 12 septembre 1921, Kimbangu se mit à la tête d'un groupe de partisans pour regagner Nkamba. Ils furent immédiatement tous arrêtés et acheminés à Thysville pour être jugés.

Le tribunal militaire qui les jugea, lui et ses partisans, se montra d'une extrême sévérité. Malgré les vexations, les humiliations et les intimidations subies, Kimbangu eut le courage d'affirmer qu'il était l'Envoyé de Dieu venu pour sauver l'homme noir, interpelant le juge : « *Est-ce Dieu que vous voulez persécuter ? Sachez que c'est du Christ que j'ai reçu ma mission ; cessez donc de me tourmenter, car pour rien au monde je ne renoncerai à le servir et à faire sa volonté* ».

Le 3 octobre 1921, le tribunal prononça de nombreuses condamnations à mort et de lourdes peines d'emprisonnement au terme d'un procès qui n'avait duré que trois jours et où les accusés avaient comparu sans avocats. Kimbangu lui-même fut condamné à mort pour cause de sédition, trouble à l'ordre public et racisme, mais bénéficia d'une mesure de grâce du roi des Belges Albert 1er commuant la peine capitale en emprisonnement à perpétuité.

C'est enchaîné et placé dans un compartiment cellulaire sur des bateaux et trains qu'il fut paradé dans une grande partie du pays afin d'intimider les populations congolaises et montrer qu'il avait été définitivement réduit à l'impuissance, avant de rejoindre la prison d'Elisabethville (Lubumbashi), où il purgea sa peine pendant trente ans, détenu dans l'isolement, enfermé dans une minuscule cellule de moins de 4 mètres carrés, jusqu'à sa mort le 12 octobre 1951. Selon ses codétenus survivants, il avait annoncé le jour et l'heure de sa mort !

Les adeptes de Kimbangu furent interdits de réunions après l'arrestation de leur Maître. Les contrevenants étaient arrêtés et déportés avec femmes et enfants, loin du Bas-Congo, dans des camps de relégation disséminés à travers le Congo. Au total, environ 37.000 familles totalisant 150.000 personnes furent déportées jusqu'en 1959. Les « *relégués*» étaient enfermés dans des campements isolés, loin du Bas-Congo, où ils devaient s'organiser seuls pour subvenir à leurs besoins primaires, soigner les malades et éduquer les enfants. Des châtiments corporels comme des coups de la « *chicotte »* leur étaient fréquemment infligés.

Alors que l'Autorité coloniale croyait avoir mis fin au mouvement spirituel créé par Kimbangu, baptisé « *Kintuadi* » (Union, Communauté ou Unité) par la mesure d'interdiction prise en 1937 et la persécution de ses partisans, ceux-ci avaient continué de pratiquer leur culte dans la clandestinité, sous l'autorité de son épouse Maman Marie Muilu Kiawanga Nzitani, attirant de plus en plus d'adeptes, malgré les arrestations et déportations. Ils semblaient ressentir la présence physique de leur Maître qui pouvait apparaitre en des endroits différents au même moment !

Devant la montée de la foi kimbanguiste et la détermination de ses adeptes prêts à tous les sacrifices, le pouvoir colonial fut contraint de revenir sur sa mesure d'abrogation en reconnaissant officiellement l'Église kimbanguiste le 24 décembre 1959, sous l'appellation de l'« *Eglise de Jésus Christ sur la Terre par le Prophète Simon Kimbangu* ». Était-ce du fait de l'imminence de l'indépendance du Congo? Il reste que les Kimbanguistes pouvaient désormais pratiquer leur culte au grand jour. Ceux du Congo français avaient une année auparavant construit leur temple après la levée des mesures de restriction prises par le pouvoir colonial français. Pour leur part, ceux d'Angola durent attendre jusqu'en 1974, une année avant l'indépendance de leur pays!

Connue depuis 1987 sous l'appellation de l'*« Église de Jésus Christ sur la Terre par son Envoyé Spécial Simon Kimbangu »*, l'Église kimbanguiste reconnaît Jésus comme rédempteur de l'homme et proclame Kimbangu comme Dieu le Saint-Esprit. Elle prêche l'amour du prochain, l'obéissance aux lois divines et la pratique des bonnes œuvres. Elle proscrit la polygamie, l'adultère, la danse, la consommation de l'alcool, de la drogue, de la viande de porc et du tabac. Sa doctrine est fondée sur la foi en la Sainte Trinité, l'acceptation de Jésus Christ comme Rédempteur de l'humanité et Fils de Dieu et de Kimbangu comme Dieu le Saint-Esprit, la Bible comme source d'enseignement religieux et la trilogie Amour envers son prochain/Obéissance aux lois divines/Pratique des bonnes œuvres.

L'Église kimbanguiste est membre de la Conférence des Églises de toute l'Afrique, CETA, depuis 1974. Elle a été admise au Conseil Œcuménique Mondial des Eglises, COE, en 1969 mais en fut exclue en 2000 quand elle proclama sa propre christologie où Paul Salomon Dialungana Kiangani, deuxième fils de Kimbangu, est présenté comme la réincarnation de Jésus Christ. Le Conseil œcuménique des Églises chrétiennes du Congo avait été fortement irrité par le déplacement de la date de la célébration de la naissance de Jésus, la fête de la Nativité (Noël) des chrétiens, au 25 mai, jour de naissance de Paul Salomon Dialungana Kiangani,

Comme toutes les grandes églises et religions, l'église kimbanguiste a aussi connu des scissions. À sa création, Joseph Diangenda, troisième fils de Kimbangu, fut désigné pour la diriger avec le titre de Chef Spirituel. Déjà, ce mode de succession de type héréditaire basé sur la filiation avait créé des frustrations, certains ayant préféré plutôt le choix d'un compagnon de Kimbangu, supposé mieux connaître son idéologie. L'Église se scinda en plusieurs branches dont seule celle dirigée par le fils de Kimbangu reçut la reconnaissance officielle.

Le 16 aout 2001 à la mort de son deuxième Chef spirituel Paul Salomon Dialungana Kiangani, successeur de Joseph Diangenda Kuntima, premier Chef spirituel de l'Eglise mort le 22 mars 1992, la querelle de succession resurgit sur fond de conflits dramatiques au sein de la famille biologique du Prophète, provoquant la scission de l'église en deux tendances principales, dont celle dirigée par Simon Kimbangu Kiangani, fils de Paul Salomon Dialungana Kiangani présenté comme la réincarnation du Prophète, est reconnue officiellement.

Considérés comme dissidents, les membres du courant opposé sont frappés d'interdiction à Nkamba, cité sainte baptisée *Nouvelle Jérusalem.* Ceux de la famille du Prophète faisant partie de ce courant, quant à eux, ont en plus perdu le droit d'être enterrés dans le périmètre du mausolée du Prophète à Nkamba! Les pasteurs qui dirigent les paroisses kimbanguistes ont chacun adopté l'un ou l'autre courant, même à l'extérieur du Congo. Pour les Kimbanguistes moyens cependant, ces querelles de succession semblent être éloignées, tous se réclamant de Kimbangu.

L'Église kimbanguiste a connu une rapide et forte expansion sous la direction de Joseph Diangenda Kuntima, son premier Chef spirituel. Elle se veut universelle car le message du Prophète ne se limite pas seulement dans l'espace Kongo; il concerne l'homme partout dans le monde. Elle est aujourd'hui présente dans tous les continents avec environ 17 millions de fidèles au total. Ses paroisses se retrouvent en plus grand nombre en République Démocratique du Congo, en République du Congo (Brazzaville), et en Angola. On en trouve en plus dans d'autres pays africains (Zambie, Gabon, Burundi, Rwanda, Kenya, Maroc, Sénégal, Madagascar, Namibie, Afrique du Sud, Nigeria), des pays européens (Belgique, Angleterre, Portugal, France, Suisse, Pays-Bas, Italie, Irlande), américains (Etats-Unis et Canada) et asiatiques (Chine et Japon). C'est aussi sous la direction de Joseph Diangenda Kuntima que le mouvement kimbanguiste s'est organisé en une institution structurée pour prêcher le message du Prophète et réaliser les projets d'épanouissement de l'homme. Car le kimbanguisme est aussi porteur d'un vaste projet social. Dans les pays où ses adeptes se trouvent en très grand nombre comme en République Démocratique du Congo, en République du Congo et en Angola, le kimbanguisme est devenu un acteur important du développement. Des écoles, universités, temples, centres sociaux, hôpitaux et dispensaires sont construits, en plus de la réalisation de grands travaux agricoles pour l'alimentation des populations, la création des caisses d'épargne ou encore celle des coopératives d'achat, de vente et de production. Le kimbanguisme n'en a certainement pas l'exclusivité par rapport à d'autres grandes Églises opérant en Afrique comme l'Église catholique. Il se distingue cependant par la nature du financement de ses réalisations qui provient des contributions volontaires des fidèles. Certaines de ses réalisations sont tout à fait extraordinaires, telle la construction de la cité sainte de Nkamba où le grand temple de 100 mètres de longueur et 50 mètres de largeur comportant plus de 30.000 places assises est le symbole de réussite de ce modèle nouveau de développement autocentré.

Le kimbanguisme d'aujourd'hui se veut apolitique. Il n'a jamais ouvertement dénoncé les inégalités, les politiques antisociales ou les abus des pouvoirs politiques qui se sont succédé au Congo depuis l'indépendance. Cette position semble se démarquer du message de combat pour l'épanouissement matériel, moral et spirituel de l'homme noir que prônait Kimbangu. Elle l'expose surtout à l'influence du pouvoir politique toujours prêt à lui accorder des faveurs pour se consolider. D'où l'accusation très répandue de sa collusion avec le pouvoir politique, à l'origine d'une grande frustration qui parfois s'exprime par la violence comme quand en 1992 le cortège funèbre de la dépouille de Joseph Diangenda Kuntima en route pour les obsèques à Nkamba avait essuyé un jet des pierres très nourri, forçant son passage sous des injures.

Comme Kimpa Vita deux siècles auparavant, Kimbangu a été victime de l'intolérance du pouvoir d'occupation allié aux missionnaires européens. Sa condamnation a été injuste et considérée par ses adeptes comme un opprobre jeté sur lui. Ainsi après la reconnaissance officielle du culte kimbanguiste en 1959, la hiérarchie de la nouvelle église engagea les actions nécessaires pour la révision du procès en vue de sa réhabilitation. Kimbangu fut politiquement réhabilité en 1971 puis en 1973 par son admission à titre posthume au rang le plus élevé des différents Ordres honorifiques nationaux. C'est finalement le 22 juillet 2011 qu'il a été réhabilité judiciairement suivant un arrêt de la Haute Cour Militaire congolaise annulant le verdict de condamnation à mort prononcé le 3 octobre 1921 à Thysville (Mbanza-Ngungu) par un tribunal militaire établi par le pouvoir colonial belge.

Kimbangu est entré dans l'histoire de l'humanité comme le libérateur de la conscience des Noirs. Son message messianique inspiré par la Bible appelait à la libération des Noirs de la domination coloniale et à leur épanouissement intégral par la libération spirituelle, la valorisation de leur culture et la recherche scientifique. Il a jeté les germes de l'émergence du mouvement nationaliste anticolonial qui a déferlé sur le continent africain jusqu'aux indépendances des années 1960, et inspiré les mouvements de lutte contre le racisme et celui de revendication des droits civiques pour les Noirs aux États-Unis. En cela, les Congolais, particulièrement les

Bakongo, doivent être fiers d'avoir donné à la race noire l'un de ses meilleurs et plus méritants fils.

VIII

JOSEPH KASA-VUBU

LE PERE DE L'INDEPENDANCE

Joseph Kasa-Vubu (1917-1969)

À l'instar d'autres grands personnages africains qui sont reconnus comme *Pères de l'Indépendance* pour avoir été premiers à revendiquer la libération de leur peuple du joug colonial, Joseph Kasa-Vubu mérite d'être reconnu comme le *Père de l'Indépendance* du Congo. Mis à part ses mérites personnels, l'antériorité et la constance de son combat pour l'indépendance du Congo ont fait naturellement de lui le premier Président du Congo indépendant. Curieusement sa figure tend à s'effacer progressivement de la mémoire des Congolais malgré la richesse des idées qu'il avait déjà développées une quinzaine d'années avant l'indépendance, le rôle déterminant qu'il a joué dans le processus de l'indépendance, son sens élevé de l'État et l'exemple d'intégrité, de probité morale, de simplicité, de modestie et d'humilité qu'il a donné dans l'exercice de la plus haute charge de l'État.

Kasa-Vubu est né en 1917 à Dizi, un village proche de la ville de Tshela dans la région de Mayombe, province du Bas-Congo. Après des études primaires, les missionnaires de Scheut qui voulaient le préparer au sacerdoce le firent inscrire au petit séminaire de Mbata

Kiela dans sa région natale du Mayombe, d'où il sortit diplômé en 1936. Là-bas, il eut pour condisciple un certain Joseph Albert Malula qui deviendra Cardinal et Archevêque de Kinshasa et avec qui il alla poursuivre sa formation au grand séminaire de Kabwe, dans le Kasaï. Il ne put cependant pas accomplir le cycle complet de 8 années de formation à la prêtrise. En effet bien qu'ayant réussi les épreuves de la formation de 3 années de philosophie, il fut renvoyé du séminaire en 1939. Les dirigeants du séminaire supportaient mal son esprit critique comme quand il dénonçait la non-conformité du comportement de certains missionnaires avec les enseignements de l'Évangile. Revenu au Mayombe, il enseigna à l'école primaire de Kangu, dans une classe supérieure (6e année) jusque-là confiée à des missionnaires européens, se distinguant par la liberté qu'il s'était donné de dispenser les cours en français! Cette initiative fut mal perçue par les missionnaires et les autorités coloniales. En effet, seules les langues locales, ici le Ki-Yombe, pouvaient être utilisées dans l'enseignement au Congo. Se sentant tenu à l'œil, il quitta l'enseignement pour travailler dans les services de comptabilité d'une société d'exploitation forestière, AGRIFOR, où il fut initié à la comptabilité. Mais face à l'indifférence de ses supérieurs vis-à-vis de ses nombreuses réclamations pour l'amélioration de son salaire, il se résolut à quitter son emploi et son terroir pour gagner Léopoldville (Kinshasa). Là-bas il pensait trouver un environnement plus propice à son épanouissement.

À Léopoldville, Kasa-Vubu fut embauché par l'Administration coloniale en 1942 et affecté au service des Approvisionnements de l'administration des finances. À ce temps-là, la petite élite formée par les missionnaires catholiques se retrouvait dans des espaces de rencontre organisés en associations pour promouvoir et renforcer les liens d'amitié et de solidarité entre leurs membres, en plus d'être des occasions pour discuter de leurs problèmes personnels ou de société en général et organiser des activités récréatives. Trois associations étaient plus connues: l'*Association des Anciens Elèves des Pères de Scheut* (ADAPES), l'*Association des Anciens Elèves des Frères* (ASSANEF) et l'*Union des Anciens Elèves des Frères Maristes* (UNAEM).

Jean Bolikango qui deviendra un acteur politique important et adversaire de Kasa-Vubu à l'élection du premier président de la république du Congo, était un des personnages noirs les plus prestigieux de Léopoldville. Il était un des premiers «*évolués*» congolais et le Congolais le plus «*gradé*» de l'Administration coloniale, en tant que Commissaire Général à l'Information. Il était le leader de la communauté des ressortissants de l'Équateur, appelés *Bangala*, très nombreux à Léopoldville, regroupés au sein de l'association « *Liboke ya Bangala* » (Union des Bangala) et dirigeait une multitude d'associations en plus d'être le principal animateur d'un groupe de réflexion dénommé *Union des Intérêts Sociaux Congolais* (UNISCO) créée en 1945 pour étudier les conditions d'élimination des injustices du système colonial et d'amélioration des conditions sociales des Congolais. Ayant fait la connaissance de Kasa-Vubu il l'intéressa à adhérer à l'ADAPES et usa par la suite de sa grande influence pour en faire le secrétaire général en 1946. Dans l'allocution qu'il prononça à sa prise de fonction Kasa-Vubu exprima des idées qui se démarquaient de la ligne conciliante et plaintive dans laquelle s'inscrivaient tous les discours des «*évolués*» congolais. Il déclara que « *le sol appartient aux Congolais, et qu'il doit par conséquent leur être rendu* ». Par ce discours réellement révolutionnaire, Kasa-Vubu a eu l'audace de s'attaquer à l'un des piliers fondateurs du système colonial qu'était la confiscation des terres. C'est le droit du premier occupant qu'il revendiquait, la réappropriation de leurs terres par les Congolais qui devrait les rendre libres. À sa grande déception ses collègues ne le suivirent pas, se désolidarisèrent de lui par crainte de s'attirer les foudres des autorités coloniales. Il comprit alors que le moment d'exprimer ses idées n'était pas encore venu et qu'il devait utiliser un cadre plus approprié pour ce faire.

Le 21 mars 1954, Kasa-Vubu fut porté à la tête de l'Alliance des Bakongo, ABAKO, une organisation associative des ressortissants du Bas-Congo, les Bakongo, fondée en 1949 par Edmond Nzeza Nlandu sous son appellation initiale d'« *Association des Bakongo pour l'étude et la défense de la langue Kikongo* » dans le but de promouvoir et défendre la langue Kikongo fortement « *menacée* » par le Lingala dans la ville de Léopoldville. Nzeza Nlandu avait démissionné de son poste de Président pour se consacrer pleinement au journal de l'ABAKO (Kongo *dia Ngunga),* continuant de jouir du prestigieux titre honorifique de fondateur. C'était au lendemain de la grande répression des adeptes du prophète Simon Kimbangu sur tout le territoire du Bas-Congo en 1947. Bravant le risque de relégation (déportation), - la sanction généralement encourue par les kimbanguistes contrevenants -, Nzeza Nlandu avait fait de *Kongo dia Ngunga,* un puissant moyen de communication des kimbanguistes en leur permettant de communiquer par des messages codés exprimés en proverbes Kongo difficiles à décrypter par les non-initiés. Il deviendra plus tard un homme d'affaires prospère, à la tête d'une très grande imprimerie de Léopoldville, les *Imprimeries Concordia.*

Le choix porté sur Kasa-Vubu, un Muyombe, ressortissant du district du Bas-Fleuve, pour diriger l'ABAKO était un compromis pour départager les principaux candidats à la présidence, tous originaires du district des Cataractes. Ce mode de nomination est à l'origine d'une règle non écrite de partage de la haute direction de l'ABAKO (Président et Vice-président) entre le district des Cataractes et celui du Bas-Fleuve qui sera utilisé avec des fortunes diverses pour régler les querelles de leadership qui apparaîtront plus tard entre les Bakongo.

Très vite, Kasa-Vubu réussit à transformer l'ABAKO en un vaste mouvement politique, le premier parti politique créé au Congo. Déjà, il avait compris l'importance pour le Congo de se doter de cadres formés pour remplacer éventuellement les Belges. Il créa à cette fin une structure appelée Association des Bourses d'Études du Mayombe pour obtenir des bourses d'études pour les jeunes Bakongo.

Dans le monde, la décolonisation était en marche avec la bénédiction des deux principaux vainqueurs de la Deuxième Guerre Mondiale, les Etats-Unis d'Amérique et l'Union des Républiques Socialistes Soviétiques (URSS) qui, eux, n'avaient pas de passé de colonisateur. Deux événements majeurs allaient donner à Kasa-Vubu l'occasion d'exprimer ses idées. D'abord la naissance en 1955 du mouvement des pays non-alignés à l'issue de la conférence connue sous l'appellation de Conférence de Bandoeng qui avait réuni les pays du Sud nouvellement indépendants dans la ville de Bandoeng en Indonésie et placé la décolonisation des pays encore colonisés en tête de son agenda. Ensuite la publication dans la même année en Belgique par un professeur de l'Ecole Coloniale d'Anvers, Anton Jef van Bilsen, d'un plan de décolonisation du Congo en 30 ans, suivie une année après, en 1956, par celle du *Manifeste de la Conscience Africaine.* Ce dernier document contenait les conclusions des travaux d'un groupe de réflexion de quelques intellectuels congolais dont Joseph Albert Malula, Joseph Iléo et Joseph Ngalula, conseillés par des professeurs de l'Université Lovanium de Léopoldville, dans lequel ils dénonçaient les injustices du système colonial et revendiquaient l'amélioration des conditions sociales des Congolais et celles des *évolués*. Le *Manifeste de la Conscience Africaine* n'avait pas mis en cause l'ordre établi, ni exprimé des revendications politiques. Il apparaissait très timide et semblait s'inscrire dans la ligne du plan van Bilsen.

La réaction de l'ABAKO ne se fit pas attendre. Le 23 août 1956 elle publia une déclaration politique connue sous le nom de *Manifeste de l'ABAKO* par laquelle elle réclamait l'indépendance immédiate du Congo. Pour la première fois le mot «*indépendance*» était lâché, repris comme un *credo* par la population de Léopoldville et répercuté partout au Congo. Kasa-Vubu venait de briser un tabou, faisant le premier pas de la marche vers l'indépendance. Les autorités coloniales tentèrent, sans succès, de contrer la montée de la vague de l'expression de la revendication de l'indépendance en manipulant certains groupes tribaux, principalement ceux de l'Équateur, les Bangala, accusant l'ABAKO de séparatisme, xénophobie et de vouloir chercher l'indépendance pour le seul Bas-Congo.

En 1958, l'autorité coloniale amorça son programme de réforme des structures administratives du Congo par l'organisation des élections municipales dans trois villes (Léopoldville, Elisabethville et Jadotville). Dans son entendement, plutôt que l'indépendance, il fallait impliquer les Congolais dans la gestion des communautés de base et des villes et consolider l'impressionnant succès des actions entamées depuis la fin de la Deuxième Guerre Mondiale pour améliorer leurs conditions de vie matérielle. De nombreux partis politiques virent le jour dans la perspective des élections et des changements importants qui s'annonçaient.

À Léopoldville, ville habitée majoritairement par les Bakongo l'ABAKO remporta largement les élections (130 sièges de conseillers municipaux sur 170, soit 78%). Kasa-Vubu fut élu bourgmestre de la commune de Dendale (actuelle commune de Kasa-Vubu), position qu'il sut bien utiliser dans son combat politique. Le jour de son installation, le 20 avril 1958, il prononça un discours extrêmement violent contre la colonisation et exprima ouvertement son rejet du système colonial en refusant de faire hisser le drapeau belge devant sa résidence, préférant plutôt celui de l'État Indépendant du Congo (une grande étoile jaune au centre sur fond bleu). L'appel qu'il fit pour l'organisation des élections générales et la constitution des provinces jouissant d'une autonomie interne lui valut une suspension de ses fonctions de bourgmestre, vite levée à la suite des protestations et pressions exercées par ses collègues.

Dans la même année, 1958, le Général Charles de Gaule s'était rendu à Brazzaville dans le cadre de sa tournée des pays africains colonisés par la France pour défendre son projet de création de la

Communauté des Territoires d'Outre-mer. Le discours qu'il y prononça eut un très fort retentissement sur l'autre rive du fleuve, à Léopoldville. En effet quand il demandait aux colonisés de la France de choisir entre la Communauté et l'indépendance, les Congolais de Léopoldville se demandaient pourquoi le gouvernement belge continuait de s'enfermer dans l'immobilisme.

Toujours dans la même année s'était tenu à Accra au Ghana fraîchement indépendant la Conférence Panafricaine qui avait réuni des dirigeants de nouveaux pays décolonisés et ceux des mouvements indépendantistes des pays encore colonisés. Des leaders politiques congolais, dont Kasa-Vubu, y avaient été invités, mais celui-ci se vit refuser l'autorisation de sortir par l'autorité coloniale. À leur retour au Congo, les délégués congolais organisèrent de nombreux meetings pour faire la restitution des travaux de la Conférence Panafricaine. C'est à ce moment-là que Patrice-Emery Lumumba, membre du Mouvement National Congolais (MNC), émergea dans toute sa grande dimension de leader nationaliste quand il réclama l'*indépendance immédiate et inconditionnelle* du Congo. L'ABAKO qui jusque-là occupait seule la scène politique comprit que l'arrivée de nouveaux acteurs, ambitieux et au discours anticolonial plus radical, pouvait lui faire perdre l'emprise sur Léopoldville. Elle invita la population à un grand meeting le 4 janvier 1959 dans les installations de l'YMCA (l'actuelle Place du 4 janvier dans la Commune de Kalamu). Kasa-Vubu et les principaux dirigeants de l'ABAKO devaient prendre la parole pour exposer leur vision politique et leur position sur la question de l'indépendance.

L'annulation du meeting par l'autorité coloniale provoqua la frustration et la colère des partisans de l'ABAKO, rejoints plus tard à la fin de la journée par une foule nombreuse des supporters furieux de l'équipe de football V. Club, sortant du grand stade Roi Baudouin proche (l'actuel stade Tata Raphael), où leur équipe venait de perdre son match contre l'équipe Mikado. Pendant quatre jours, du 4 au 7 janvier, Léopoldville, ville de 400.000 habitants à l'époque, fut le théâtre d'actes de violence contre les Européens. Leurs magasins et résidences furent saccagés et pillés, les symboles de l'État colonial détruits. Une manière pour les Congolais de manifester le rejet du système colonial.

Le pouvoir colonial réagit en faisant intervenir la Force Publique afin de mettre fin à ces manifestations de colère aux allures d'une véritable insurrection populaire. La répression qui s'en suivit se solda par la mort de 49 personnes selon des sources officielles, sinon des centaines selon des sources indépendantes.

Tenu pour responsable de ces troubles Kasa-Vubu fut révoqué de sa fonction de bourgmestre et accusé de xénophobie et incitation au soulèvement contre l'autorité. L'ABAKO fut dissoute. Recherché par la police, Kasa-Vubu disparut pendant quelques jours avant de se rendre le 12 janvier 1959 et être mis aux arrêts avec d'autres dirigeants de l'ABAKO. Ceux qui échappèrent à la traque trouvèrent refuge à Brazzaville où ils ont continué de sensibiliser et mobiliser leurs partisans grâce à une petite station de radio, *Radio Makala,* qu'ils y avaient installée. Les autres étaient entrés dans la clandestinité, développant contre toute attente un activisme débordant grâce à des réseaux secrets de communication.

Au terme d'un procès très médiatisé, tous les dirigeants de l'ABAKO emprisonnés (Kasa-Vubu, Daniel Kanza et Nzeza Nlandu) furent libérés le 14 mars 1959 et déportés en Belgique! Ils avaient bénéficié des services d'un avocat français, Me Croquez, dont les plaidoiries ressemblaient parfois à une leçon sur les droits humains, au grand désenchantement du gouvernement belge.

Prenant la mesure de la situation, le roi Baudouin 1er prononça le 13 janvier 1959 un discours resté célèbre à ce jour, dans lequel il annonçait l'engagement de la Belgique à « *conduire sans atermoiements funestes mais sans précipitation inconsidérée les populations congolaises vers l'indépendance, et l'organisation à la fin de l'année d'une conférence devant discuter des modalités d'accession du Congo à l'indépendance* ». Pour la première fois, les Belges, par la bouche de leur roi, venaient de reconnaître le droit des Congolais à l'indépendance. Le prenant au mot les Congolais répandirent comme un « *leitmotiv* » le mot magique «indépendance» traduit dans les langues locales: « *dipanda* » en lingala, « *kimpwanza* » en kikongo, « *uhuru* » en kiswahili et « *budukadidi* » en tshiluba, le criant à la face des Belges comme par défi et pour exprimer l'inéluctabilité de l'indépendance.

Le 4 janvier 1959, la population de Léopoldville, menée par l'ABAKO, avait exprimé dans la violence son rejet du système colonial, l'ébranlant dans ses fondements et faisant précipiter les événements qui ont conduit à l'Indépendance. Dans le calendrier officiel cependant, cette date n'est généralement connue que comme fériée et l'absence de manifestations commémoratives officielles à la hauteur de sa grande signification et portée historique tend à l'effacer progressivement de la mémoire. Il en est de même de l'histoire officielle de l'Indépendance dans laquelle le rôle déterminant de l'ABAKO dans la conscientisation politique de la population et son antériorité historique dans la revendication de l'indépendance sont souvent passés sous silence. Certains n'hésitent même pas de réduire les événements du 4 janvier 1959 à la manifestation du mécontentement des supporters d'une équipe de football à la suite d'un match perdu! Cela s'expliquerait-il par un certain refus d'exposer les premières revendications de l'indépendance comme le fait des seuls Bakongo ?

Qui se souvient encore de ceux qui, comme Antoine Kingotolo, Raphael Batshikama, Philibert Luyeye ou encore Raymond Bikebi pour ne citer que ces quelques braves personnes qui, avec un courage héroïque, avaient bravé le pouvoir colonial en mobilisant les militants de l'ABAKO suivis de toute la population à Léopoldville et dans le Bas-Congo, pour porter haut la revendication de l'Indépendance du Congo dans son ensemble?

La conférence annoncée par Baudouin 1er s'ouvrit à Bruxelles le 20 janvier 1960. Connue sous l'appellation de Table-Ronde belgo-congolaise elle avait réuni 154 participants dont 107 Congolais parmi lesquels 80 représentants des partis politiques, 27 chefs coutumiers et 47 participants belges comprenant des membres du gouvernement, des parlementaires et des hauts fonctionnaires. On remarquait en plus la présence d'une quinzaine d'étudiants universitaires congolais en Belgique ainsi que de quelques professeurs d'université belges progressistes qui servaient de conseillers aux délégués congolais qui dans leur grande majorité n'étaient pas qualifiés pour discuter de questions relatives à l'organisation d'un état moderne.

En présence des enjeux importants auxquels ils allaient faire face, les délégués congolais avaient pu taire leurs ambitions politiques individuelles et leurs divergences ethniques en formant le 19 janvier 1960, la veille de l'ouverture de la Table-Ronde, un bloc uni connu sous le nom de *Front Commun* pour poser des préalables qui de leur point de vue devaient assurer la réussite des travaux. Il s'agissait d'abord de la libération de Lumumba, emprisonné à Lubumbashi, afin de lui permettre de participer aux travaux et de trois autres préalables portant sur l'engagement du gouvernement belge à mettre en œuvre toutes les résolutions qui sortiront de la Table-Ronde, le transfert de la souveraineté totale au futur état congolais et la fixation de la date de l'indépendance.

Kasa-Vubu exigea dès le départ que la Table-Ronde fût instituée en «*Constituante*». Il proposait aussi une forme de l'état réunissant des provinces revêtues d'une large autonomie interne, le fédéralisme. Seuls les Katangais de la CONAKAT qui envisageaient la création d'une Confédération des provinces autonomes le soutirent dans cette position. La majorité des participants menés par Lumumba et soutenus par les Belges, imposa la forme unitaire pour le futur état congolais. Enfin sa proposition de constituer un gouvernement mixte congolais/belge pour le Congo indépendant afin d'« *initier* » les Congolais à la gestion de la chose publique dans les premières années de l'Indépendance fut rejetée. Frustré d'avoir été mis en minorité, il quitta les travaux de la Table-Ronde le 25 janvier 1959 sans avoir prévenu personne, ni même ses collègues de l'ABAKO. C'est qu'une crise avait éclaté au sein de son parti à la suite de la publication dans le journal de l'ABAKO, « *Mika mia Mbwa* » que dirigeait Vital Moanda, resté à Léopoldville, d'une photo (montée?) montrant Daniel Kanza. Vice-président, s'en prendre physiquement à Kasa-Vubu. Les partisans de l'ABAKO en furent tellement indignés qu'ils finirent par obtenir la déchéance de Daniel Kanza.

Pendant trois jours Kasa-Vubu était introuvable. Où était-il? Était-il rentré à Léopoldville? S'était-il rendu à Paris où il avait déjà établi des liens amicaux depuis son procès de janvier 1959 ou avait-il décidé de boycotter la Table-Ronde comme le faisaient circuler des rumeurs ?

Les spéculations allaient bon train jusqu'à sa réapparition. En réalité, il s'était retranché à Liège, d'où le professeur Van Bilsen devenu son conseiller, alerté par Pascal Kapella, était allé le tirer pour le faire revenir à la Table-Ronde. Pascal Kapella qui deviendra membre du Collège des Commissaires Généraux, patron de presse et Ambassadeur, était alors journaliste à INFORCONGO, attaché pour les relations publiques au secrétariat de la Table-Ronde. Il avait eu le bonheur de surprendre une conversation entre agents des sévices de la sécurité belges dans laquelle la présence de Kasa-Vubu à Liège était évoquée!

Regagnant la Table-Ronde, Kasa-Vubu adhéra à l'*unitarisme*, position dans laquelle s'inscrira son action dans l'exercice de la fonction présidentielle. Ainsi n'avait-il pas été tenté de saisir l'occasion de s'embarquer dans l'aventure sécessionniste à l'instar de Moise Tshombé au Katanga et Albert Kalonji dans le Kasaï.

La Table-Ronde prit fin le 20 février 1960 avec l'adoption de 16 résolutions portant notamment sur la date de l'indépendance, l'organisation des pouvoirs au niveau central et des provinces, l'organisation des élections et l'organisation de la transition. La responsabilité de l'élaboration d'une constitution provisoire pour le futur état revint au gouvernement belge. Cette constitution, connue sous le nom de Loi Fondamentale fut élaborée par le parlement belge et promulguée le 19 mai 1960 par décret royal de Baudouin 1er.

Les questions économiques n'ayant pas été examinées, un deuxième cycle des discussions connu sous le nom de Table-Ronde économique fut organisé du 26 avril 1960 au 26 mai 1960. Malgré son importance, les principaux leaders politiques congolais ont semblé la négliger, laissant à leurs conseillers belges et suppléants la lourde responsabilité de discuter de questions économiques aussi importantes que les questions politiques, s'empressant de rentrer au Congo pour se préparer aux élections. Ils n'ont pas ainsi saisi l'occasion historique de la Table-Ronde pour régler la question de la dévolution du patrimoine de l'État colonial au Congo indépendant.

C'est dans ces conditions qu'à la veille de l'indépendance, la Belgique avait réussi à soustraire les sociétés à charte du contrôle du Congo indépendant, en leur proposant en application d'une loi votée le 17 juin 1960 par le parlement belge d'opter pour la nationalité belge ou congolaise. Cette loi fut suivie par un décret royal pris le 27 juin 1960 et portant leur dissolution et la renonciation par le Congo indépendant à ses droits sur ces sociétés. La plupart des sociétés à charte optèrent naturellement pour la nationalité belge et créèrent des filiales au Congo à qui elles cédèrent leurs titres fonciers et miniers. Devrait-on pour autant accuser les délégués congolais à la Table-Ronde d'avoir négligé les discussions économiques ? Certes, ils n'avaient pas l'expérience des discussions économiques et financières d'un niveau aussi élevé. Il reste toutefois que le Congo a été privé des actions des sociétés à charte et pendant une longue période, de moyens de son développement qui lui revenaient en toute légitimité. Les frustrations nées de ce qu'il convient d'appeler un hold-up économique et financier vont marquer pendant très longtemps le comportement des gouvernements successifs du Congo vis-à-vis de la Belgique. C'est l'origine du contentieux belgo-congolais (ou zaïrois selon l'époque) qui a empoisonné à certaines périodes les relations entre la Belgique et son ancienne colonie, sans jamais connaître de règlement définitif.

Kasa-Vubu fit partie du Collège Exécutif Général, sorte de gouvernement mixte belgo-congolais mis en place pour gérer la transition jusqu'au 30 juin 1960. Il représentait la province de Léopoldville à côté d'autres leaders tels Lumumba pour la province

Orientale, Paul Bolya pour l'Equateur, Anicet Kashamura pour le Kivu, Nyanguile pour le Kasaï et Rémy Mwamba pour le Katanga.

Les résultats des élections générales organisées en mai 1960 firent apparaître la nette domination de la coalition des partis politiques menée par le Mouvement National Congolais (MNC) de Lumumba. À la tète de cette coalition, celui-ci avait ainsi le dernier mot pour départager les deux prétendants à la fonction de Chef de l'État, Bolikango et Kasa-Vubu, dont la rivalité semblait opposer les Bangala aux Bakongo. Lumumba apporta son soutien à Kasa-Vubu qui fut élu (159 voix contre 43) Président de la République le 24 juin 1960 par les deux Chambres du Parlement réunies en Congrès.

Dans les semaines qui ont suivi la proclamation de l'indépendance, les deux hommes, Kasa-Vubu et Lumumba, ont donné l'impression de former un solide tandem à la tête du pays pour résoudre la grave crise qui a éclaté le 4 juillet 1960 par la mutinerie des soldats de la Force Publique. Ils ont effectué ensemble des tournées de pacification dans le pays, appelant à l'unité et à la cohésion nationale. Mais cela changea vite devant les réalités de la guerre froide qui opposait les Etats-Unis à l'URSS, lancés dans une impitoyable lutte d'influence en Afrique, particulièrement au Congo à cause de sa position hautement stratégique au centre de l'Afrique et de l'immensité de ses ressources naturelles. Déjà méfiants de Lumumba qu'ils tenaient pour communiste et très remontés par les propos de son discours du 30 juin 1960, les pays occidentaux, les Etats-Unis en tête, cherchaient un moyen pour l'écarter de la scène politique. L'occasion leur fut donnée par la requête à l'URSS qu'il a signée conjointement avec Kasa-Vubu pour une aide militaire dans le but de reconquérir les provinces du Kasaï et du Katanga en sécession. Pour les Etats-Unis, Lumumba qui était en même temps Ministre de la Défense devait porter seul la responsabilité de cette initiative perçue comme une sérieuse menace à leurs intérêts stratégiques en Afrique.

Les soldats gouvernementaux furent accusés d'avoir commis de graves exactions sur la population à Bakwanga (l'actuelle ville de Mbuji-Mayi) dans leur mouvement vers le Katanga. Les adversaires politiques de Lumumba de leur part menaçaient de le faire traduire en justice, le tenant pour responsable de ce qui est passé dans l'histoire comme les « *massacres de Bakwanga* », vite qualifiés de génocide par le Conseil de Sécurité des Nations-Unies.

Les Américains utilisèrent les hommes politiques congolais influents opposés à Lumumba, réunis dans le « *Groupe de Binza* », un cercle des politiciens exerçant la réalité du pouvoir qui comptait en son sein des personnalités tels Albert Ndele, Justin Bomboko, Joseph Mobutu, Damien Kandolo et Victor Nendaka, pour exercer des pressions sur Kasa-Vubu afin d'écarter Lumumba par des moyens politiques.

Kasa-Vubu révoqua Lumumba le 5 septembre 1960. Il s'appuyait en cela sur l'article 22 de la Loi Fondamentale, stipulant en substance que « *Le Président de la République nomme et révoque le Premier Ministre et les Ministres* ». Iléo fut nommé Premier Ministre mais ne reçut pas la confiance du Parlement.

Cet épisode de l'histoire du Congo est un sujet qui passionne les Congolais et divise les analystes. Pour des motifs idéologiques ou simplement sentimentaux, ils sont nombreux à soutenir que la révocation de Lumumba était illégale, anticonstitutionnelle. Sa grande popularité et son poids politique important du fait qu'il contrôlait la majorité parlementaire lui donnaient certes une grande légitimité sans toutefois le mettre à l'abri d'une mesure de révocation par le Président de la République.

Dans le fonctionnement des institutions instaurées par la Loi Fondamentale, la fonction de Premier Ministre avait beaucoup plus de visibilité que celle de Président de la République. Pourtant ce dernier avait des pouvoirs constitutionnels très importants, en ce qu'il pouvait prendre des décisions de nature à modifier l'équilibre des pouvoirs ou la continuité des Institutions, par exemple révoquer le Premier Ministre et les Ministres, ou mettre le Parlement en congé. L'article 22 de la Loi Fondamentale n'ayant défini aucune condition, ni astreint le Président de la République à une quelconque procédure, Kasa-Vubu avait tout simplement usé de son pouvoir souverain. En considérant les conséquences dramatiques qui ont suivi, on pourrait toutefois lui reprocher l'inopportunité politique de son acte, de n'avoir pas tenu compte des équilibres politiques et d'avoir cédé aux pressions extérieures.

Alors qu'il pouvait utiliser les moyens légaux en saisissant le Parlement, Lumumba avait quant à lui réagi dans la précipitation, multipliant des déclarations à la radio pour contester la légalité de sa révocation, revendiquer la légitimité de son gouvernement et réclamer la destitution de Kasa-Vubu. Il fut assigné à résidence. Ceux de ses partisans qui avaient réussi à fuir Léopoldville, se regroupèrent à Stanleyville (Kisangani), où ils créèrent la *République Populaire du Congo*, sous la direction d'Antoine Gizenga, Vice-Premier Ministre du gouvernement Lumumba qui se proclama seul dirigeant du gouvernement légitime du Congo.

C'est dans ce contexte de crise constitutionnelle que le Colonel Joseph Désiré Mobutu (Mobutu Sese Seko), Commandant en Chef de la Force Publique (Armée Nationale) entra dans le jeu politique en suspendant le Président de la République et le Premier Ministre. En réalité, cette action visait l'élimination de Lumumba de la scène politique. En effet Kasa-Vubu avait continué d'exercer les prérogatives de Président de la République comme quand il installa le *Collège des Commissaires Généraux,* sorte de gouvernement composé principalement d'étudiants congolais en Belgique créé par Mobutu et dirigé par Justin Marie Bomboko.

En novembre 1960, Kasa-Vubu se rendit à New York, à la tête d'une délégation du gouvernement congolais pour prendre part aux travaux de l'Assemblée Générale de l'ONU qui avait inscrit dans son agenda le sort de Lumumba. Une autre délégation congolaise, celle du gouvernement Gizenga venue de Stanleyville et conduite par Thomas Kanza qui était représentant permanent du gouvernement Lumumba à l'ONU, sollicitait aussi l'accréditation. Après des débats houleux l'Assemblée Générale de l'ONU reconnut par une très grande majorité (53 voix pour, 24 voix contre et 19 abstentions) la délégation de Kasa-Vubu comme seule représentante légitime du Congo.

Après l'assassinat de Lumumba, Kasa-Vubu entreprit sous la pression de l'ONU des contacts avec les dirigeants du gouvernement lumumbiste de Stanleyville et ceux de la sécession du Katanga. De nombreuses rencontres furent organisées tant au pays (Coquilathville) qu'à l'extérieur (Tananarive). Une rencontre connue sous le nom de *Conclave de Lovanium*, fut organisé à Léopoldville et aboutit le 2 Août 1961 à l'instauration d'un gouvernement d'union nationale dirigé par un syndicaliste, Cyrille Adoula. Les nationalistes lumumbistes y avaient participé à l'exception notable de Gizenga qui fut par ailleurs mis aux arrêts pour son refus avant de s'exiler, ainsi que certains radicaux qui s'en allèrent créer le Conseil National de Libération, CNL à Brazzaville. Tshombé pour sa part persévéra dans sa position sécessionniste jusqu'à la défaite de son armée, la Gendarmerie Katangaise, en janvier 1963.

La Loi Fondamentale était provisoire. Selon les résolutions de la Table-Ronde, elle devait être remplacée par une Constitution à élaborer par le Parlement congolais avant d'être soumise au referendum populaire pour adoption au plus tard le 30 juin 1965. Exaspéré par la lenteur du Parlement et appréhendant le vide institutionnel que causerait l'absence d'une Constitution, Kasa-Vubu mit le Parlement en congé le 29 septembre 1963 et nomma une Commission constitutionnelle. C'est des travaux de cette Commission présidée par Joseph Iléo et comprenant notamment le juriste Marcel Lihau et des universitaires congolais tels Etienne Tshisekedi, Barthelemy Dipumba, Paul Muhona, Albert Mpase, Henri Takizala, que sortit la première Constitution du Congo, appelée Constitution de Luluabourg (Kananga), du nom du lieu de sa naissance, promulguée le 1er Août 1964.

Cependant, dès le début de l'année 1964, la réunification du pays fut une fois de plus mise à mal. Pierre Mulele, ancien Ministre de l'Education dans le gouvernement Lumumba, lança une insurrection populaire à partir du Kwilu. Au mois de mai de la même année, Gaston Soumialot, Christophe Gbenye et Nicolas Olenga ouvrirent un autre front dans l'Est du pays en regroupant les lumumbistes qui avaient fui au Burundi et à Brazzaville. En quelques mois, la rébellion dite *muleliste* occupa plus de la moitié du territoire national et s'approchait de Léopoldville que les forces de l'Armée Nationale Congolaise, ANC, en débandade sur tous les fronts intérieurs n'étaient pas en mesure de défendre.

C'est dans ces circonstances que Kasa-Vubu, sous l'influence du *« Groupe de Binza »* et sur conseils des Belges, fit appel à Tshombé qui se trouvait en exil en Espagne. Celui-ci pensait-on, avait les atouts nécessaires pour mettre fin à la rébellion et rétablir l'ordre institutionnel. Ce calcul fut payant. La ville de Stanleyville fut reprise le 24 novembre 1964 par ses *« gendarmes katangais »* rappelés d'Angola où ils s'étaient réfugiés à la fin de la sécession katangaise, des mercenaires européens et sud-africains, et des troupes belges larguées par des avions transporteurs américains.

Conformément aux dispositions de la *Constitution de Luluabourg* les élections générales (locales, législatives à l'échelle nationale et des provinces) furent organisées en mai 1965. Avec le jeu des alliances et des regroupements, deux grandes coalitions avaient émerg é au final; la Convention Nationale Congolaise (CONACO) regroupée autour de Tshombé, et le Front Démocratique Congolais (FDC) autour de Kasa-Vubu.

Grand vainqueur des élections, la CONACO apparaissait comme la première force politique. Elle contrôlait la majorité parlementaire, et son leader Tshombé était assuré d'être reconduit au poste de Premier Ministre, avec toutes les chances de remporter l'élection présidentielle qui s'annonçait, ce qui contrariait fortement Kasa-Vubu dans son projet de réélection, d'autant que son propre parti, l'ABAKO, était secoué par une grave crise qui avait fini par le faire éclater. En effet, la règle non écrite de répartition des responsabilités au sein de l'ABAKO entre les districts des Cataractes et du Bas-Fleuve à laquelle avaient souscrit les leaders Bakongo à la Table-Ronde n'avait pas été respectée à l'élection du gouverneur du Congo-Central. La fonction de président de l'ABAKO étant déjà occupée par Kasa-Vubu, le poste de Président provincial du Congo-Central devait revenir à un ressortissant du district des Cataractes. C'est plutôt Vital Moanda du district Bas-Fleuve qui fut élu. Mécontent et furieux, son concurrent Emile Zola du district des Cataractes, créa une aile dissidente de l'ABAKO, appelée ABAKO/MWINDA, et déclara son soutien à M. Tshombé!

Kasa-Vubu démit le gouvernement Tshombé au motif que celui-ci avait accompli sa mission et à la surprise générale nomma Evariste Kimba, un Katangais comme Tshombé et membre de la CONACO au poste de Premier Ministre. Par cette manœuvre de débauchage, il espérait sans doute affaiblir la position de Tshombé au Katanga. Kimba se présenta deux fois devant le Parlement pour solliciter l'investiture de son gouvernement. À deux reprises aussi il essuya un échec, même si le nombre des voix négatives avait quelque peu baissé. Malgré ces échecs, Kasa-Vubu persista, le nomma pour la troisième et dernière fois comme l'autorisait la Constitution espérant que ses manœuvres de débauchage dans le camp de la CONACO allaient aboutir à conforter une majorité pour son investiture.

Pendant que tout le pays était dans le suspense, attendant le dernier acte de ce drame politique, c'est un Kasa-Vubu transformé qui revint d'Accra, au Ghana, où il avait participé à la Conférence Panafricaine. Les discours qu'il se mit à tenir depuis étonnaient par leur ton radical. Jusque-là très réservé et conservateur, il dénonçait la politique néocoloniale en Afrique, se déclarait solidaire vis-à-vis de la lutte armée pour la libération des territoires encore colonisés et envisageait le renvoi des mercenaires ayant combattu la rébellion muleliste encore présents au Congo.

À la même période se tenaient à New York les travaux de l'Assemblée Annuelle de l'ONU dont le principal point de l'ordre du jour portait sur l'admission de la Chine continentale communiste. Conduite par Cléophas Kamitatu, ministre des Affaires Etrangères dans le gouvernement Kimba et à qui l'on prêtait des sympathies socialistes, la délégation congolaise vota par abstention, à la grande déception du gouvernement américain. Cet épisode des derniers moments de la présidence de Kasa-Vubu est souvent ignoré. Pourtant, il pourrait bien expliquer le feu vert donné à Mobutu qui, comme tapi dans l'ombre, attendait son heure pour jouer au troisième larron. En effet, le 24 novembre 1965, il déposa Kasa-Vubu et se proclama Président de la République. Kasa-Vubu fut renvoyé dans sa ville natale de Boma, réduit au silence jusqu'à sa mort le 24 mars 1969, laissant le souvenir d'un dirigeant nationaliste, « *d'une grandeur d'âme faite de sagesse et d'un amour sincère pour son pays, et pour l'intégrité de sa patrie* », comme l'a si bien exprimé Raphael Mpanu-Mpanu bi Banda dans l'édition de son journal *Le Progrès* de Léopoldville du 29-30 mars1969.

IX

PATRICE-EMERY LUMUMBA

LE HEROS TRAGIQUE

Patrice-Emery Lumumba (1925-1961)

Depuis sa mort en 1961, Patrice Emery Lumumba est célébré partout dans le monde comme grand martyr du combat de la libération du néo-colonialisme. Son assassinat fut emblématique de la pratique de la violence par les états occidentaux pour maintenir leur emprise sur les pays nouvellement décolonisés dans le but de s'assurer l'accès à leurs ressources naturelles. Survenu dans le contexte de la Guerre Froide, cet assassinat a aussi exposé de façon brutale et dramatique la lutte d'influence sans merci à laquelle se livraient les deux blocs antagonistes (le bloc de l'Ouest dirigé par les États-Unis d'Amérique et le bloc de l'Est par l'Union des Républiques Socialistes Soviétiques) dans les pays du Tiers-Monde.

Lumumba a vu le jour le 2 juillet 1925 sous le nom d'Essaie Tasumbu à Onalua, un village de la région de Sankuru au centre de la République Démocratique du Congo. Il commença sa scolarité dans une école primaire des missionnaires protestants de laquelle il fut renvoyé pour indiscipline. Mais profitant de la grande rivalité entre les missionnaires catholiques et protestants, il se fit inscrire sous le nom de Lumumba dans une école des missionnaires catholiques qu'il quitta avant d'avoir achevé le cycle complet de l'enseignement primaire.

Lumumba partit de son village natal à l'âge de la majorité pour se rendre à Kalima, un important centre minier dans le Maniema, où il travailla pendant une année à la cantine d'une compagnie minière, la Symétain. Il partit de Kalima en 1944 pour gagner Stanleyville (Kisangani) où il fut embauché aux services de la Poste. Dans cette grande agglomération il se sentait dans un environnement plus propice à son épanouissement. Il compléta son éducation par des cours du soir et par correspondance, en plus d'une formation à l'école des Postes à Léopoldville. Détenteur de la précieuse carte d'«*immatriculé*» acquise en 1954 et qui lui donnait le statut d' «*évolué*», il était devenu en peu de temps l'un des personnages congolais les plus en vue dans la ville. Il participait aux activités de plusieurs mouvements associatifs des Con golais en plus d'être président de l'association des Batetela, sa tribu d'origine, Président de l'Association du Personnel Indigène du Congo (APIC) qu'il avait créée, et de l'Association des «*évolués*» de Stanleyville. C'est à ce dernier titre qu'il eut le rare privilège pour un Congolais de s'entretenir longuement en aparté avec Baudouin 1er, roi des Belges lors de la toute première visite de celui-ci au Congo en 1955. Au grand étonnement des plus hautes autorités coloniales qui non seulement ne pouvaient s'expliquer la très longue patience de leur roi à l'écouter mais aussi et surtout ne savaient pas de quoi ils pouvaient parler.

En 1956, Lumumba effectua son premier voyage à l'extérieur du Congo. Il faisait partie d'un groupe d'une dizaine de Congolais membres de l'Amicale Libérale congolaise, invités par le Premier Ministre belge pour un voyage d'études en Belgique et pour avoir des contacts avec le Parti Libéral belge. Ses impressions sur ses contacts avec la Métropole furent très positives, dans la ligne des idées qu'il a exprimées dans son livre écrit dans la même année, *Congo terre d'avenir, est-il menacé ?,* et qui ne portaient que sur l'amélioration du statut des Congolais « *évolués* ».

À son retour au Congo, il jouit d'un grand prestige auprès des Congolais en même temps que les autorités coloniales le tenaient à l'œil, le surveillaient presque. Les activités associatives qu'il menait devenaient de plus en plus débordantes, lui imposant un train de vie dispendieux; il devait soigner sa prestance physique, fréquenter des cercles de rencontre huppés et répondre aux sollicitations de nombreux Congolais qui le prenaient déjà pour leur leader. Mais comme son salaire d'agent des services de la Poste ne pouvait pas lui permettre de faire face à toutes ces exigences, il finit par succomber à la tentation de puiser dans la caisse des services postaux. Il fut arrêté le 4 juillet 1956 pour cause de détournement des fonds et condamné à deux ans d'emprisonnement, peine qu'il purgea de moitié grâce à une mesure de libération conditionnelle.

Lumumba gagna Léopoldville en 1957 où il fut vite embauché par la compagnie brassicole Bracongo en qualité de responsable des ventes, jouissant d'un salaire très confortable, cinq fois plus que celui qu'il gagnait à la Poste. La Bracongo était en perte de vitesse à cause de la baisse des ventes de son produit emblématique, la bière *Polar*, victime d'une campagne négative de la concurrence qui lui attribuait des propriétés incapacitantes de la sexualité masculine. Lumumba était ainsi chargé de faire remonter la côte de la *Polar*, tâche dont il s'acquitta à la grande satisfaction de son employeur et qui lui avait aussi permis de nouer des contacts avec des personnes influentes ainsi que des milieux et groupes d'intérêts aussi différents par leur appartenance tribale que leurs objectifs.

Léopoldville vivait à ce moment dans une grande effervescence politique. L'ABAKO, premier parti politique créé au Congo, avait le vent en poupe après avoir largement remporté les élections municipales organisées par l'autorité coloniale en 1957. La revendication de l'Indépendance contenue dans son Manifeste publié en 1956 faisait tâche d'huile, surtout après la déclaration du Général de Gaule sur l'autre rive du fleuve, à Brazzaville, demandant aux habitants des territoires colonisés par la France de choisir entre l'indépendance et l'association à la Communauté des Territoires d'Outre-mer qu'il envisageait de créer. Le gouvernement belge quant à lui semblait ne pas bien appréhender les signes annonciateurs de grands changements. Il se contenta de prendre des mesures de libéralisation de l'activité politique, notamment l'autorisation accordée aux Congolais de créer des syndicats et des partis politiques en vue des élections municipales. Lumumba prit alors conscience de ces nouveaux enjeux et comprit sans doute que le moment de s'y impliquer était venu. Il se rapprocha du Parti Libéral belge, soutenant le projet de création de l'enseignement public initié par le Premier Ministre belge Auguste Buisseret, et rejoignit un groupe de Congolais dont Cyrille Adula, Martin Ngwete Kikhela, Joseph Ngalula, Albert Kalonji, Joseph Mbungu et Gaston Diomi, pour créer le 5 octobre 1958 un parti politique, le Mouvement National Congolais, MNC.

La principale caractéristique du MNC était qu'il se démarquait de la tendance générale au confinement régional ou tribal adoptée par les autres partis politiques. Il fut cependant miné par des querelles de leadership et de différence de vision politique. En effet à l'opposé de Lumumba qui dénonçait ouvertement le système colonial, les autres leaders du MNC, dont la plupart étaient très liés à l'Eglise catholique, se montraient plutôt conciliants. Lumumba qui en était devenu la personnalité la plus visible et influente fut en plus accusé par ses collègues de mauvaise utilisation des fonds du Parti. C'était à la veille du Congrès qui devait se tenir à Elisabethville. Cependant il convoqua le Congres à Stanleyville, ce qui provoqua la scission du MNC en deux ailes, le MNC/Lumumba et le MNC/Kalonji. Il réussira toutefois à faire éclipser l'aile concurrente et se faire reconnaitre comme leader incontestable du MNC dans le pays, à l'exception du Kasaï, région d'origine d'Albert Kalonji, du Katanga où dominait Moise Tshombé et du Bas-Congo entièrement acquis à Joseph Kasa-Vubu.

En 1958, Lumumba participa avec quelques leaders politiques congolais à la Conférence Panafricaine d'Accra, au Ghana, où il put rencontrer les principaux leaders du mouvement néocolonial mondial ainsi que des dirigeants des pays nouvellement indépendants du Tiers-Monde. Il eut ainsi l'occasion de se familiariser avec le discours de libération des peuples et fut adopté par Kwame Nkrumah et Sékou Touré, présidents du Ghana et de la Guinée, qu'il prit pour modèles.

C'est un Lumumba transformé qui revint d'Accra. Dans les nombreux meetings qu'il tenait à travers le pays, ses discours se radicalisaient contre le système colonial. Il revendiquait l'indépendance immédiate, totale et inconditionnelle du Congo et prônait la pleine souveraineté du Congo et la jouissance totale par les Congolais des richesses de leur pays. Il acquit ainsi l'image de farouche nationaliste attaché à l'unité du Congo, de défenseur des paysans et travailleurs pauvres et de combattant de la liberté et de l'indépendance économique. Ses discours enflammés, aux relents révolutionnaires, séduisaient des masses de Congolais avides d'entendre les accusations qu'il portait contre le système colonial pour la spoliation des richesses du Congo, les brutalités pratiquées pour leur exploitation et l'asservissement des Congolais. Très vite il incarna le nationalisme congolais et se positionna comme l'un des principaux, sinon le principal leader politique du Congo, perçu par les Belges comme opposé à leurs intérêts, ou tout simplement comme communiste.

Dans la grande effervescence suscitée par les événements du 4 janvier 1959 à Kinshasa suivis par le discours de Baudouin 1er annonçant la convocation à Bruxelles d'une réunion avec des délégués congolais dans le but de préparer l'avenir du Congo, Lumumba appela la population de Stanleyville (Kisangani), devenue son fief politique, à un grand meeting le 30 octobre 1959. L'interdiction du meeting par l'autorité coloniale ne fut pas suivie par une population très remontée qui n'hésita pas à affronter les éléments de la Force Publique dépêchés pour restaurer l'ordre. Une trentaine de personnes furent tuées dans cette confrontation. Lumumba en fut tenu responsable. Il fut arrêté le 1er novembre 1959, jugé, condamné à six mois de prison et envoyé à la prison de Jadotville (Likasi) pour y purger sa peine. Son absence à l'ouverture le 20 janvier 1960 des travaux de la Table-Ronde fut très remarquée. Comment les Congolais allaient-ils accueillir des résolutions prises à son absence ? N'allait-il pas lui-même les remettre en question une fois libéré ? Ces questions taraudaient sans doute l'esprit des délégués congolais quand ils décidèrent à l'unanimité de suspendre leur participation aux travaux et exigèrent sa présence avant de les reprendre. Le pouvoir colonial qui s'était toujours illustré par la stricte application des décisions de justice dut céder. Lumumba fut immédiatement libéré et gagna Bruxelles le 26 janvier 1960.

En application d'une des résolutions de la Table-Ronde, les élections générales devaient être organisées sur l'ensemble du pays pour l'installation des Institutions (nationales et provinciales) et l'élection du Chef de l'État du futur état avant le 30 juin 1960. Le gouvernement belge suscita la création par des évolués et l'élite formée par l'église catholique d'un parti politique à sa dévotion, le Parti National du Progrès, PNP. Pour ses adversaires politiques c'était le « *Parti des Nègres Payés* » ou tout simplement « *Pene Pene na Mundele* », (proches ou valets des Blancs). Le PNP reçut des moyens importants dans le but de contrecarrer le discours radical et la montée des deux principaux partis politiques émergents qu'étaient le MNC et l'ABAKO, et mieux le positionner après les élections pour lui faire jouer un rôle important dans les futures institutions.

À leur grande déception et malgré tous les moyens mis à sa disposition, le PNP réalisa sur l'ensemble du pays un score loin en dessous de leurs attentes. À sa décharge, il faut reconnaître que ses partisans avaient souffert d'une sorte d'anathème jeté sur eux par leurs adversaires politiques. Dans les bastions forts du MNC une croyance fortement ancrée dans les esprits voulait que les partisans du

PNP, pour la plupart recrutés parmi les Congolais lettrés, portent la marque « PNP » sur l'une des fesses. Il n'était pas ainsi rare de voir ceux qui étaient soupçonnés d'y appartenir être déshabillés en public, avant d'être molestés et parfois lynchés même si les fesses ne portaient pas l'infâmante marque.

Les espoirs belges furent déçus. En effet, contrairement à leurs attentes, les résultats des élections organisées en mai 1960 confirmèrent le MNC comme la principale force politique du pays. Le MNC avait mené une campagne ouvertement hostile aux intérêts de la Belgique ; il réclamait notamment la fermeture de toutes les bases militaires belges au Congo et le paiement de toutes les dettes dues au Congo. La coalition des partis politiques qu'il a menée avait le contrôle total du Parlement, occupant 71 sièges sur 137 à la Chambre des représentants présidée par Joseph Kasongo et 41 sur 84 au Sénat présidé par Joseph Iléo.

La montée de Lumumba et les résultats des élections le plaçaient ainsi dans la position de jouer un rôle proéminent dans le gouvernement congolais, ce qui était perçu par les Belges comme une sérieuse menace à leurs intérêts. Pour contenir cette menace, le Parlement belge procéda de sa propre initiative le 15 juin 1960 à une modification des dispositions de la Loi Fondamentale portant sur les structures politiques du Congo, dans le but de faire émerger le Katanga en le dotant d'un gouvernement fort. Walter Ganshof van de Mersh, Ministre belge des Colonies, confia ensuite à Kasa-Vubu la mission d'informateur en vue de la formation du gouvernement, alors que la Loi Fondamentale disposait que le formateur du gouvernement devait provenir de la majorité parlementaire. Kasa-Vubu n'ayant pas réussi sa mission, c'est la mort dans l'âme que le gouvernement belge se résigna à revenir à Lumumba qui, faut-il l'indiquer, n'avait pu réussir auparavant la même mission suite à la défection de certains principaux leaders des partis de son cartel.

Pour déjouer les manœuvres belges et assuré du vote positif du Parlement où les principaux postes étaient occupés par les partis de son cartel, Lumumba contourna la procédure de présentation du rapport de sa mission d'information prévue par la Loi Fondamentale pour obtenir directement l'investiture de son gouvernement. C'était le 23 juin 1960. Mis devant le fait accompli, le gouvernement belge dut s'incliner devant la réalité.

Le gouvernement Lumumba était essentiellement composé de représentants des partis du cartel MNC. La faible présence de l'ABAKO (un Ministre et un Vice-ministre) et de la CONAKAT (un Secrétaire d'Etat), deux partis dominants le premier au Bas-Congo et le deuxième au Katanga fut très remarquée. Lumumba avait considéré que leurs exigences étaient exagérées et inacceptables. En effet, malgré son score électoral marginal sur le plan national, l'ABAKO exigeait non seulement des portefeuilles importants comme ceux des Finances et de l'Intérieur, mais en plus la reconnaissance de la souveraineté interne de la province du Bas-Congo. De son côté, la CONAKAT revendiquait une plus grande représentation et les portefeuilles de l'Economie et des Mines. Les Katangais de la CONAKAT utiliseront par la suite le refus de Lumumba de céder à leurs exigences pour prendre leurs distances et comme prétexte pour faire sécession.

Venait ensuite l'élection du Président de la République par les deux Chambres du Parlement réunies en Congrès. Deux candidats étaient entrés en lice, Kasa-Vubu, leader de l'ABAKO, et Jean Bolikango, leader de l'Association des Ressortissants du Haut-Congo, ASSORECO. Lumumba dont la coalition politique était majoritaire devenait ainsi le maître du jeu. Il choisit d'apporter son soutien à Kasa-Vubu qui fut élu premier Président de la République le 24 juin 1960.

Pourquoi Lumumba a-t-il soutenu Kasa-Vubu ?

Mis à part les mérites personnels de Joseph Kasa-Vubu et son statut déjà établi de père de l'Indépendance par l'antériorité de son combat politique, le choix de Lumumba, semble-t-il, aurait été motivé par la grande méfiance à la limite de l'aversion qu'il avait vis-à-vis de Bolikango qu'il considérait comme un simple homme de paille de l'establishment colonial très lié à l'Église Catholique qui durant toute la période coloniale avait occupé la place de la religion de l'État. Celle-ci avait en outre par la bouche de Monseigneur Joseph Albert Malula, Archevêque de Léopoldville, rejeté le programme de son gouvernement, au motif qu'il préconisait la séparation de l'Église avec l'État et limitait la liberté du culte. À la limite, Monseigneur Malula considérait Lumumba comme un adepte du matérialisme athée qu'il fallait combattre.

Pourquoi en plus Lumumba a-t-il choisi la fonction de Premier Ministre plutôt que celle de Président de la République ? Le motif possible est qu'il aurait considéré que les prérogatives du Premier Ministre définies par la Loi Fondamentale étaient plus importantes et prestigieuses et qu'exerçant cette fonction, il pouvait faire éclipser le taciturne Kasa-Vubu et faire instaurer, grâce à une modification de la Loi Fondamentale par le Parlement qu'il contrôlait, un régime présidentiel dans lequel il exercerait la plénitude des pouvoirs à l'instar de ses amis politiques Sékou Touré en Guinée et Kwamé N'Nkrumah au Ghana.

Enfin, ce choix n'aurait-il pas été dû à une lecture peu attentive de la Loi Fondamentale qui, bien que consacrant l'irresponsabilité du Président de la République et confinant son rôle aux simples fonctions protocolaires et de représentation, l'investissait pourtant de l'important pouvoir de nommer et révoquer le Premier Ministre et les Ministres ? À ses dépens, Kasa-Vubu utilisera quelques mois après cette prérogative pour le destituer, ouvrant la première grave crise constitutionnelle qu'ait connue le Congo.

Avec le recul du temps, il faut toutefois reconnaitre qu'en portant son choix sur Kasa-Vubu, Lumumba avait démontré un sens élevé de maturité politique, d'engagement à sauvegarder l'unité du Congo et de compromis dans l'intérêt national. En effet, un autre choix aurait pu mettre à mal l'unité du pays en créant de fortes frustrations qui auraient poussé les Bakongo à la séparation.

C'est dans ce contexte de malentendu de l'indépendance pour les congolais, de velléités néocoloniales belges, d'enjeux géostratégiques et de rivalité entre les deux superpuissances mondiales de l'époque que fut proclamée le 30 juin 1960 l'indépendance du Congo. C'était au cours d'une cérémonie solennelle à laquelle seulement deux Chefs d'État étrangers, le Roi des Belges Baudouin 1er et le Président de République du Congo voisin l'Abbé Fulbert Youlou étaient présents.

Le protocole de la cérémonie avait prévu deux discours; celui du Roi Baudouin 1er et celui du Président congolais Kasa-Vubu.

Ecarté du protocole, Lumumba devait suivre les deux discours assis dans l'assistance comme tous les autres invités. Dans quel état d'esprit était-il, lui le grand vainqueur des élections, en voyant Kasa-Vubu dont il a favorisé l'accession à la fonction de Chef de l'État lui voler la vedette ?

Ayant auparavant pris connaissance des deux discours et après les avoir écoutés, on peut bien penser qu'il a dû se sentir interpelé pour faire entendre la voix des Congolais en ce jour de très grande portée historique. Il ne pouvait manquer cette occasion unique.

Et quand Joseph Kasongo, le Président de l'Assemblée Nationale, qu'il avait préalablement mis au parfum, bouscula le protocole pour lui donner la parole, il ignora bonnement la présence de Baudouin 1er en s'adressant directement aux Congolais, « *Congolaises, Congolais, combattants de l'Indépendance, aujourd'hui victorieux* », éclipsant du coup les anciens maîtres du Congo. Cela était contraire aux usages qui auraient voulu qu'il commença par des salutations protocolaires.

Même si les Congolais n'avaient pas mené une véritable lutte de libération, Lumumba prit ensuite le contre-pied de Baudouin 1er en déclarant que « *c'est par la lutte que l'Indépendance a été conquise, une lutte de tous les jours, une lutte ardente et idéaliste, une lutte dans laquelle nous n'avons ménagé ni nos forces, ni nos privations, ni nos souffrances, ni notre sang* ». Il exposa ensuite le système colonial dans toute sa brutalité et sa laideur, le qualifiant d'« *esclavage imposé* », rappelant par ces phrases passées à la postérité que « *nous avons connu les sévices, les insultes, les coups que nous devions subir matin, midi et soir, parce que nous étions des nérés. Qui oubliera qu'à un Noir on disait « tu », non comme à un ami, mais parce que le «vous» honorable était réservé aux Blancs. Nos terres furent spoliées au nom de textes prétendument légaux qui ne faisaient reconnaître que le droit du plus fort. Nous savons que la loi n'était jamais la même selon qu'il s'agissait d'un Blanc ou d'un Noir ; accommodante pour les uns, cruelle et humiliante pour les autres. Nous avons connu des souffrances atroces des relégués pour opinions politiques ou croyances religieuses ; exilés dans leur propre patrie, leur sort était vraiment pire que la mort elle-même.(...) Qui oubliera enfin les fusillades où périrent tant de nos frères, les cachot où furent brutalement jetés ceux qui ne voulaient pas se soumettre au régime d'une justice d'oppression et d'exploitation* ? ».

Cette charge en règle contre le régime colonial fut un véritable coup d'éclat. Un moment de vérité historique.

Enfin, quand il déclara que « *nous allons veiller à ce que les terres de notre patrie profitent véritablement à ses enfants (et que), nous allons revoir toutes les lois d'autrefois et en faire de nouvelles qui seront justes et noble* », il exprimait le rejet en bloc du système colonial et sa détermination à combattre le projet néocolonial belge.

Les Belges et leur roi furent stupéfaits par les propos de Lumumba. Ce n'était plus le même qui dans son livre « *Le Congo terre d'avenir* » publié en 1956, ne s'était limité qu'à revendiquer un statut social des évolués égal à celui des Belges. C'est qu'en très peu de temps, il avait beaucoup changé pour devenir un véritable leader nationaliste et internationaliste dont la politique reposait sur la mobilisation des masses.

Pendant que s'éteignaient les lampions des festivités de la proclamation de l'Indépendance, la grogne qui couvait dans les rangs de la Force Publique éclata brutalement le 4 juillet 1960 en une mutinerie des soldats revendiquant l'amélioration de leurs conditions de vie dans les casernes.

Voulant rétablir la discipline dans les rangs, le Général Emile Janssens, Commandant en Chef de la Force Publique, avait réuni le 5 juillet 1960 les soldats de la garnison de Léopoldville. Dans son adresse, il recourut à cette simple équation : *« Après l'Indépendance = Avant l'Indépendance »* pour faire comprendre aux soldats, comme il s'efforcera de se justifier des années plus tard, que la discipline militaire restait la même malgré l'Indépendance. Les soldats reçurent cette équation comme un mépris, ce qui les conforta dans la conviction que l'Indépendance n'allait rien changer pour eux. Leur réaction fut brutale et violente. Ils mirent immédiatement aux arrêts leurs officiers belges et molestèrent nombre d'entre eux. De nombreux cas de viols des femmes des officiers furent signalés.

Cette mutinerie prit le gouvernement belge par surprise. Formée dans la stricte discipline d'obéissance aux ordres, la Force Publique n'était-elle pas considérée comme le principal garant de la stabilité du Congo, un facteur déterminant de l'accomplissement de ses objectifs ? Les Belges vivant au Congo, environ 30.000, furent saisis de panique. En quelques jours, plus de 10.000 d'entre eux, parmi lesquels des cadres de l'administration, des commerçants et des missionnaires, quittèrent le Congo.

Pour calmer la colère des soldats, Lumumba décida d'élever tous les soldats au grade supérieur et d'africaniser le cadre des officiers. Victor Lundula fut nommé Colonel, Commandant en Chef de la Force Publique en remplacement du Général Janssens, révoqué. Se rappelant du passé militaire de Mobutu, alors Secrétaire d'État au Conseil, il le nomma Colonel, Chef d'État Major de l'Armée. Mais Mobutu réussira très peu de temps après à s'imposer comme le véritable Chef de l'armée après le départ de Lundula à Stanleyville pour y rejoindre d'autres partisans de Lumumba dans leur lutte contre le gouvernement de Léopoldville. Lumumba avait de bonnes raisons de se fier à Mobutu avec qui il avait tissé des relations d'amitié au point de le nommer représentant du MNC en Belgique après la Table-Ronde politique et délégué du MNC aux travaux de la Table-Ronde économique. C'est Mobutu qui le guidait à Bruxelles et lui faisait aussi découvrir la vie nocturne de cette grande ville. Sa déception sera à la mesure de la grande confiance qu'il avait en lui quand quelques mois seulement plus tard celui-ci le trahira sans états d'âme.

En quelques jours, la mutinerie gagna toutes les garnisons du pays. Sous le prétexte d'y mettre fin et protéger les Européens, le gouvernement belge fit intervenir ses troupes basées à Kamina et Kitona, et celles venues de la Métropole. Celles-ci occupèrent les grandes villes congolaises dont Léopoldville, Elisabethville, Bakwanga, Kindu et Coquilathville, à l'exception de Matadi où les soldats congolais avaient réussi à repousser celles venues de la base de Kitona. Lumumba dénonça l'occupation belge qu'il qualifia d'agression, décida de rompre les relations avec la Belgique et sollicita l'intervention des troupes des Nations-Unies.

C'est dans ces circonstances que Tshombé, sous l'influence du gouvernement belge, proclama l'indépendance de la province du Katanga le 11 juillet 1960, marquant ainsi la rupture avec le gouvernement central. Quelques semaines après, soit le 2 août 1960, Kalonji proclama à son tour l'indépendance de la province du Kasaï.

Confrontés à cette nouvelle situation qui menaçait l'unité du pays, Kasa-Vubu et Lumumba sollicitèrent l'intervention de l'ONU. Le 14 juillet 1960, le Conseil de Sécurité de l'ONU décida de mettre en place une opération de maintien de la paix au Congo, appelée Mission de l'ONU au Congo, *« ONUC »* en sigle, aînée des futures missions, *« MONUC »* et *« MONUSCO »*, qui viendront une quarantaine d'années plus tard. Ce fut la première opération militaire montée par l'ONU depuis sa création en 1948. Au 30 septembre 1960, elle comptait environ 16.000 soldats.

Dans sa résolution le Conseil de Sécurité de l'ONU n'avait ni condamné l'acte d'agression de la Belgique sur le Congo, ni dénoncé la violation de la souveraineté de celui-ci. Cette politique de l'ONU était fortement inspirée par le *Congo Club*, un groupe de pression informel agissant au sein des structures de l'ONU dans le but de défendre les thèses et intérêts néo-colonialistes au Congo. Le positionnement des troupes de l'ONU au Katanga devait en effet servir de tampon à une éventuelle attaque des troupes gouvernementales. Après avoir négocié avec Tshombé, le Secrétaire Général de l'ONU, Dag Hammarskjöld avait accepté d'utiliser les troupes de l'ONU pour empêcher l'entrée des forces gouvernementales au Katanga et d'y maintenir les militaires belges sous l'uniforme congolais, démontrant ainsi son soutien à la sécession katangaise.

À la fin du mois de juillet 1960, Lumumba se rendit aux États-Unis et au Canada. Pour l'Administration américaine, c'était l'occasion de le jauger, de mieux le connaitre. Traité comme un vrai Chef d'État, il fut logé à la résidence des hôtes de marque du Président américain, le *Blair House*. Cependant il ne put s'entretenir qu'avec un Sous-secrétaire d'État. Ni le Président Eisenhower, encore moins le Secrétaire d'État Allen Dulles n'avaient manifesté la volonté de le rencontrer.

À sa demande d'aide pour le Congo, l'Administration américaine se déroba derrière l'ONU. Cette attitude ne pouvait surprendre. En effet, les Américains se méfiaient déjà de Lumumba qu'ils soupçonnaient de penchants communistes. D'ailleurs, les discours qu'il avait tenus à l'ONU et dans les milieux extrémistes des Noirs dans le quartier de Harlem à New York où il avait rencontré des leaders extrémistes noirs tel Malcolm X, ainsi que ses propos dans une interview à l'agence de presse soviétique TASS n'avaient fait que renforcer cette méfiance.

De son côté la presse occidentale ne s'était pas privée de présenter Lumumba sous les aspects les plus cocasses que possibles. Il était tantôt décrit comme hystérique, tantôt imprévisible. On lui attribuait même des instincts sexuels à la limite de l'obsession, comme dans cette histoire rapportée dans « *The Congo Cables* » et reprise par Lawrence (Larry) Devlin, Chef de la Station de la CIA à l'époque à Léopoldville, dans son livre « *Chief of Station, Congo* », qui relate sa grande frustration quand le Service du Protocole américain aurait refusé l'entrée à *Blair House* d'une prostituée recrutée par les Services Secrets américains à sa demande pour lui servir de compagne de nuit! Lumumba aurait même précisé sa préférence pour une « *femme blanche blonde* ». La presse belge quant à elle, avait cru bon d'exprimer une certaine indignation des Belges lorsqu'il leur fut rapporté que Lumumba, qui passait pour un personnage diabolique dans une certaine opinion belge, avait passé la nuit dans le même lit occupé quelque temps avant par leur Roi !

Au retour de son périple américain, Lumumba se décida de restaurer l'unité du Congo. Il fit intervenir les troupes gouvernementales dans le Kasaï dont la reprise, espérait-il, devait ouvrir la voie vers le Katanga. Devant le refus de l'ONU de fournir une aide logistique (avions de transports des troupes) aux forces gouvernementales, avec Kasa-Vubu, ils sollicitèrent et obtinrent de l'URSS l'aide militaire nécessaire en moyens logistiques.

Au Kasaï pendant ce temps les soldats de l'Armée Nationale Congolaise, ANC, furent accusés de massacres des populations civiles à Bakwanga (Mbuji-Mayi), ce dont profitèrent les adversaires politiques de Lumumba pour lui en faire porter la responsabilité et lui valut aussi l'hostilité et la haine des Balubas de Bakwanga (Mbuji-Mayi).

Lumumba fut en plus considéré par les Américains comme l'initiateur de la requête d'aide militaire à l'URSS, franchissant ainsi la ligne rouge en voulant par cet acte favoriser la pénétration de l'URSS au Congo. Dès lors, son élimination devint le principal objectif de leur politique au Congo. C'est ainsi qu'en août 1960, le Président américain Eisenhower en personne donna à la CIA l'ordre de l'éliminer. Après avoir examiné différentes possibilités, la CIA opta pour un empoisonnement. Un agent fut spécialement dépêché à Léopoldville mais ne put passer à l'acte suite aux difficultés de pénétration du cercle familial de Lumumba. C'est finalement la section de la CIA à Léopoldville qui se chargea de l'opération en manipulant les hommes politiques congolais influents opposés à Lumumba, particulièrement les membres du « *Groupe de Binza* », un groupe informel de politiciens très influents qui comptait en son sein des personnalités tels Albert Ndele, Justin Bomboko, Joseph Mobutu, Damien Kandolo, Victor Nendaka. De fortes pressions furent surtout exercées sur. Kasa Vubu qui finit par céder. Dans la nuit du 5 septembre 1960, celui-ci fit une déclaration à la radio dans laquelle il annonça la révocation de Lumumba et de six ministres, au principal motif d'avoir posé des actes ayant causé les « *massacres de Bakwanga* (Mbuji-Mayi) ». Il s'appuyait en cela sur l'article 22 de la Loi Fondamentale, stipulant en substance que « *Le Président de la République nomme et révoque le Premier Ministre et les Ministres* ».

Dans la même nuit, Lumumba se rendit à trois reprises à la radio pour dénoncer l'initiative de Kasa-Vubu et prononcer sa destitution. Il en appela aussi au Parlement pour régler le différend qui les opposait. Dans son entendement, la procédure de destitution du Premier Ministre aurait dû être initiée par le Parlement.

Sans plus attendre, il passa à l'offensive faisant des sorties dans la ville pour s'adresser à ses partisans. Craignant qu'il réussisse à rallier à sa cause de nombreuses foules de partisans ainsi que les troupes de l'Armée cantonnées à Stanleyville qui lui étaient restées fidèles, Kasa-Vubu réagit en faisant fermer la station de la radio de Léopoldville et les aéroports du pays qu'il fit garder par les troupes de l'ONU. Avec d'autres membres du gouvernement hostiles à Lumumba, il reçut la protection des troupes de l'ONU, alors qu'elle était refusée à Lumumba.

Le 7 septembre 1960, Lumumba sembla avoir repris l'initiative. Ce jour-là, il prononça devant le Parlement un discours dans lequel il dénonça le projet de balkanisation du Congo et ce qu'il qualifia de coup d'État de Kasa-Vubu, avant de demander la destitution de celui-ci. Mais le Parlement où pourtant la coalition MNC était majoritaire, était fortement divisé sur l'attitude à prendre; il se limita à rejeter les deux destitutions réciproques.

Dès ce moment, Lumumba se sentit affaibli politiquement. Il réagit en multipliant des sorties dans la ville. Sa popularité montait et cela fit craindre son rétablissement. Mobutu l'assigna à résidence le 10 septembre 1960, faisant établir un double cordon de soldats autour. Les soldats de l'ANC formaient le cordon extérieur et ceux de l'ONU le cordon intérieur avec ordre de n'assurer sa sécurité que dans le périmètre de la résidence.

Désormais, pour les Américains et les Belges, la mise à l'écart politique de Lumumba de la scène politique, voire son élimination physique, redevenaient un objectif politique prioritaire. On a même parlé d'une opération de « *salubrité politique* ». Les Belges avaient bien avant conçu un plan connu sous le nom de « *Plan Barracuda* » et qui visait son enlèvement et son assassinat par des Congolais.

Contre toute attente, Mobutu surgit le 14 septembre 1960 sur la scène politique congolaise. Ce jour-là il annonça la suspension jusqu'au 31 décembre 1960 du Président Kasa-Vubu et du Premier Ministre Lumumba. L'ensemble du gouvernement fut aussi neutralisé, remplacé par un Collège des Commissaires Généraux dirigé par Justin Marie Bomboko, et composé de personnalités connues pour leur grande hostilité vis-à-vis de Lumumba et leurs sympathies occidentales.

Etait-ce réellement un coup d'état? En réalité, comme l'initiative de Kasa-Vubu du 5 septembre 1960, l'acte posé par Mobutu ne visait qu'un seul objectif; écarter Lumumba de la scène politique. Le Collège des Commissaires Généraux alla prêter serment devant Kasa-Vubu afin de le revêtir d'une certaine crédibilité. Kasa-Vubu était alors perçu par les Américains et les Belges comme l'unique autorité congolaise incarnant la légitimité et la légalité. L'un des premiers actes posés par Mobutu démontra d'ailleurs clairement son penchant pour le camp occidental; il ordonna l'expulsion des diplomates des pays du bloc soviétique.

Lumumba restait toujours assigné à résidence. Il fallait l'empêcher de soulever la population pour défendre sa cause. Craignant des représailles, ses partisans fuirent Léopoldville pour gagner Stanleyville où Antoine Gizenga, Vice-Premier Ministre, s'était déclaré seul dirigeant du gouvernement légitime du Congo.

En novembre 1960, l'Assemblée Générale de l'ONU qui se réunit à New York reconnut la délégation conduite par Kasa-Vubu comme seule représentante du Congo. Comment expliquer que les pays du groupe des Non Alignés, pourtant majoritaires à l'ONU, aient laissé échapper l'occasion de légitimer internationalement le gouvernement Lumumba? Ce résultat surprenant était dû au travail du *Congo Club*, et surtout, à l'action de l'Administration américaine qui, déterminée à neutraliser à tout prix Lumumba, avait usé de tous les moyens possibles notamment des pressions diplomatiques, des promesses d'aide et même la corruption. des délégués.

Le 27 novembre 1960, quand Kasa-Vubu rentra triomphalement à Léopoldville, auréolé par la légitimé internationale conquise à l'ONU, Lumumba comprit que son retour au pouvoir par la voie légale était devenu impossible. Il se décida alors de gagner Stanleyville où il pensait pouvoir organiser l'opposition au gouvernement central.

Dans la nuit de 27 novembre 1960, il parvint à sortir de sa résidence après avoir déjoué la vigilance des gardes de l'ANC, laissant un communiqué de presse dans lequel il se défendait d'être un fuyard et se présentait plutôt comme conciliateur et unificateur du Congo. Il en appelait en plus au respect de l'unité et de l'intégrité nationale ainsi qu'au dialogue avec les principaux protagonistes de la crise qu'étaient Kasa-Vubu et Tshombé.

À l'annonce de la « *fuite* » de Lumumba, le Secrétaire Général de l'ONU Dag Hammarskjöld, ses représentants à Léopoldville, les gouvernements belge et américain, furent pris de panique. Ils craignaient qu'une fois à Stanleyville, celui-ci fut en position de reconquérir le pouvoir, étant donné sa très grande popularité et surtout la faiblesse de l'Armée Nationale. Ils fournirent alors aux autorités de Léopoldville les moyens nécessaires à la traque et à sa capture.

Le gouvernement belge mobilisa la société de transport aérien AIR BROUSSE et mit à disposition un hélicoptère de la société SABENA et un pilote spécialiste des vols de reconnaissance. Les services de sécurité au Katanga et dans le Kasaï furent mis en alerte. Dag Hammarskjöld pour sa part promit d'interposer les troupes de l'ONU pour empêcher d'éventuels mouvements des forces lumumbistes de Stanleyville vers Léopoldville.

Dans l'entretemps, le petit convoi de trois voitures transportant Lumumba qui avait amené avec lui une de ses deux femmes reconnues et un de leurs enfants était en route vers Stanleyville. Sa marche était ralentie par des arrêts improvisés pour lui permettre de tenir des meetings. Peut-on penser que parmi ses compagnons de route se trouvaient des personnes qui agissaient intentionnellement dans le but de faciliter sa capture ? La traque de Lumumba s'arrêta le

2 décembre 1960 à la rivière Sankuru dont la traversée lui aurait permis d'entrer dans une région qui lui était totalement acquise et ouvert la route vers Stanleyville. Il fut capturé, sauvagement battu et amené à Port-Franqui (Ilebo).

À Port-Franqui, le chauffeur de la voiture qui le transportait, tenta une manœuvre désespérée pour le sauver en se lançant vers le petit contingent des casques bleus ghanéens de l'ONU qui y stationnait, assuré qu'il était que ceux-ci allaient le protéger. Contre toute attente ceux-ci laissèrent les soldats de l'ANC le reprendre et le passer à tabac sans réagir. En effet, les ordres venus du Secrétariat Général des Nations-Unies étaient formels ; il ne fallait d'aucune façon le protéger.

Les troupes lumumbistes avaient dans l'entre-temps lancé une offensive vers le Sud à partir de Stanleyville et conquis Bukavu et Manono dans le Nord-Katanga. Les troupes de Mobutu qui tentaient de reconquérir Bukavu furent mises en déroute. Le Capitaine Gilbert Mpongo, celui-là même qui avait dirigé la traque de Lumumba fut capturé et transféré à Stanleyville où il sera exécuté en représailles, quand la mort de Lumumba sera annoncée.

Les 12 et 13 janvier 1961, une révolte éclata au Camp Hardy de Thysville (actuel Camp Colonel Mbeya à Mbanza-Ngungu) où était enfermé Lumumba. La révolte déborda dans les jours qui ont suivi jusqu'à atteindre de Léopoldville. Lumumba qui avait été autorisé à participer à la célébration du Nouvel An en avait-il été l'instigateur ? A Léopoldville, on a pensé qu'il aurait profité de l'occasion pour parler aux soldats et réussi à les retourner en sa faveur.

Craignant son retour en force, Kasa-Vubu, Mobutu, Nendaka et Bomboko, se rendirent à Thysville pour tenter de le convaincre de participer dans un nouveau gouvernement. Lumumba rejeta cette offre, revendiquant la légitimité de son gouvernement et sa restauration en tant que Premier Ministre.

L'échec de cette démarche et le risque de soulèvement d'une plus grande ampleur non seulement au Camp Hardy, mais dans d'autres garnisons de l'ANC mirent les autorités de Léopoldville et de Bruxelles dans le désarroi. On craignait sa libération éventuelle par les soldats. C'est à partir de ce moment que fut envisagé un plan de son éloignement. Des démarches furent entreprises à Bruxelles pour son transfert à Élisabethville ou à Bakwanga (Mbuji-Mayi) dans le Kasaï. Le choix de ces deux destinations n'était pas innocent; les deux dirigeants sécessionnistes, Tshombé et Kalonji, étaient bien connus pour leur grande hostilité vis-à-vis de Lumumba et on savait que celui-ci avait peu de chances d'échapper à la mort une fois entre leurs mains.

Le 17 janvier 1961 au petit matin, Victor Nendaka, Chef des services de sécurité à Léopoldville, se rendit au Camp Hardy (l'actuel Camp Colonel Ebeya) à Thysville où il sortit Lumumba de sa cellule de prison. Il avait amené avec lui deux autres prisonniers, Joseph Okito, Vice-président du Sénat et Maurice Mpolo, Ministre des Sports qu'il venait auparavant d'extraire de la prison de Luzumu sur sa route.

De Thysville, Nendaka, les trois prisonniers et une petite escorte militaire embarquèrent dans des véhicules pour se diriger vers Kuilu-Ngongo, siège de la Compagnie Sucrière du Congo (CICO) à une quarantaine de kilomètres, où attendait sur une petite piste d'aviation, un petit avion de la société Air Brousse. De là l'avion décolla pour se poser à Moanda à environ 300 kilomètres de Thysville. C'est là où Nendaka indiqua la destination finale des prisonniers au pilote d'un DC-3 venu de Léopoldville qui attendait. Dans l'avion qui les amenait à Élisabethville, les prisonniers furent sauvagement battus par les soldats de l'escorte.

À l'aéroport d'Élisabethville où ils débarquèrent, ils furent brutalisés en présence des soldats de l'ONU, indifférents, avant d'être amenés dans une villa appartenant à un sujet belge parti en vacances, dans les environs de l'aéroport. Des membres du gouvernement katangais conduits par Tshombé les visitèrent et certains dont Munongo, Ministre de l'Intérieur, firent subir à Lumumba et ses compagnons des violences physiques d'une extrême brutalité. Plus tard dans la nuit, les prisonniers furent amenés dans la brousse sur la route de Jadothville (Likasi) et en présence de Tshombé et ses Ministres, passés par les armes par un peloton d'exécution commandé par un officier belge. Leurs corps furent dans un premier temps enterrés à la sauvette dans la brousse. Ils furent déterrés quelques jours après, découpés en petits morceaux, brulés dans des fûts d'acide sulfurique afin de faire disparaître toutes traces du crime. Deux sujets belges, anciens éléments de la Police d'Élisabethville furent chargés de cette opération. L'un d'eux, Gérard Soete, mort en 2000, avait gardé pendant des années deux dents et des os des doigts de Lumumba comme souvenirs qu'il se plaisait à exhiber en ricanant.

À ce jour, la plupart des témoignages directs sur la mort de Lumumba ne proviennent que des étrangers impliqués directement ou indirectement dans ce tragique événement qui a marqué le cours de l'histoire du Congo juste après son Indépendance. Comme si le destin s'acharnait à maintenir une sorte d'*omerta*, les Congolais n'avaient pu entendre Munongo qui, pourtant, avait promis de témoigner lors de la Conférence Nationale Souveraine. Il fut emporté par une crise cardiaque dans la salle des réunions du Palais du Peuple où se tenaient les travaux de la Conférence Nationale Souveraine, le jour même où on l'attendait !

Les événements ayant conduit à la mort de Lumumba montrent une planification et une bonne coordination des opérations entre Bruxelles, Léopoldville, Élisabethville, jusqu'à New York. Des compagnies privées belges ont été mises à contribution et les forces de l'ONU tenues de s'abstenir à lui apporter une quelconque assistance. Le choix des responsables politiques congolais et des soldats de l'escorte était fait de façon à s'assurer de l'exécution sans faille de l'opération de transfert à Élisabethville. Tous étaient des Balubas du Kasaï, considérés comme très hostiles à Lumumba et impatients de se venger de « *massacres de Bakwanga* » (Mbuji-Mayi). Ils le démontrèrent en lui infligeant ainsi qu'à ses compagnons d'infortune des sévices d'une extrême violence durant les cinq heures de vol vers Élisabethville.

Les autorités sécessionnistes katangaises gardèrent le secret de la mort de Lumumba pendant des semaines. Mais pressées de toutes parts de s'expliquer, elles livrèrent d'abord la version mensongère d'un grossier montage selon laquelle Lumumba et ses compagnons s'étaient évadés de leur prison avant d'être tués par des habitants d'un village qui les avaient reconnus à bord d'une voiture volée pour faciliter leur fuite.

L'assassinat de Lumumba souleva une grande vague d'indignation dans le monde. Des manifestations souvent violentes prirent pour cibles les représentations diplomatiques belge et américaine. Au Congo cependant, la population accueillit la nouvelle de sa disparition avec résignation. Elle se contenta de se rendre aux cultes religieux officiels organisés à travers le pays!

À Léopoldville, la traque des partisans de Lumumba ne s'était pas arrêtée pour autant. Jean Pierre Finant, Président du MNC/Stanleyville, Jacques Fataki, Commissaire de la Police à Stanleyville, Pierre Elengesa et Emmanuel Nzuzi, dirigeants de la Jeunesse lumumbiste, Cyrille Yangara, Commissaire du District du Haut-Uélé, et Christophe Muzungu, Chef de la Sureté Congolaise, furent transférés à Bakwanga (Mbuji-Mayi) où ils furent exécutés le jour même de leur arrivée, après avoir subi comme Lumumba de graves tortures physiques. Fernand Kazadi, membre du Collège des

Commissaires Généraux, les avait conduits à Bakwanga (Mbuji-Mayi), ville qui connut la triste et sinistre 0réputation d' « *Abattoir National* ».

Le 21 février 1961, le Conseil de Sécurité de l'ONU adopta une résolution autorisant les forces de l'ONU d'intervenir pour empêcher la guerre civile, reconnaissant la nécessité de restaurer les institutions conformément à la Loi Fondamentale, et recommandant l'ouverture d'une enquête internationale sur l'assassinant de Lumumba et le châtiment de ses auteurs. Une Commission d'enquête fut mise en place en avril 1961. Dans ses conclusions elle se déclara incompétente à traiter du problème de châtiment des coupables et se limita à recommander une autre enquête plus approfondie qui d'ailleurs n'aura jamais lieu. En effet, le gouvernement belge avait fait montre de mauvaise volonté en refusant de mettre à sa disposition les informations nécessaires et les témoins congolais.

Le gouvernement installé à Stanleyville par les partisans de Lumumba sous la direction de Gizenga fut reconnu par plusieurs états membres de l'ONU dont la République Arabe Unie, la République Démocratique Allemande, le Ghana, la Guinée, le Gouvernement Populaire Révolutionnaire Algérien, le Maroc, la Mongolie, Cuba, l'Irak, la Hongrie, la République Populaire de Chine, la Bulgarie, l'URSS et l'Albanie. Il n'a cependant pas pu capitaliser cet impressionnant succès diplomatique à cause de manque de vision politique claire de ses dirigeants et leur incapacité à gouverner le vaste territoire qu'ils contrôlaient. Sous la pression des Nations-Unies, ceux-ci renouèrent des contacts avec le gouvernement de Léopoldville qui aboutirent à la constitution en août 1961 d'un gouvernement d'union nationale, dirigé par Cyrille Adoula, au terme des pourparlers du *Conclave de Lovanium*. Gizenga refusa cependant de reprendre son poste de Vice-Premier Ministre. Il fut mis aux arrêts à Bula Mbemba mais sera libéré par Tshombé en 1965 avant de prendre le chemin d'un long exil jusqu'à son retour au Congo au début des années 1990.

Un autre partisan de Lumumba, Pierre Mulele, Ministre de l'Education dans le premier gouvernement congolais, reprit le flambeau de la lutte lumumbiste en lançant en 1963 une insurrection populaire à partir du Kwilu, sa région natale. En mai de la même année Gaston Soumialot, Christophe Gbenye et Nicolas Olenga ouvrirent un autre front dans l'Est du pays, en regroupant les lumumbistes qui avaient fui au Burundi. Dans les territoires qu'ils occupaient, plus de la moitié du territoire national, de graves exactions furent commises sur les populations.

Au nom d'une nébuleuse idéologie et de la réalisation du projet politique de Lumumba, ils s'en prenaient indistinctement aux symboles du modernisme, à l'élite bureaucratique congolaise, à l'Église et au commerce. Les bâtiments publics étaient saccagés, les congolais lettrés et agents de l'administration accusés de collaborer avec les capitalistes, persécutés et mis à mort, de même que les missionnaires. Le viol des religieuses était monnaie courante. Des villes et villages entiers furent vidés de leurs habitants obligés d'aller trouver refuge dans la forêt d'où ils ne sortirent que des années plus tard.

À Stanleyville, capitale de ce qui était devenue la République Populaire du Congo, un monument à la gloire de Lumumba fut érigé sur la Place de la Poste où se trouvait l'ancien monument de Léopold II, et transformé en théâtre des exécutions quotidiennes et de pratique rituelle d'épandage du sang des « *ennemis du peuple* ». Une véritable profanation de la mémoire de Lumumba! Cette rébellion qui a fait officiellement 500.000 morts, prit fin le 24 novembre 1964 avec la chute de Stanleyville, tombée au terme d'une grande offensive lancée par les troupes gouvernementales appuyées par les *gendarmes katangais* rappelés d'Angola, de nombreux mercenaires européens et sud-africains, et des soldats belges largués par des avions américains.

Apres cette défaite, Pierre Mulele se replia au Kwilu pour se consacrer à la formation politique et idéologique de ses partisans dans le but de poursuivre l'œuvre de son maître Lumumba. Harcelé par les troupes de l'ANC et manquant de moyens militaires pour poursuivre sa lutte, il se résigna à gagner Brazzaville où de nombreux lumumbistes avaient déjà trouvé refuge. Le 29 septembre 1968, il retourna à Kinshasa, répondant à la mesure d'amnistie de tous les anciens dirigeants rebelles prise par Mobutu. Bomboko, Ministre des Affaires Etrangères, l'avait ramené à Léopoldville après avoir donné à Marien Ngouabi, Président de la République Populaire du Congo, toutes les garanties pour sa sécurité. Le 2 octobre 1968 pendant qu'il circulait dans la ville, il fut rattrapé par les soldats de la garnison de Léopoldville conduits par leurs officiers généraux qui le mirent à mort le même jour en lui infligeant des tortures d'une extrême cruauté.

En 2000, près de quarante années après la mort de Lumumba, le Parlement belge a mis en place une Commission sur son assassinat. Les dossiers d'archives ont été ouverts, des témoins entendus. Au terme des délibérations qui avaient duré des mois, la Commission avait fini par conclure à la simple responsabilité morale du gouvernement belge de l'époque. Elle recommanda aussi la création d'une fondation pour perpétuer la mémoire de Lumumba, sous l'appellation de « *Fondation Patrice Lumumba pour la Démocratie* », mais celle-ci n'est toujours pas opérationnelle. Le dossier de l'assassinat de Lumumba n'avait pas pour autant été définitivement clos. En effet, suite à une plainte de la famille, la justice belge a autorisé en décembre 2012 l'ouverture d'une enquête sur une dizaine de sujets belges encore en vie dans le but d'établir éventuellement leurs responsabilités individuelles. Ce dernier rebondissement pourrait conduire à des condamnations pénales ou à des réparations et éclairer certaines zones d'ombre qui subsistent encore.

Au Congo pendant ce temps on avait cru à la naissance d'une nouvelle gouvernance dans la vision de Lumumba avec l'accession au pouvoir de Laurent Désiré Kabila en 1997, suivie peu de temps après par le retour de Gizenga devenu Premier Ministre, se réclamant tous deux de son héritage politique. Mais Kabila a accepté d'être porté au pouvoir par une coalition des armées étrangères soutenues par des puissances néolibérales descendantes du néocolonialisme que combattait Lumumba tandis que Gizenga n'a démontré aucune réelle volonté à mettre l'économie réellement au service du peuple. L'on devrait aussi s'interroger sur leur manque de volonté à rechercher la vérité sur l'assassinat de leur « *maître* », même dans une sorte de grande palabre à l'« *africaine* » à défaut d'un procès en règle. A l'absence de toute trace du corps de Lumumba, cela aurait permis de donner une certaine « *réalité* » à sa mort et à sa famille d'organiser formellement le deuil. Cela ne devrait pas étonner car depuis sa mort, Lumumba a toujours servi de fonds de commerce à de nombreux hommes politiques congolais en mal de positionnement ou à la recherche de la consolidation de leur pouvoir. Mobutu ne l'avait-il pas proclamé héros national en 1966 avant que Kabila en fit de même en 1997?

Porté par la seule foi en ses fortes convictions de justice et de liberté, Lumumba a courageusement seul combattu les puissances néocoloniales dans le but de faire profiter d'abord aux Congolais l'exploitation des ressources de leur pays. Il avait contre lui des puissances étrangères et des hommes politiques congolais déterminés à tout prix à le faire disparaître. Malgré sa très brève carrière politique, -trois années à peine et dont seulement trois mois d'exercice réel du pouvoir-, son action politique fut d'une très grande intensité et son message continue de retentir toujours avec plus de force. Par les circonstances de sa disparition,- *totale*-, il a laissé l'image de héros tragique et légué aux Congolais l'idéal d'unité nationale, le sens de nationalisme, de combat pour l'indépendance politique totale et pour la réappropriation des richesses de leur pays.

X

MOISE TSHOMBÉ

LE SECESSIONNISTE REPENTI

Moise Tshombé (1919 -1969)

S'il y a un homme politique congolais dont le parcours ressemblerait à une ligne brisée c'est certainement Moïse Tshombé. Il a participé à tous les événements politiques importants qui ont marqué l'histoire tumultueuse de la première décennie de l'existence du Congo indépendant et connu une succession en cascades des moments de gloire et de déchéance. Il a été Président d'un état sécessionniste, prisonnier politique, chef du gouvernement central, condamné à mort et à un pas de la magistrature suprême!

Si pour certains Tshombé passe pour un homme politique pragmatique, réaliste et courageux, adulé comme un héros par les siens,-les Katangais-, d'autres par contre le considèrent comme un leader séparatiste, un traitre, un servile serviteur des intérêts capitalistes étrangers (belges). Mais c'est surtout sous la forme caricaturale de sécessionniste et d'assassin de Patrice Emery Lumumba qu'il est le plus connu. Pourtant son parcours montre qu'il avait une vision claire de l'organisation de l'état, -utopique pour certains mais toujours d'actualité -, et le souci du bien-être des siens.

Quand l'occasion lui a été donnée, il a démontré un réel engagement dans la restauration de l'unité du Congo. Tout cela fait de lui un personnage complexe et très controversé que l'on ne peut entièrement cerner sous une seule facette.

Tshombé est né le 10 novembre 1919 à Musumba dans le Sud-ouest de la province du Katanga, dans une famille appartenant à la lignée royale du Mwant Yav, le roi des Lunda. Son père, Joseph Kapend Tshombé, avait prospéré dans le commerce et le transport, et est reconnu comme le premier Congolais millionnaire. Tshombé reçut la formation de comptable après des études primaires et une formation de moniteur chez des missionnaires protestants méthodistes. Il reprit la direction des affaires familiales au début des années 1950 après la mort de son père et se lança en politique en devenant membre du Conseil Municipal d'Elisabethville et du Comité Consultatif du Katanga en reprenant le mandant de son défunt père. Il se fit remarquer en 1954 par sa participation active au mouvement lancé par les Libéraux belges pour l'instauration de la laïcité dans l'enseignement au Congo. Après avoir créé une association culturelle des Lunda et une association des « *évolués* », il fonda en 1958 avec d'autres personnalités dont Godefroid Munongo, la Confédération des Associations du Katanga, CONAKAT, un mouvement politique prônant la défense des intérêts des populations autochtones du Katanga particulièrement en matière d'emploi et revendiquant la jouissance des richesses minières du Katanga par les Katangais.

La CONAKAT remporta largement les élections municipales organisées en 1957 et Tshombé, son président, devint maire d'Elisabethville. À la Table-Ronde convoquée par le roi Baudouin 1er pour préparer l'indépendance du Congo, Tshombé défendit sans succès le projet d'un état confédéral. Il partageait la même vision avec Joseph Kasa-Vubu, leader de l'Alliance des Bakongo, l'ABAKO, qui voulait aussi un statut d'état autonome pour le Bas-Congo.

Aux élections législatives organisées en mai 1960 pour la mise en place du premier Parlement congolais, la CONAKAT arriva en tête dans la province de Katanga, avec 8 députés nationaux, mais ne pesa pas sur l'ensemble du pays. C'est ainsi qu'elle ne put obtenir qu'un seul poste, celui de secrétaire d'état à la Défense Nationale, dans le premier gouvernement du Congo dirigé par Patrice-Emery Lumumba. Frustré et fort déçu Tshombé rentra au Katanga où il était déjà Président provincial avec le sentiment d'exclusion des Katangais du gouvernement central.

La mutinerie qui éclata le 4 juillet 1960 dans la garnison de Léopoldville se répandit rapidement dans le pays. Malgré les mesures prises par Lumumba, -élévation de tous les soldats au grade supérieur et africanisation du cadre de commandement-, l'ordre ne fut pas rétabli pour autant. Les officiers belges qui avaient fui Léopoldville se replièrent au Katanga. Dans le plan belge, il fallait épargner le Katanga du désordre qui commençait à s'étendre sur l'ensemble du Congo. Ainsi sous le prétexte de mettre fin à la mutinerie et protéger les Européens, le gouvernement belge fit intervenir au Katanga ses troupes stationnées à la base militaire de Kamina. Il fallait protéger le fleuron de l'économie coloniale qu'était l'Union Minière du Haut-Katanga. En réalité, cela faisait partie de son plan de s'assurer le contrôle du Katanga et de mettre à genoux le gouvernement Lumumba en le privant d'accès à la principale source de ses revenus qu'était l'Union Minière du Haut-Katanga.

C'est dans ces circonstances que, bridé par les Belges, Tshombé proclama le 11 juillet 1960 l'indépendance de la province du Katanga marquant ainsi la rupture avec le gouvernement central. Le nouvel état sécessionniste fut immédiatement soutenu par le colonat belge avide de profiter des richesses du Katanga. Sans pourtant l'avoir formellement reconnu, le gouvernement belge y déploya des troupes pour assurer l'ordre. Les soldats de l'armée gouvernementale furent désarmés en quelques semaines dans toute la province du Katanga sans une quelconque réaction des troupes des Nations Unies venues à la demande de Kasa-Vubu et Lumumba.

Le gouvernement belge organisa son aide économique et militaire à l'état sécessionniste en installant à Elisabethville une mission technique connue sous le nom de *Mission* d'*Assistance technique belge au Katanga*. Des officiers belges furent mis à la disposition de l'état katangais pour l'organisation de son armée et la préparer à faire face aux forces de l'armée gouvernementale, celles des Nations Unies et aussi combattre l'opposition armée à la sécession menée par les partisans de Jason Sendwe dans le Nord Katanga.

Pendant ce temps les événements s'étaient précipités à Léopoldville. Le 5 septembre 1960 Lumumba était démis de ses fonctions de Premier Ministre par le Président Kasa-Vubu et le 14 octobre 1960 Joseph Désiré Mobutu suspendait les deux protagonistes de la crise institutionnelle, en réalité une manœuvre destinée à écarter Lumumba de la scène politique sinon l'éliminer physiquement. Le 17 janvier 1961, le gouvernement belge organisa avec la collaboration des autorités de Léopoldville le transfert de Lumumba et ses infortunés compagnons Joseph Okito et Maurice Mpolo à Elisabethville, où ils furent assassinés dans la nuit du même jour.

Lumumba disparu, la réunification du Congo et l'instauration de l'ordre constitutionnel conformément à la Loi Fondamentale revinrent à l'ordre du jour de l'agenda de Nations Unies. Pressé par l'ONU, le gouvernement de Léopoldville entreprit des contacts avec les partisans de Lumumba installés à Stanleyville, ainsi que le régime sé cessionniste du Katanga. De nombreuses rencontres furent organisées tant l'extérieur (Tananarive, mars 1961) qu'au pays (Coquilathville, avril 1961). Un conclave, connu sous le nom de Conclave de Lovanium, fut organisé à Léopoldville et aboutit le 2 Août 1961 à la mise en place d'un gouvernement central dirigé par le syndicaliste Cyrille Adoula. Les représentants du gouvernement lumumbiste de Stanleyville y avaient participé, à l'exception de Gizenga qui fut par ailleurs mis aux arrêts pour son refus avant de s'exiler, ainsi que certains radicaux qui s'en allèrent créer le Conseil National de Libération, CNL à Brazzaville. Tshombé qui avait persévéré dans sa position sécessionniste fut arrêté mais regagna le Katanga deux mois plus tard après avoir été libéré par Mobutu. Son armée fut finalement vaincue au terme de sanglantes confrontations avec les forces de l'ONU. La sécession katangaise prit officiellement fin en janvier 1963. Malgré l'accord conclu avec l'ONU qui autorisait les dirigeants sécessionnistes katangais à récupérer leur mandat politique d'avant la sécession, il préféra aller en exil.

Début 1964, les lumumbistes refugiés à Brazzaville organisèrent une insurrection populaire armée dans la province orientale, le Kivu et le Kwilu. L'Armée Nationale Congolaise en débandade ne rassurait plus quant à sa capacité à défendre Léopoldville. On pensa alors à Tshombé que l'on créditait d'avoir les atouts nécessaires pour mettre fin à la rébellion et rétablir l'ordre institutionnel. N'avait-il pas un carnet d'adresses bien fourni et des contacts nécessaires en Occident, en plus de la nombreuse réserve des soldats katangais, les fameux « *gendarmes katangais* » repliés en Angola à la fin de la sécession, sans compter sa popularité et sa grande influence toujours intactes au Katanga?

À son retour à Léopoldville le 26 juin 1964, Tshombé fut nommé Premier Ministre. Les conditions qu'il avait posées notamment la libération de Gizenga et l'inclusion dans son gouvernement des membres du CNL avaient été acceptées. Il s'agissait pour lui d'un moyen de réaliser la réconciliation nationale.

Ce retour en force fut accueilli avec indignation par les gouvernements des pays africains dits progressistes, au point de menacer de dislocation l'Organisation de l'Unité Africaine qui venait de naître en 1963. En effet, le groupe des pays dits modérés appelé « *Groupe de Monrovia* » reconnaissait la légitimité du gouvernement Tshombé contrairement au groupe des pays dits progressistes, le « *Groupe de Casablanca* », pour qui Tshombé passait pour l'assassin de Lumumba. On se rappelle encore la mésaventure qu'il avait vécue au Caire, en Egypte, où il s'était rendu en 1965 pour participer à un Sommet des Pays Non Alignés. Il avait été assigné à résidence par le Président égyptien Gamal Nasser qui menaçait de le faire traduire en justice. Pendant des jours, les travaux du Sommet étaient restés suspendus au sort de Tshombé qui fut finalement libéré à la suite d'une très forte pression des représentants des pays du « *Groupe de Monrovia* » qui avaient réussi à faire prévaloir le principe de non-ingérence dans les affaires internes d'un état membre.

Tshombé forma un gouvernement resserré de 12 membres , dit *gouvernement du salut public*, avec pour mission de mettre fin à la rébellion et, organiser les élections législatives en 1965 et présidentielle en janvier 1966. Avec un enthousiasme sans pareil, une grande détermination et un réel engagement, il récolta en quelques mois seulement à peine des résultats spectaculaires et parvient à séduire la population. Grâce à sa popularité, il éclipsa les autres principaux acteurs politiques. Il obtint aussi des résultats rapides sur le plan économique ; l'approvisionnement en biens de consommation était redevenu régulier et les salaires des agents de l'État ainsi que les soldes des militaires payés. Sur le plan militaire, il rappela ses *gendarmes katangais* et recruta des mercenaires européens et sud-africains pour lancer une offensive de reconquête des territoires occupés par les rebelles. Cette offensive prit fin le 24 novembre 1964 avec la reprise de Stanleyville par des troupes belges aéroportées par des avions américains et des contingents de *gendarmes katangais*, de mercenaires et officiers belges ayant auparavant combattu au Katanga.

Apres ce succès militaire, Tshombé s'attela à la mise en place des institutions nationales et provinciales conformément à la première Constitution du Congo, dite *Constitution de Luluabourg*, adoptée par referendum populaire le 1er aout 1964. Les élections générales organisées sur l'ensemble du pays virent la victoire de la Convention Nationale Congolaise (CONACO), la coalition des partis politiques qui le soutenait. Celle-ci comptait 122 députés nationaux sur 167, assurant à Tshombé de conserver son poste de Premier Ministre et lui ouvrant la voie de la victoire à l'élection présidentielle.

Tout naturellement, aussitôt que le nouveau Parlement fut mis en place et conformément aux dispositions constitutionnelles, Kasa-Vubu ayant estimé que le gouvernement Tshombé avait accompli sa mission, le déclara démissionnaire de plein droit. Un nouveau Premier Ministre devait être nommé. Dans le régime parlementaire instauré par la Constitution de Luluabourg, Tshombé qui contrôlait la majorité parlementaire était assuré de diriger le nouveau gouvernement à qui revenait aussi la tâche d'organiser l'élection présidentielle en 1966. Cependant Kasa-Vubu préféra nommer Evariste Kimba, un Katangais comme Tshombé, et membre de la CONACO, espérant sans doute par cette manœuvre de débauchage, affaiblir la position de Tshombé au Katanga, réduisant d'autant ses chances à l'élection présidentielle. En effet, celui-ci affichait déjà ouvertement ses ambitions présidentielles et apparaissait comme le seul à pouvoir contrarier les plans de réélection de Kasa-Vubu. Kimba se présenta à deux reprises, sans succès, devant le Parlement pour solliciter l'investiture de son gouvernement.

Pendant que l'on attendait le troisième et dernier passage de Kimba au Parlement, l'Armée déposa le Président Kasa-Vubu et Kimba, le Premier Ministre nommé. Dans un premier temps Tshombé s'en était réjoui, croyant que la prise de pouvoir par l'Armée était temporaire, mais déchanta vite quand il comprit que Mobutu avait pris le pouvoir définitivement. Sa déception fut d'autant plus grande en voyant certains de ses grands adversaires comme Victor Nendaka et Justin Marie Bomboko occuper des postes importants (ministères des Transports et ministère des Affaires Etrangères) dans le nouveau gouvernement conduit par le Colonel Léonard Mulamba. Il comprit alors que lui aussi avait été écarté et partit du Congo pour un deuxième exil en Espagne sous le prétexte d'aller se faire soigner à l'étranger. Tshombé perdit son mandat de député en mai 1966 pour cause d'absence prolongée sans motif. En réalité le régime de Mobutu le soupçonnait déjà de comploter. Après son départ, les *gendarmes katangais* qu'il avait intégrés dans l'ANC et qui ont contribué de façon déterminante à vaincre la rébellion muleliste étaient devenus des parias au sein de l'Armée Nationale, accusés de manquer de loyauté, victimes de discrimination et objets de méfiance. Conduits par le Colonel Ferdinand Tshimpola, ils se révoltèrent en juin 1966, occupant pendant des semaines toute la partie « *utile* » de la ville de Stanleyville, la rive droite où se trouvent l'aéroport, le centre administratif et des affaires. Dans leur mémorandum, ils exigeaient l'entrée de leurs officiers dans le haut-commandement de l'ANC, le départ du General Louis de Gonzague Bobozo, Chef d'Etat-major Général de l'ANC, et celui de Mobutu, Président de la République ! Mobutu tenta une médiation par le canal de Godefroid Munongo, allié de Tshombé, et du Colonel Léonard Mulamba, Premier Ministre, officier militaire très respecté. Devant l'intransigeance des mutins il fit intervenir les mercenaires européens et sud-africains, anciennement au service de Tshombé et qui constituaient le fer de lance de l'ANC. La mutinerie fut matée, le Colonel Tshimpola arrêté, puis transféré à Léopoldville pour être jugé. Au terme d'un procès très médiatisé ouvert en mars 1967 et connu sous le nom de *Procès des traitres katangais,* il fut condamné à mort et immédiatement exécuté. Tenu pour responsable, commanditaire de la mutinerie, Tshombé fut condamné à mort par contumace.

Dans les mois qui ont suivi, la province du Katanga fut secouée par une série d'attentats à la dynamite sur les ponts et les voies ferroviaires. Des camps d'entraînement des mercenaires furent découverts en Europe. Pour Mobutu c'était là des signes de la préparation d'une vaste opération de déstabilisation de son régime par Tshombé qu'il accusa d'ailleurs ouvertement de vouloir attenter à sa vie. Mobutu décida dès lors d'en finir avec lui. Le 30 juin 1967 le traquenard qu'il avait monté avec l'aide des Services américains réussit. L'avion dans lequel Tshombé effectuait une excursion en compagnie des pseudo-partenaires d'affaires qui l'avaient appâté avec une proposition d'investissement immobilier sur la Côte d'Azur fut détourné sur Alger. Tshombé fut immédiatement emprisonné mais ne fut pas extradé à Léopoldville comme le demandait Mobutu au Colonel Boumediene, le Président algérien, qui exigeait en contrepartie la rupture des relations du Congo avec l'État d'Israël. Pendant que se déroulaient les tractations pour son extradition, il fut emporté par une crise cardiaque dans sa cellule de prison, le 29 juin 1969.

XI

MOBUTU SESE SEKO

LE ROI DU ZAÏRE

Mobutu Sese Seko (1930-1997)

À cause de sa très grande longévité au pouvoir (32 ans), des initiatives ambitieuses et souvent controversées qu'il a prises pour créer une nation à son image, des stéréotypes négatifs à l'extrême (corruption, mégalomanie, abus des droits humains, enrichissement excessif, dictature, culte de la personnalité, personnalisation du pouvoir...) sur les dirigeants africains qui lui sont associés, des rêves de grandeur pour leur pays qu'il a permis aux Congolais de nourrir et d'une certaine identité nationale qu'il a forgée, Mobutu Sese Seko est sans doute celui qui aura le plus marqué l'histoire du Congo depuis l'indépendance.

Au plus fort de la Guerre Froide, il s'était rangé du côté des États-Unis dans leur stratégie de contenir l'influence de l'URSS en Afrique centrale et australe afin de leur garantir l'accès aux richesses du Congo. Il avait su profiter de cette position pour jouer habilement la rivalité entre les deux blocs chaque fois qu'il voulait obtenir une assistance financière ou étouffer les accusations sur les abus et violations des droits de l'homme, son enrichissement personnel ou encore le système dictatorial de son gouvernement. C'est ce talent politique hors-pair qui a fait de lui l'un des très rares personnages politiques de notre temps à avoir réussi à se créer des amitiés dans les deux camps antagonistes de la Guerre Froide.

Le 14 octobre 1930 naquit à Lisala, province de l'Équateur, dans le foyer d'Albéric Gbémani et Madeleine Yemo un enfant appelé Joseph Désiré Mobutu, qui portera plus tard le nom de Mobutu Sese Seko Kuku Ngbendu Wa Zabanga. Alberic Gbémani venait de Molegbe où il était cuisinier à la mission des Pères capucins pour servir chez un juge belge nommé Delcourt qu'il suivra après dans ses mutations professionnelles à Coquilathville (Mbandaka) et Léopoldville (Kinshasa). Mme Delcourt qui n'avait pas d'enfant avait porté toute son affection maternelle sur l'enfant du cuisinier, l'ayant presqu'adopté, au point de lui permettre de *vivre avec des Blancs*, un rare et exceptionnel privilège pour un enfant noir à cette époque. Mobutu eut ainsi l'occasion d'être sommairement initié à la culture européenne et surtout d'apprendre le français dès le bas âge.

Revenue à Lisala totalement démunie après la mort de son mari à Léopoldville en 1938, Madeleine Yemo dut abandonner son enfant aux soins des missionnaires pour sa scolarité. Après ses études primaires, Mobutu fut inscrit à l'école des Frères Chrétiens de Coquilathville (Mbandaka) d'où il fut renvoyé en 1949 pour s'était rendu pendant les vacances à Léopoldville, considérée alors par les missionnaires comme *ville du péché*. Le 14 février 1950 il fut enrôlé dans la Force Publique et envoyé en formation à l'École Militaire de Luluabourg (Kananga) où il obtint un diplôme d'aide-comptable. Il fut affecté par la suite au Quartier Général de la Force Publique à Léopoldville en 1955. Très passionné pour la lecture et intéressé au journalisme, il publiait régulièrement des articles dans le journal de l'Armée, mais voulait plus. Il se mit alors à écrire pour la rubrique réservée aux *nouvelles des Noirs* du journal *l'Avenir Colonial*, devenu par la suite tout simplement *l'Avenir*, sous le pseudonyme de *De Banzy* en référence à la ville d'origine de son père, Banzyville, aujourd'hui Mobaye.

En 1958, l'éditeur de *l'Avenir* l'envoya en stage de formation journalistique à Bruxelles à l'Association de la Presse Belge et Info-Congo, un organisme public d'information pour le Congo, le Rwanda et l'Urundi (Burundi). Il était aussi chargé de couvrir les travaux du Congrès de la Presse Coloniale. Mobutu qui continuait d'écrire se distingua particulièrement par un article sur les événements du 4 janvier 1959 sous le titre de *Chronique d'un soulèvement*, et un autre dans lequel il avait pris la défense de Patrice-Emery Lumumba, accusé d'avoir détourné des fonds des services postaux de Stanleyville.

Son destin prit brutalement une autre direction quand il rencontra Lumumba venu participer aux travaux de la Conférence de Table-Ronde convoquée en janvier 1960 par Baudouin 1er, roi des Belges. Il abandonna son projet d'étude à l'Institut Supérieur d'Etudes Sociales de Bruxelles où il était déjà admis pour devenir son Secrétaire. Sa présence dans le cercle restreint de Lumumba ne passa pas inaperçu. Il était suspecté d'être indicateur des services de la Sureté Belge, et certains l'avaient signalé à Lumumba. Mais celui-ci continua de lui faire confiance au point de le nommer représentant de son parti, le Mouvement National Congolais (MNC), en Belgique et aux travaux du deuxième cycle de la Table-Ronde consacré aux questions économiques appelé Table-Ronde économique.

À l'approche de la proclamation de l'indépendance, Lumumba rappela Mobutu à Léopoldville et le nomma Secrétaire d'Etat du Conseil dans son gouvernement. Une semaine après, il se rappellera de son passé militaire pour le nommer Colonel, Chef d'Etat-major de l'Armée Nationale Congolaise, pour combler la vacance consécutive à l'expulsion de l'ancien Commandant, Général Emile Janssens, avec pour mission de mettre fin à la mutinerie des soldats.

Mobutu était propulsé au-devant de la scène politique, au commandement de la Force Publique, le seul corps sur lequel reposaient l'unité et la stabilité du tout nouvel état. Avec l'aide financière des Américains, des Belges et même de l'ONU il réussit rapidement à imposer son autorité sur les soldats et acheter leur loyauté en payant leurs soldes.

Quand éclata la crise constitutionnelle provoquée par la révocation de Lumumba de son poste de Premier Ministre par le Président Joseph Kasa-Vubu, les Américains le soumirent à une intense action psychologique dans le but de faire grandir ses ambitions en lui imposant l'idée qu'il était l'homme de la situation, le seul capable d'y mettre fin.

Le 14 septembre 1960 il annonça la suspension jusqu'au 31 décembre 1960 du Président Kasa-Vubu et du Premier Ministre Lumumba. L'ensemble du gouvernement fut aussi neutralisé, remplacé par un Collège des Commissaires Généraux dirigé par Justin Marie Bomboko, et composé d'étudiants universitaires rappelés de Belgique et de personnalités connues pour leur hostilité vis-à-vis de Lumumba et leurs sympathies occidentales. Nombre d'entre eux comme Albert Ndele, Damien Kandolo, Victor Nendaka, faisaient partie d'un cercle informel d'hommes politiques influents connu sous le nom de « *Groupe de Binza* » qui contrôlait réellement le pouvoir.

Etait-ce réellement un coup d'État? En réalité l'acte qu'il a posé ne visait qu'un seul objectif; écarter Lumumba de la scène politique. Il démontra aussi son penchant pour le camp occidental en expulsant les diplomates des pays du bloc soviétique. Mobutu devenait dès ce moment une pièce maitresse dans la stratégie américaine de lutte contre l'influence russe en Afrique centrale, agissant pour la protection des intérêts américains sous une sorte de tutelle du Chef de la station de la CIA à Léopoldville, Lawrence (Larry) Devlin. Celui-ci avait des contacts quasi-quotidiens avec lui, le conseillait, lui inspirait les décisions à prendre et n'hésitait pas dans certains cas à s'impliquer personnellement dans l'action. Cette collaboration fut très appréciée par le président américain John Kennedy qui le reçut à la Maison Blanche après l'élimination de Lumumba, lui accordant une aide militaire substantielle et lui faisant le don d'un avion avec équipage militaire pour lui faciliter les déplacements dans le pays.

Quand en 1964 les rebelles mulelistes menaçaient de déferler sur Léopoldville après avoir conquis plus de la moitié du territoire national, Mobutu et le *Groupe de Binza* sur conseil des Belges firent appel à Tshombé pour devenir Premier Ministre. Celui-ci se trouvait en Espagne où il avait trouvé refuge à la fin de la sécession katangaise et continuait d'entretenir des milliers de ses *gendarmes katangais* refugiés en Angola qui lui étaient tout dévoués.

L'Armée Nationale Congolaise (ANC) mise en déroute sur tous les fronts intérieurs ne rassurait pas quant à sa capacité à défendre Léopoldville. Le *Groupe de Binza* avait alors pensé que l'intervention de cette importante réserve militaire de Tshombé pouvait arrêter l'avancée de la rébellion et éventuellement la liquider. Le 24 novembre 1964, Stanleyville (Kisangani) fut reprise au terme d'une opération militaire motorisée partie du Nord-Katanga et de l'intervention des troupes belges larguées par des avions américains. Tshombé réussit aussi à organiser les élections sur une très grande partie du pays et à mettre en place les institutions nationales et provinciales conformément à la première Constitution du Congo dite Constitution de Luluabourg (Kananga) en référence au nom de la ville où elle fut élaborée. Bien que dirigeant une coalition des partis politiques largement majoritaire au Parlement, Tshombé ne fut pas désigné pour former un nouveau gouvernement. Le président Kasa-Vubu qui visait sa réélection s'en méfiait et cherchait à l'affaiblir politiquement. En effet, Tshombé affichait déjà ses ambitions et avait toutes les chances de remporter l'élection présidentielle attendue au début de l'année 1966.Pendant des semaines Kasa-Vubu engagea sans succès un bras de fer avec le Parlement pour l'investiture du Premier Ministre qu'il avait nommé, Évariste Kimba. C'est dans ce climat de grande tension politique que le 24 novembre 1965 Mobutu le destitua et proclama la prise du pouvoir par l'Armée, devenant ainsi Président de la République.

Ce coup d'état avait pris les Congolais par surprise. En effet, les manœuvres politiques allaient bon train et tout le monde attendait le troisième et dernier passage de Kimba, Premier Ministre nommé, au Parlement, pour obtenir une hypothétique investiture de son gouvernement, avant le dernier acte qui allait se jouer en janvier 1966 avec l'élection présidentielle.

À l'évidence, ce coup d'État avait mis un arrêt à une véritable expérience démocratique. La configuration politique qui au départ faisait apparaître des dizaines de partis politiques enfermés dans l'espace tribal ou régional s'était vite éclaircie avec leur dilution dans deux regroupements, la Convention Nationale Congolaise (CONACO), une coalition des partis soutenant Tshombé, et le Front Démocratique Congolais (FDC) autour de Kasa-Vubu. La constitution de ces regroupements politiques qui avaient la particularité de transcender les clivages tribaux, ethniques et régionaux peut être considérée comme le résultat d'une dynamique politique positive.

Quand il accéda à la magistrature suprême, Mobutu déclara que l'Armée allait rester au pouvoir pendant cinq ans, le temps de rétablir l'ordre dans le pays avant de remettre le pouvoir aux civils. Pourtant il a exercé le pouvoir pendant plus de trente ans.

Dès le départ, Mobutu fut confronté à deux difficultés; obtenir la reconnaissance extérieure et faire asseoir son pouvoir dans le pays. Pour cela il se fit d'abord investir par le Parlement sur conseil de Larry Devlin, afin de faire revêtir son régime d'une certaine légalité. Aidé par des jeunes diplômés universitaires imprégnés d'idéologie marxiste-léniniste et adeptes de socialisme scientifique il chercha aussi à se créer une image de farouche anticolonialiste et de nationaliste. On peut penser que ceux-ci avaient eu une certaine influence dans ses premiers choix politiques?

Son jeune âge (35 ans), son charisme, son talent d'orateur, son dynamisme, sa détermination et son enthousiasme lui permirent de gagner rapidement l'adhésion du peuple.

Les mesures qu'il prit alors furent spectaculaires. Il débaptisa les villes du pays en leur donnant des appellations typiquement congolaises. Ainsi Léopoldville, Élisabethville, Stanleyville, Charlesville, Thysville, Coquilathville, Luluabourg, Albertville, Baudouinville, Paulis, Port Franqui par exemple devinrent respectivement Kinshasa, Lubumbashi, Kisangni, Djokopunda, Mbanza Ngungu, Mbandaka, Kananga, Kalemie, Moba, Isiro et Ilebo. Tous les symboles visibles évoquant la colonisation furent détruits et les statues royales comme celles de Léopold II et Albert 1er ainsi que celle de Stanley furent déboulonnés.

Mobutu prit en plus une initiative réellement révolutionnaire à l'époque en proclamant l'émancipation de la femme congolaise. La femme qui jusque-là restait confinée dans le rôle de ménagère apparut dans les hautes sphères dirigeantes du pays et dans la gestion des communes. Pour la première fois, des femmes étaient nommées ministres, maires des communes ou membres du Bureau Politique du Mouvement Populaire de la Révolution, MPR.

Mobutu entreprit ensuite une croisade pour ce qu'il avait appelé l'indépendance économique du Congo en reprenant les discussions sur le règlement du contentieux belgo-congolais au motif que Tshombé avait hypothéqué les intérêts congolais lors de ses discussions une année auparavant avec le gouvernement belge. Non satisfait des résultats de ces discussions, il prit unilatéralement des mesures radicales contre les intérêts belges, notamment l'obligation imposée à toutes les anciennes sociétés à charte encore opérationnelles au Congo de prendre la nationalité congolaise et d'y installer leur siège d'exploitation, et surtout la nationalisation en 1966 de l'Union Minière du Katanga, baptisée la Générale Congolaise des Mines, GECOMINES.

Enfin, pour faire bonne mesure, il rendit un hommage solennel à Lumumba, le proclamant *Héros National,* faisant la promesse (non tenue) d'ériger un monument en sa mémoire et consacrer en lieux de pèlerinage les endroits où celui-ci avait passé les dernières heures de sa vie au Katanga.

Pour mieux s'implanter, tout pouvoir qui s'installe par la force a besoin de recourir à l'intimidation et la terreur afin d'étouffer la contestation. Fin mai 1966, le nouveau régime annonça la découverte d'un complot ourdi par un groupe de politiciens et visant à le renverser. Ce complot survenu pendant la période de célébration de la Pentecôte catholique est connu sous le nom de « *Complot de la pentecôte* ». Évariste Kimba, ancien Premier Ministre, Emmanuel

Bamba, Jérôme Anany et Alexandre Mahamba, tous anciens ministres, furent arrêtés et jugés par une Cour Militaire d'exception. Condamnés à mort, ils furent exécutés par pendaison sur la place du Pont Cabu, rebaptisée plus tard Pont Kasa-Vubu où se trouve érigé l'actuel « *Stade des Martyrs de la Pentecôte* ». Mobutu avait voulu justifier son acte par la nécessité de faire l'exemple. Toute contestation de son régime devait être sévèrement sanctionnée et la pendaison publique avait démontré cette détermination. Ce fut le meurtre fondateur du système d'impitoyable répression qui allait caractériser son régime. En réalité c'était l'aboutissement d'une manipulation pour arrêter la fronde de contestation qui montait au Parlement contre une ordonnance qu'il avait prise pour le partage du pouvoir législatif.

Dans ces premières années de pouvoir de Mobutu, l'université Lovanium, la bien nommée « *Colline inspirée* » pour sa situation sur les hauteurs de l'Est de Kinshasa et la grande liberté de son enseignement, était un foyer actif du savoir, de l'expression critique et aussi de la contestation. Menés par leurs associations, l'Union Générale des Étudiants du Congo, UGEC, et l'Association des Étudiants de l'Université Lovanium, AGEL, les étudiants ne manquaient aucune occasion pour exposer les contradictions dans les choix du pouvoir et même contester certaines de ses initiatives. Le 4 juin 1969, ils descendirent de leur « *Colline inspirée* » pour exprimer par des marches à travers la ville des revendications sur l'augmentation de la bourse d'étude et l'amélioration des conditions salariales des travailleurs. Craignant que les autres couches de la population suivent le mouvement estudiantin, le pouvoir, pris de panique, réagit avec violence. Les forces de l'ordre ouvrirent le feu sur les manifestants, faisant des dizaines de morts, voire une centaine selon de nombreux témoignages. Les corps des victimes furent vite ramassés et enterrés à la sauvette dans des endroits tenus secrets.

Le 4 juin 1971, jour du deuxième anniversaire des événements du 4 juin 1969, des manifestations commémoratives dont un culte religieux et une marche silencieuse furent organisées sur le campus universitaire. Un cercueil symbolique fut enterré sous une stèle commémorative devant le bâtiment principal de l'Université. Pour Mobutu, ce fut une provocation. Sa réaction ne se fit pas attendre. Le lendemain, les soldats investirent le campus, déterrèrent le cercueil et détruisirent la stèle afin d'effacer les souvenirs des événements du 4 juin 1969. Le même soir, le gouvernement décida la fermeture de l'Université Lovanium et l'enrôlement de tous les étudiants dans l'armée nationale pour une période de sept ans. Il s'agissait d'après le gouvernement d'une mesure disciplinaire pour faire des étudiants des citoyens responsables et respectueux de l'État. Mais en réalité, Mobutu était déjà très irrité par les critiques des étudiants vis-à-vis de ce qui apparaissait comme un culte de vénération et de dévotion à la limite de la sanctification qu'il voulait imposer au peuple pour honorer la mémoire de sa mère, Maman Yemo, décédée quelques semaines auparavant. Peu avant, son maître-propagandiste, le Ministre de l'Information Dominique Sakombi Inongo, avait été conspué lors d'une conférence sur sa vision politique. Tout cela avait certainement déterminé son comportement et, sans doute pour se venger, l'a poussé à prendre des mesures extrêmes dont les conséquences n'avaient pas tardé à se traduire par la désarticulation de tout le système de l'enseignement supérieur et universitaire.

Dans les années qui ont suivi, Mobutu prit d'autres initiatives, plus destructives les unes que les autres. En novembre 1973 par exemple, il décréta que l'exercice du commerce, de l'agriculture et de la petite industrie devait être exclusivement réservé aux personnes physiques ou morales de nationalité zaïroise. C'est ce qui est connu sous l'appellation de mesures de « *zaïrianisation* » de l'économie, corrigée après par « *zaïrinisation* ». Les étrangers exerçant les activités concernées furent dépossédés de leurs affaires et obligés à les céder à des Zaïrois, choisis parmi ses proches, leur allégeance, leur position dans l'appareil de l'État ou du Parti, leurs liens de parenté, leurs affinités tribales ou amicales avec les hautes autorités politiques et militaires du pays. Pour la plupart, ces élus d'un genre particulier, se caractérisaient par un manque d'expérience des affaires et de connaissance élémentaire de gestion. Les conséquences immédiates furent la destruction des réseaux de distribution commerciale dans le pays, la perte d'emplois pour des milliers de personnes et la baisse de l'activité économique du pays. Se rendant compte de l'échec de la *« zaïrinisation »* et voulant réparer les dégâts, Mobutu fit marche-arrière, décrétant la *« rétrocession »* en proposant aux anciens propriétaires de revenir en tant qu'associés. Mais déjà échaudés par la « *zaïrinisation* », ceux-ci ne manifestèrent aucun enthousiasme, préférant plutôt une indemnisation.

Après l'enseignement et l'économie, ce fut au tour de l'Armée d'être entrainée dans cette sorte de dérive d'autodestruction. Après une vraie ou fausse tentative de coup d'état en 1975, appelée « *coup monté et manqué* », Mobutu procéda à la purge de l'Armée des officiers de tribu Tetela, majoritairement plus nombreux parmi les pseudo-vrais comploteurs. Cela avait suffi à créer la méfiance vis-à-vis de tous les officiers Tetela.

Une autre purge, cette fois-ci plus importante, intervint en 1978, après l'exécution d'une dizaine d'officiers militaires et des civils accusés de complot. Les officiers membres de certaines tribus du Kasaï, du Shaba, du Bandundu, du Kivu, et du Bas-Zaïre, considérées comme hostiles à Mobutu, étaient abruptement congédiés sans une quelconque compensation. Des « *enveloppes* » contenant la notification de fin de service les prenaient toujours par surprise. Ces initiatives dictées par un comportement paranoïaque avaient considérablement affaibli le cadre de l'Armée et entraîné sa régionalisation sinon sa tribalisation. En effet, après avoir vidé l'Armée de ses cadres membres d'autres régions, Mobutu avait dû recruter des remplaçants aux compétences souvent très discutables dans sa région d'origine, l'Equateur, surtout dans sa propre tribu, Ngbandi. Au fil des années, l'Armée deviendra un corps désarticulé, miné par la corruption des officiers et l'indiscipline des soldats.

Après avoir frappé les esprits par la brutalité de ces actes et démontré l'implacable fermeté de son caractère, Mobutu a pu avoir les mains libres pour mettre en place le système autoritaire qui allait lui assurer l'exercice absolu du pouvoir. Il créa d'abord le Corps des Volontaires de la République (CVR), un mouvement des jeunes miliciens dont le rôle était de faire la propagande de son régime et traquer les contestataires. Le CVR fut vite transformé en parti politique avec la création le 20 mai 1967 du Mouvement Populaire de la Révolution (MPR) dont la doctrine fut consignée dans le « *Manifeste de la Nsele* », du nom du lieu de sa proclamation.

Le 24 juin 1967, le régime dota le pays d'une nouvelle Constitution, appelée la Constitution de la Deuxième République. Celle-ci consacrait la forme de l'État unitaire du Congo et un régime présidentiel avec un parlement à une chambre, la Chambre des Députés. Elle reconnaissait cependant un multipartisme limité à deux partis politiques. Mais dans la réalité, le MPR restera jusqu'en 1990, quand le vent de la démocratisation soufflera sur l'Afrique, le seul parti reconnu. Tous les Zaïrois étaient obligés d'adhérer au MPR et Mobutu, son fondateur, était Président de la République de droit, une façon subtile de consacrer la présidence à vie. Ceux qui avaient revendiqué le droit consacré par la Constitution de créer un autre parti politique furent l'objet d'intimidations par des arrestations et des mesures d'éloignement. Tel fut le sort des 13 parlementaires qui fondèrent en 1980 l'Union Démocratique pour le Progrès Social,

UDPS, mais dont certains finirent par céder à la corruption pour rallier le MPR. Par son intransigeance, seul Étienne Tshisekedi résista aux pressions du pouvoir.

La Constitution de la Deuxième République fut amendée trois fois ; en août 1974, en février 1978 et en février 1980, renforçant chaque fois la concentration des pouvoirs autour du Président de la République, la montée en puissance du MPR et sa prééminence sur les structures de l'État.

En 1971, Mobutu fit changer le nom du pays. La République Démocratique du Congo devint République du Zaïre, du nom donné au grand fleuve en 1482 par le navigateur portugais Diego Cão. Le fleuve Congo reprit aussi son ancienne appellation de Zaïre et la monnaie nationale fut baptisée Zaïre. C'était la trilogie des « *Z* » : « Z » comme Zaïre le pays, « Z » comme Zaïre le fleuve et « Z » comme Zaïre la monnaie. Les Congolais et Congolaises étaient désormais appelés Zaïrois et Zaïroises.

Dans la même année, Mobutu proclama sa philosophie de « *retour à l'authenticité* », corrigé peu après par « *recours à l'authenticité* ». Il voulait créer une nouvelle société zaïroise en intégrant les valeurs traditionnelles dans la vie de tous les jours. Il décréta d'abord que tous les Zaïrois devaient abandonner leurs prénoms à consonance étrangère et adopter des patronymes, dits post-noms, authentiquement nationaux. Prêchant par l'exemple, il abandonna son prénom de Joseph-Désiré pour devenir Mobutu Sese Seko Kuku Ngbendu Wa Zabanga. Les termes « Monsieur » et « Madame ou Mademoiselle » furent bannis pour être remplacés par « *Citoyen* et *Citoyenne* », comme pendant la Révolution Française de 1789, selon que l'on s'adresse à un homme, une femme ou une jeune fille.

Il interdit ensuite pour les hommes le port du costume classique européen avec cravate et imposa l'« *abacost* », déformation de « *À bas le costume* », veste ou tunique avec un col au style du Président chinois Mao Tsé Toung. Le port du pantalon et de la jupe fut interdit aux femmes. À la place il leur fut imposé le pagne porté en double. Ce code vestimentaire eut pour effet de stimuler la créativité des stylistes de la couture et de la coiffure qui, rivalisant d'imagination et d'esprit d'invention, créèrent de très beaux modèles qui firent de la Zaïroise la femme la plus élégante d'Afrique. Les autres genres de l'art furent fortement inspirés par l'« *Authenticité* ». C'est l'époque aussi où la musique, le théâtre, le ballet et le spectacle ont connu leur âge d'or. Mobutu n'avait pas lésiné sur les moyens pour réaliser son ambition de véhiculer la culture zaïroise à travers le monde. Une compagnie de théâtre par exemple fut créée sur le modèle de la Comédie Française. La Compagnie Nationale du Théâtre employait plus de 150 danseurs et chanteurs traditionnels venant de tous les coins du pays, avec pour mission de produire des spectacles exprimant l'originalité, la richesse et la diversité de la culture zaïroise.

Des mesures touchant le système de l'enseignement furent prises. L'enseignement de la religion fut interdit. Toutes les écoles, y compris les séminaires catholiques, furent obligées d'organiser en leur sein des comités de la JMPR, l'organisation de la jeunesse du MPR. C'en était trop pour la hiérarchie de l'église catholique qui, par le Cardinal Albert Malula, s'opposa ouvertement à l'application de ces mesures dans les séminaires catholiques. La réaction de Mobutu fut brutale; il força le Cardinal Malula à s'exiler à Rome.

Partout en Afrique noire, on suivait avec un mélange de curiosité et de sympathie, parfois même d'admiration cette expérience unique initiée au Zaïre. Certains leaders africains en furent tellement séduits qu'ils se mirent sur les pas de Mobutu. Les Présidents togolais et tchadien rejetèrent leurs prénoms chrétiens pour devenir Gnassingbé Eyadema et Ngarta Tombalbaye, adoptèrent l'*« abacos »,* et sollicitèrent aussi l'envoi dans leurs pays des formateurs zaïrois pour créer des groupes d'animation politique. Le Président Tombalbaye se distingua particulièrement en radicalisant l'application du recours à l'authenticité dans son pays lorsqu'il imposa à tous les Tchadiens la pratique du « *Yondo* », le rite d'initiation traditionnel pratiqué dans sa tribu sans tenir compte de la grande diversité culturelle, religieuse, ethnique et tribale de son peuple.

Quelle était la place de l'Authenticité par rapport au concept de la Négritude qui remonte à l'année 1937 et fortement véhiculé par le Président-Poète sénégalais Léopold Sédar Senghor, son principal chantre ? Alors que les contours philosophiques de la Négritude avaient déjà été clairement définis depuis 1947 dans les publications de la revue *Présence Africaine* auxquelles contribuaient des grands penseurs et intellectuels africains, martiniquais et européens français de renom comme Aimé Césaire, Léopold Sédar Senghor, André Gide, Jean Paul Sartre, Alioune Diop, ceux de l'Authenticité restaient encore nébuleux.

Mais pour Mobutu, les choses étaient claires. Dans sa vision, l'approche de l'Authenticité était pragmatique en ce qu'elle permettait au Zaïrois ou à l'homme noir en général de vivre sa négritude dans sa vie de tous les jours, alors que le mouvement de la

Négritude se limitait à la simple affirmation de l'identité et de la culture noires.

Bien avant Mobutu, d'autres Congolais avaient prôné la valorisation de nos pratiques cultures traditionnelles. Kimpa Vita au 18e siècle et Simon Kimbangu au début du dernier siècle avaient prêché l'inculturation Kongo du message biblique. Vers la fin des années 1960, le Cardinal Malula, Archevêque de Kinshasa, avait instauré un nouveau rite, appelé « *Rite Congolais* » ou « *Rite Zaïrois* » selon l'époque, qui fut immédiatement pratiqué partout dans le pays pour la célébration eucharistique. Ce rite qui se distingue par une grande animation créée par le tam-tam, la danse et les chants tirés des traditions locales, fut finalement reconnu par le Vatican en 1982 sous le Pape Jean Paul II sous l'appellation de « *Rite Romain de la messe pour les diocèses du Zaïre* », après des années de tergiversations du précédent Pape Paul VI. Le Cardinal Malula fit en plus changer la tenue des religieuses, celles-ci devant abandonner le port de la robe pour le pagne local et une camisole, « *libaya* ». Il refusa cependant d'abandonner ses noms chrétiens, Joseph et Albert, comme l'avait exigé Mobutu de tous les Zaïrois, et fut forcé à l'exil au Vatican.

La chanson « *Nakomitunaka* » (Je *m'interroge* en français) composée vers la fin des années 1960 par le musicien congolais Georges Kiamuangana Mateta, Verckys, fut une véritable aubaine pour Mobutu. Dans cette chanson, l'artiste dénonce le mépris des Blancs vis-à-vis de la civilisation, de la culture et des traditions des Noirs, se demande pourquoi les ancêtres de l'humanité Adam et Eve, tous les saints, les anges et Jésus lui-même sont toujours présentés en Blancs et le diable en Noir. Pourquoi les statues et images saintes présentes dans les églises et autres lieux saints sont-elles vénérées alors que celles crées par les Noirs sont considérées par les Blancs comme païennes et diaboliques ? Il en appelle enfin au réveil de la conscience de l'homme noir et à la revalorisation de sa culture.

Mobutu avait vite compris qu'il pouvait tirer un avantage de cette chanson dans son conflit avec le Cardinal Malula. Il s'en servit dans sa propagande de promotion de l'authenticité, en en faisant le générique de présentation du Journal parlé de la RTNC, l'unique station de radio à l'époque. À son retour d'exil après des arrangements avec Mobutu et dont les termes ne furent pas portés à la connaissance publique, le Cardinal Malula avait obtenu que « *Nakomitunaka* » ne passât plus sur les antennes de la radio.

Avec l'envolée du prix du cuivre sur les marchés mondiaux dans les dernières années 1960, Mobutu avait pu disposer de moyens de réaliser ses ambitions personnelles et les rêves de grandeur qu'il se faisait pour le Zaïre et voulait partager avec les Zaïrois. La propagande fut l'instrument le plus efficace pour imposer dans les esprits son image de *« Pacificateur »*, « *Guide* », « *Timonier* », « *Visionnaire* ».

Des groupes de danseurs et chanteurs, appelés groupes d'animation, furent créés dans les entreprises et services publics, ainsi qu'à tous les niveaux des structures administratives du pays (régions, sous-régions, zones, collectivités) pour glorifier Mobutu. Certaines de leurs exhibitions ressemblaient à des incantations, des invocations des esprits des ancêtres ou des prières pour l'immortaliser, le déifier. Au sein du MPR, cette activité d'animation dite *«révolutionnaire»* avait pris une telle importance qu'elle en était devenue la principale, saignant les budgets de l'État et des services publics, et paralysant souvent les activités productrices.

En 1967, Mobutu annonça au peuple qu'à l'horizon 1980, le Congo devrait compter parmi les dix premiers pays les plus industrialisés du monde! C'était *l'Objectif 80*. Pour réaliser cet audacieux pari, de grands investissements furent réalisés sur emprunts extérieurs garantis par l'état, comme la construction des barrages Inga I et II, de la ligne de transport électrique Inga-Shaba, de la Sidérurgie de Maluku, de la tour du Centre de Commerce International du Zaïre (CCIZ), et de la tour de la Cité de la Voix du Zaïre, pour ne citer que ceux-là. C'était la période des safaris des investissements avec sa cohorte de grosses commissions illicites et de surévaluation des coûts, et qui a engendré des *« éléphants blancs »*, des investissements non-rentables, avec à la clé une ardoise de plus de 10 milliards de dollars américains de dette.

En 1974, Mobutu saisit l'occasion de deux événements sportifs importants (le tournoi final de la Coupe du Monde de football en Allemagne et le combat pour le titre mondial de la boxe catégorie des poids lourds) pour célébrer la grandeur du Zaïre et promouvoir sa philosophie de l'« *Authenticité* » dans le monde.

Pour la première fois dans l'histoire, une équipe de football entièrement composée de Noirs était partie d'un pays africain, le Zaïre, pour le grand rendez-vous de l'élite mondiale du football qui, des semaines durant avait focalisé l'attention du monde entier. Malgré les résultats catastrophiques des *Léopards,* l'équipe nationale, (14 buts concédés en trois rencontres et 0 but marqué), le peuple zaïrois, friand de football, avait célébré l'événement avec fierté. Tout avait pourtant été mis en œuvre pour assurer une bonne prestation des *Léopards* au point de se permettre de rêver au sacre mondial. Il se disait aussi que l'implication des ancêtres apportant leur bénédiction et celle des meilleurs féticheurs du pays devait amener des résultats extraordinaires! Enfin, comme il fallait motiver matériellement les joueurs, c'est tout le peuple qui fut sollicité. Dans les villes les contributions furent apportées en espèces, dans les campagnes elles se firent en nature (sacs de manioc, bétail, volatiles, ...). Souvent, les autorités administratives imposaient la nature de la contribution, allant dans certains cas jusqu'à confisquer des biens privés. Ces pratiques passaient sous silence. Les yeux étaient braqués vers l'Allemagne. À leur retour au pays et malgré leur contreperformance, les *Léopards* furent célébrés comme de véritables héros! Pour Mobutu, seul comptait le fait d'avoir fait du Zaïre le premier pays d'Afrique noire à participer à un tour final de la Coupe du Monde de football.

Dans la même année 1974, un combat de boxe pour le titre mondial de la catégorie des poids lourds était annoncé aux Etats-Unis. Il devait opposer Cassius Clay devenu Muhammad Ali à Georges Forman, tenant du titre. Les préparatifs de l'organisation du combat aux États-Unis allaient déjà bon train. Mobutu qui suivait la grande passion que suscitait cet événement dont l'enjeu allait au-delà du simple cadre sportif, sentit qu'il pouvait en tirer un énorme profit s'il était organisé au Zaïre. Des millions de téléspectateurs allaient suivre l'événement en direct grâce à la transmission par satellite, captivant l'attention et les regards du monde entier sur le Zaïre et lui-même. C'était en plus une belle occasion de promouvoir au-delà de l'Afrique sa philosophie de « *recours à l'authenticité* » qui avait de quoi séduire la communauté noire américaine, à l'époque fortement influencée par l'idéologie des mouvements « *Black Power* » et « *Black Panthers* ». En effet ces mouvements prônaient ouvertement la fierté de la race noire, la promotion des valeurs culturelles noires et la création des institutions politiques pour assurer l'autonomie des Noirs. On n'était pas très loin de l'« *Authenticité* » de Mobutu. Celui-ci contacta Don King, l'organisateur du combat et le persuada de l'organiser à Kinshasa. Il avait dû pour cela offrir d'« *acheter* » le combat en prenant en charge tout le budget: la bourse des boxeurs, les honoraires des membres de leurs équipes (entraîneurs, soigneurs, agents de presse et accompagnateurs, sparring-partners, ...), les frais de transport et de séjour, en plus d'une rétribution conséquente pour l'organisateur, une proposition que Don King, encore novice dans l'organisation des combats de boxe ne pouvait refuser. Mobutu donna en plus un éclat particulier à l'événement, une touche culturelle, par l'organisation d'un festival de musique noire américaine pendant le mois précédant l'événement. Kinshasa vit alors défiler toutes les grandes vedettes noires américaines de la chanson parmi lesquelles James Brown et Diana Ross.

Les Zaïrois avaient accueilli avec une grande fierté teintée d'orgueil la confirmation du combat à Kinshasa. Leur pays avait été projeté sur le devant de la scène mondiale et ils avaient démontré qu'ils étaient capables d'organiser le grand événement proclamé « *Combat du Siècle* ». Kinshasa était devenu, le temps du combat, la destination des leaders de la diaspora noire américaine. Une sorte de pèlerinage aux sources.

Les Zaïrois, satisfaits du résultat du combat (victoire de Muhammad Ali), avaient pendant des mois vécu dans l'euphorie suscitée par l'événement historique que leur a offert leur Président. Celui-ci pour sa part avait réussi une opération de publicité grandeur nature pour lui-même. Les organisateurs du combat en ont tiré d'importants bénéfices sans prendre un quelconque risque financier. C'est cette expérience qui a d'ailleurs permis à Don King de s'imposer aux États-Unis comme le plus grand organisateur des combats de boxe. George Foreman et Muhammad Ali quant à eux ont vu leurs gains doubler comme par enchantement, après que Mobutu fut contraint de doubler leur bourse (5 Millions de dollars pour chacun) pour les convaincre de reporter le combat d'un mois. Les organisateurs menaçaient de l'annuler pour cause d'une légère blessure sur une sourcilière de George Foreman survenue en cours d'entrainement. Les propriétaires qui avaient reçu des fonds importants pour rehausser le standing de leurs habitations afin de suppléer la carence de l'offre hôtelière ont réalisé sans efforts un bon investissement. Le peuple zaïrois pour sa part a dû se contenter d'avoir vécu dans une ambiance de fête et dans l'illusion de grandeur du Zaïre « *Panes et Circenses* » (du pain et des jeux) pour le peuple, comme disaient les anciens Romains. Enfin, l'État a dépensé sans compter pour satisfaire les rêves de grandeur de Mobutu.

Les dernières années de la décennie 1970 furent particulièrement difficiles et éprouvantes pour Mobutu. À deux reprises, en 1977 et 1978, les « *gendarmes katangais* » qui constituaient la force de réserve de Tshombé et s'étaient réfugiés en Angola après leur mise en déroute en 1967, attaquèrent le Zaïre, avec l'appui des soldats cubains stationnés en Angola. Avec l'occupation des villes du Sud de la Région du Shaba où sont concentrées les principales activités minières du pays, c'est le « *poumon économique* » du Zaïre qui était touché.

Mobutu ne survécut à cette crise que grâce à l'intervention des troupes marocaines et françaises, mais en sortit très affaibli. Sur le plan économique, la gabegie financière des années précédentes rendue possible par les cours élevés du cuivre et du cobalt avait fini par épuiser les caisses de l'État. Les investissements dans les secteurs sociaux, la santé et l'éducation avaient été négligés. Les salaires des fonctionnaires de l'état impayés étaient restés inchangés plusieurs années durant malgré l'inflation. Le service de la dette extérieure pesait de plus en plus en plus sur les finances de l'État.

C'est dans ce contexte que le Zaïre fut obligé de passer sous les fourches caudines des institutions financières internationales, particulièrement la Banque Mondiale et le Fonds Monétaire International. Des réformes rigoureuses lui furent imposées comme une dévaluation drastique de la monnaie, des dérégulations et des assainissements des effectifs de la Fonction Publique. Malgré les résultats jugés positifs et qui se sont notamment traduits par la baisse de l'inflation, l'instauration de la transparence dans les finances publiques, la régularité des paiements de la dette et la maîtrise du déficit budgétaire dans des proportions acceptables, ces réformes avaient entraîné une paupérisation généralisée des populations. On parlait de la rigueur.

Le sacrifice consenti fut énorme ainsi que le démontrent ces deux exemples ; entre 1981 et 1985, le service de la dette extérieure représentait 35 à 47% des dépenses du gouvernement et se chiffrait à environ 2 Milliards de dollars entre 1983 et 1987 contre seulement 1 Milliard de dollars pour l'ensemble des paiements extérieurs reçus. Les Institutions Financières Internationales avaient démontré leur insouciance vis-à-vis des conditions sociales, ne s'étant contentées que de leurs propres critères d'évaluation, dont principalement le paiement du service de la dette.

À la fin de l'année 1989, le monde fut secoué par un événement qui allait fondamentalement modifier les rapports géopolitiques. C'est la chute du Mur de Berlin dont l'onde du choc fut ressentie jusqu'en Afrique. Peu avant, le Président français François Mitterrand avait prononcé à La Baule, lors d'un sommet des Chefs d'État de France et d'Afrique, un discours resté célèbre dans lequel il avait annoncé que toute aide française aux pays africains devait désormais être conditionnée par des progrès dans la démocratisation de leurs systèmes politiques.

Un vent de liberté commença à souffler sur l'Afrique. Longtemps condamnés au silence, les peuples africains se mirent à exprimer ouvertement, parfois avec violence, leurs revendications et exigences d'ouverture politique. Dans la grande majorité des pays francophones, cette quête de démocratie avait conduit à l'organisation d'un large débat dans le cadre de « Conférences Nationales », sorte de forum de discussions politiques réunissant toutes les forces vives du pays. C'était l'occasion de faire l'état des lieux de la situation politique et de faire des choix fondamentaux sur l'avenir. Ces Conférences Nationales se voulaient souveraines, en ce qu'il était entendu que leurs résolutions devaient impérativement s'appliquer à tous, y compris les régimes en place et leurs dirigeants.

Dans l'entendement de la majorité des Africains, ces résolutions devaient aller au-delà d'une simple réforme politique, en entraînant un changement radical devant se traduire par le départ des Chefs d'État en place, qui pour la plupart sinon tous, incarnaient le système de corruption, d'abus des droits humains, de prédation des ressources et de clientélisme qui caractérisaient leur pratique du pouvoir. Comment Mobutu réagit-il face à ces événements ? On dit qu'il avait été profondément affecté par le sort tragique de Nicolae Ceausescu, l'ancien dictateur Roumain, exécuté après un procès expéditif qui avait suivi sa destitution.

Mobutu voulait être le maître du jeu politique, en contrôlant les événements et en les orientant dans le sens de ses intérêts. Tout changement devait se faire avec lui. Pour ce faire, il a recouru à la manipulation, l'intimidation des adversaires et surtout la corruption pour « acheter » des alliances politiques ou fragiliser les partis d'opposition en les vidant de leurs cadres. Il a aussi usé et abusé de ses attributs du pouvoir pour avoir la haute main sur les finances de l'État et le contrôle exclusif des forces armées et de sécurité. Il organisa dans un premier temps, du 30 janvier à avril 1990, des « *consultations populaires* » destinées à recueillir les opinions, avis et propositions de la population sur la situation générale du pays et son futur. Les conclusions de ces consultations firent état du rejet du système du Parti-État MPR, et recommandèrent des réformes fondamentales de l'ensemble du système existant pour l'instauration d'une véritable démocratie. Il s'agissait implicitement de la mise en cause de Mobutu lui-même.

Tirant les conclusions dans le discours qu'il adressa à la Nation le 24 Avril 1990 et appelé « *Discours de la Démocratisation* », il annonça, larmes aux yeux, son retrait du MPR, ignorant qu'il perdait par ce fait toute prétention à la fonction présidentielle à la tête de l'État, l'instauration d'un multipartisme limité à trois partis, la révision de la Constitution, l'organisation des élections dans un délai de deux ans et la levée de l'interdiction du port du costume européen classique et de la cravate. Enfin, comme s'il voulait montrer des dispositions au partage du pouvoir exécutif, il ressuscita le poste de Premier Ministre auquel il nomma un technocrate, Vincent de Paul Lunda Bululu, alors Secrétaire Général de la Communauté Économique d'Afrique Centrale, CEEAC.

Le 7 août 1991, le Premier Ministre Crispin Mulumba Lukoji, nommé le 1er avril 1991 après la démission de Lunda Bululu, ouvrit solennellement les travaux de la Conférence Nationale en l'absence très remarquée de Mobutu. La Conférence Nationale avait réuni 2.650 personnes venant de toutes les couches de la population et forces vives du pays. Comme lors de l'accession du pays à l'Indépendance en 1960, le peuple avait rêvé qu'elle était porteuse de solutions à ses difficultés, tous les problèmes du pays. Elle s'était plutôt ouverte sur fond de malentendu quant à ses objectifs.

Si pour Mobutu et ses partisans la Conférence Nationale ne devait se limiter qu'à l'élaboration d'un projet de Constitution à soumettre au referendum populaire avant l'organisation des élections générales pour la mise en place de nouvelles institutions, pour l'opposition politique, la Société Civile et la grande partie de l'opinion par contre, elle devait marquer une rupture totale avec l'ancien système de Parti-État MPR, permettre de faire la relecture de l'histoire politique du pays en clarifiant les événements les plus marquants, dont les assassinats politiques et les conflits ethniques, permettre la réconciliation nationale et prendre des résolutions pour la mise en place d'un nouveau système politique réellement démocratique. Elle devait en plus être revêtue de la pleine souveraineté du peuple et ses résolutions s'appliquer à tous.

Mais par toutes sortes de manœuvres, et usant et abusant des prérogatives que lui conférait la Constitution d'exercer son pouvoir sur ce qu'il appelait les « *domaines réservés* », c'est-à-dire la diplomatie, l'armée et les forces de sécurité, et en prime les finances de l'État par le contrôle de la Banque Centrale, Mobutu réussit à conserver l'effectivité de l'exercice du pouvoir. Connaissant bien la cupidité des hommes politiques Zaïrois, il ne se privait pas non plus d'utiliser l'argent pour acquérir à sa cause nombre d'entre eux, procédant à des remaniements intempestifs du gouvernement dans le but d'affaiblir l'opposition. Ainsi plus de 5 premiers ministres (Crispin Lumumba Lukoji, Etienne Tshisekedi, Bernardin Mungul Diaka, Faustin Birindwa, Léon Kengo Wa Dondo), ont été nommés, parfois à plusieurs reprises. Mobutu fut aussi accusé de créer le chaos qu'il contrôlerait et y mettre fin pour enfin apparaitre aux yeux du peuple comme le seul à même de maintenir l'ordre dans le pays, comme dans le cas de « *pillages* » des villes en 1991 et 1993.

Les travaux de la Conférence Nationale Souveraine prirent officiellement fin le 6 décembre 1992 au cours d'une cérémonie sans éclat. C'est que sa longue durée, les incessantes manœuvres de contournement de Mobutu, ainsi que la versatilité et l'inconsistance des acteurs politiques avaient fini par émousser le grand enthousiasme du début. Les rapports des Commissions Spécialisées comme celles des questions politique, assassinats, droits de l'homme, détournements, pillages des ressources et biens mal acquis, pourtant très attendus, n'avaient pas fait l'objet de discussions en plénières. Le peuple s'était ainsi vu privé d'éclaircissements sur certaines zones d'ombre de l'histoire du pays, la connaissance réelle des causes de son appauvrissement par l'établissement des responsabilités sur la corruption, le détournement des biens de l'État, le pillage des ressources, ou encore des abus des droits de l'homme. Enfin, la grandiose cérémonie de réconciliation annoncée avait plutôt un caractère étriqué, en l'absence très remarquée de Mobutu.

Pour autant, la Conférence Nationale Souveraine a été une remarquable expérience de la démocratie. Les Zaïrois avaient pu discuter ensemble, sans interférence extérieure des problèmes politiques, économiques et sociaux qui entravaient le développement de leur pays et en rechercher des solutions. Les « *acquis et résolutions* » auxquels elle a abouti peuvent aujourd'hui encore être considérés comme l'expression d'un large consensus national. Ce fut principalement l'élaboration d'un projet de Constitution à soumettre au referendum populaire. Ce projet de Constitution qui fut l'objet de discussions franches et dépassionnées, eut pour caractéristique majeure la consécration de la forme fédérale de l'État. Mais Mobutu qui s'était toujours prévalu de la réunification du pays, avait perçu ce résultat comme un échec personnel. Il s'employa à exercer des pressions sur la Conférence Nationale Souveraine et finit par obtenir, par consensus, l'adoption du projet d'un deuxième projet de

Constitution. Le peuple allait ainsi se trouver en présence de deux projets et se prononcer soit pour un État fédéral ou un État centralisé

Au Rwanda voisin pendant ce temps, les vieux démons de la haine ethnique opposant les Tutsis (minoritaires, moins de 10% de la population totale) aux Hutus (majoritaires, plus de 85%), venaient de se réveiller, entraînant le pays dans une folle dérive d'extermination causant en l'espace de quelques trois mois le génocide des Tutsis.

Le 6 avril 1994, l'avion qui ramenait à Kigali le Président rwandais, Juvénal Habyarimana, rentrant d'un sommet à Dar el Salam en Tanzanie, où il venait de signer un accord politique avec les rebelles du Front Patriotique Rwandais (FPR), en vue du partage du pouvoir politique, fut abattu par un missile tiré des environs de l'aéroport de Kigali. Dès l'annonce de l'attentat et la mort d'Habyarimana, les milices hutues pro-gouvernementales appuyées par l'armée régulière rwandaise, FAR, se lancèrent dans la chasse des membres de l'ethnie tutsie, les massacrant, souvent à la machette, presque dans l'indifférence du monde extérieur. Quand 90 jours plus tard enfin la Communauté Internationale se réveilla, on compta environ 800.000 victimes.

Par un retournement inattendu de la situation, le FPR prit le pouvoir en juillet 1994. Sa branche armée, dont des éléments étaient cantonnés à Kigali dans le cadre de l'accord de paix avaient pris le contrôle du pays. Craignant les représailles et la vengeance des Tutsis, près de 2 millions d'Hutus prirent le chemin de l'exil pour se réfugier dans les pays voisins. Environ 900.000 d'entre eux parmi lesquels des membres du gouvernement, des hauts responsables de l'administration, des milliers de soldats de l'APR et miliciens Interahamwe, considérés comme principaux responsables du génocide, avaient pris le chemin du Zaïre, emportant avec eux tout ce qu'ils pouvaient déplacer notamment des véhicules, le matériel militaire, des armes et munitions. Ils s'installèrent dans des camps de fortune le long de la frontière.

Arrivée sur le tard à la seule initiative du gouvernement français dont les liens d'amitié avec le régime Habyarimana étaient biens connus, la force d'interposition française appelée la force Turquoise créa une zone de sécurité sur la frontière avec le Zaïre et ouvrit un corridor de passage. Par cet acte, la France sera plus tard accusée d'avoir favorisé la fuite des membres de l'ancien Gouvernement rwandais majoritairement Hutu.

Cette présence massive des refugiés accentua les tensions latentes de cohabitation avec les populations tutsies du Zaïre. Le nouveau gouvernement rwandais accusa les réfugiés de transformer leurs camps en camps militaires pour lancer des incursions armées à l'intérieur du Rwanda et de préparer une grande attaque dans le but d'achever l'extermination des Tutsis. Il percevait la présence des réfugiés hutus sur sa frontière comme une menace à sa sécurité et l'expulsion des Tutsis du Sud-Kivu comme le signe avant-coureur d'un nouveau génocide.

Ayant pris conscience de graves conséquences immédiates et à terme de cette présence des refugiés, en ce qu'elle allait fortement modifier les équilibres déjà fragiles et instables des rapports de coexistence entre les communautés dans le Kivu, mais aussi causer de graves dégâts sur l'environnement, le gouvernement zaïrois décida le renvoi au plus tard fin 1994 de tous les réfugiés hutus. Cependant, cette mesure fut annulée par Mobutu qui voulait utiliser la présence des refugiés sur le sol zaïrois pour briser son isolement diplomatique. Il avait été mis au ban de la Communauté Internationale à cause de ses multiples manœuvres de sabotage de la Conférence Nationale Souveraine, des abus des droits de l'homme et de la corruption. Mobutu avait compris qu'il pouvait profiter de cette question des réfugiés hutus, devenue un enjeu international en raison de sa nature de grande catastrophe humanitaire et surtout de la menace qu'elle faisait peser sur toute la région africaine des Grands Lacs, en affichant la face de grand défenseur des causes humanitaires et en facilitant le travail des Organisations humanitaires sur le terrain. Sa rentrée sur la scène internationale en décembre 1994 fut remarquable. Le discours qu'il a prononcé à la tribune des Nations-Unies à New York, l'avait remis en selle, le faisant apparaitre comme un acteur incontournable dans la résolution de la crise des refugiés.

À partir du début de l'année 1995, le monde allait pendant des semaines suivre en temps réel le déroulement de la grande catastrophe humanitaire qui se déroulait dans l'Est du Zaïre. Par satellite, les chaînes de télévision arrosaient en boucle le monde d'images d'hommes épuisés et affamés, d'enfants squelettiques, abandonnés, d'innombrables corps empilés et enterrés dans des fosses communes. Pendant ce temps les accusations d'attaques menées par les réfugiés hutus à l'intérieur du Rwanda se faisaient de plus en plus persistantes.

C'est dans ce contexte que la France prit l'initiative d'un projet de résolution du Conseil de Sécurité pour l'envoi d'une force internationale d'interposition le long de la frontière entre le Rwanda et le Zaïre. Au même moment l'Armée rwandaise intensifiait ses attaques, pilonnant à coups de canon les camps des réfugiés, tout en ouvrant un couloir pour ceux d'entre eux qui voulaient rentrer au Rwanda. Pour le Gouvernement rwandais, ceux qui refuseraient de rentrer, devaient d'office être considérés comme responsables du génocide. Mais son but réel était bien connu: faire échec à l'initiative française et justifier l'entrée programmée de ses troupes au Zaïre.

En quelques jours, des centaines de milliers de réfugiés avaient regagné leur pays. La question de leur nombre ne préoccupa pas grand monde, car il s'agissait de démontrer que tous les «vrais» réfugiés étaient rentrés au Rwanda et que ceux qui ne l'avaient pas fait craignaient d'être poursuivis pour leur participation au génocide. Cette question constituait aussi un enjeu important dans la stratégie de déstabilisation de Mobutu. Toutefois, selon des sources concordantes, environ 600.000 réfugiés seraient rentrés et entre 250 et 400.000 autres auraient fui les attaques de l'Armée rwandaise dans les forêts zaïroises, marchant le plus loin possible vers l'Ouest jusque même au Congo-Brazzaville! La Communauté Internationale quant à elle, considéra que tous les réfugiés hutus étaient rentrés et qu'il n'était plus nécessaire d'envisager l'envoi d'une quelconque force internationale d'interposition.

Cette position arrangeait bien les États-Unis qui dès le départ étaient opposés à l'idée d'une force quelconque d'interposition qui ne pouvait que conforter la position de Mobutu, ce qui était contraire à leurs intérêts. En effet avec l'arrivée de l'Administration Bill Clinton à la Maison Blanche en 1992, les Américains avaient adopté une nouvelle vision de leur politique vis-à-vis de l'Afrique Centrale et Orientale. Celle-ci visait la promotion de la démocratie et l'émergence économique en s'appuyant sur ce qu'ils avaient appelé « *New breed of African leaders* », la nouvelle génération de dirigeants Africains. Les Présidents éthiopien Meles Zonai, érythréen Aferweki, ougandais Yoweri Museveni et Paul Kagamé, le Vice-président rwandais de l'époque qui deviendra quelques années plus tard Président, entraient dans cette vision malgré leurs performances très discutables en matière de démocratie. C'est aussi l'époque où l'on parlait du démembrement du Zaïre en petits blocs étatiques faciles à gérer. Dans cette vision, le Zaïre apparaissait trop vaste et il fallait le morceler en petits blocs qui pourraient plus tard être fédérés en un état bien structuré et fort. Enfin, comme si les Américains venaient de se réveiller, le personnage de Mobutu qu'ils avaient soutenu pendant longtemps leur apparaissait subitement encombrant à cause des accusations répétées de corruption, d'abus des droits de l'homme et de blocage de la démocratie qui pesaient sur lui.

En 1996, les tensions interethniques atteignirent leur paroxysme au Sud-Kivu quand l'autorité régionale décida d'expulser les populations d'origine rwandaise. Ceux-ci se révoltèrent, s'identifiant désormais sous l'appellation de « *Banyamulenge* », une tribu jusque-là inconnue dans la nomenclature ethnologique du Congo. Pour le gouvernement rwandais, la présence des réfugiés hutus sur la frontière et l'expulsion des Tutsis du Sud-Kivu étaient des signes avant-coureurs d'un nouveau génocide. Il organisa l'entraînement militaire des jeunes tutsis rentrés du Zaïre et en association avec Yoweri Museveni, le Président ougandais, suscita la création d'un mouvement politico-militaire d'opposition au régime Mobutu, appelé Alliance des Forces Démocratiques pour la Libération du Congo, AFDL, sous la direction de Laurent-Désiré Kabila, ancien maquisard dans la région de Fizi-Baraka.

Les tendances gauchistes de Kabila et ses supposées accointances communistes antérieures n'avaient pas empêché l'Administration américaine de soutenir le plan rwando-ougandais où pourtant il était le principal instrument. Connaissant l'importance de l'image de Nelson Mandela dans la communauté africaine-américaine et l'influence qu'il avait sur le Président Bill Clinton, on dit que les Américains auraient cédé à l'insistance de l'Afrique du Sud qui servait de relais de leur politique en Afrique Centrale, d'impliquer Laurent-Désiré Kabila.

Déjà lancée dans les attaques sur les camps des réfugiés hutus, l'Armée rwandaise se mit sous le couvert des forces de l'AFDL pour pénétrer au Zaïre, traquant les réfugiés hutus qui n'étaient pas rentrés au Rwanda. Ceux-ci furent indistinctement et systématiquement massacrés dans les camps de fortune qu'ils avaient établis aussi loin que possible de la frontière comme à Tingi-Tingi, près de Kisangani. Ceux qui pouvaient encore fuir marchaient dans la forêt fuyant les forces de l'AFDL à leurs trousses et qui continuaient leur avancée vers Kinshasa. Des rapports indépendants firent état d'environ 250.000 réfugiés hutus massacrés, ce qui avait fait naître une querelle de chiffres. Certains voulaient minimiser l'importance de ces massacres au motif que les réfugiés hutus, tenus pour responsables du génocide ne méritaient aucune compassion. D'autres par contre, se tenaient à l'aspect humanitaire et moral des événements et exigeaient une enquête indépendante devant établir les responsabilités de ce que certains ont qualifié de «contre génocide».

Dans la Communauté Internationale, principalement à l'ONU, le sentiment de culpabilité d'avoir failli à limiter l'ampleur du génocide, sinon le prévenir, était bien réel et le véritable enjeu était de ménager le nouveau régime tutsi rwandais en évitant de l'accabler par d'aussi graves accusations. Pour les États-Unis et ses Alliés, il ne fallait pas entraver l'opération déjà amorcée visant le départ de Mobutu.

En l'espace de quelques semaines, les villes congolaises tombèrent sans résistance les unes après les autres aux mains des rebelles, appelés désormais « libérateurs ». Le 17 mai 1997, Kinshasa tomba non sans une certaine résistance. Les forces de l'UNITA, le mouvement rebelle angolais de Jonas Savimbi, étaient venues à la rescousse des Forces Armées Zaïroises pour barrer la route aux troupes de l'AFDL qui se trouvaient déjà à quelques 250 kilomètres dans les environs de Kenge. Ce mouvement des forces de l'UNITA n'était pas passé inaperçu à Luanda. En effet, le Président angolais Edouardo Dos Santos n'hésita pas à saisir l'occasion pour régler définitivement ses comptes avec Mobutu, considérant que le sauvetage éventuel de celui-ci ne servirait qu'à perpétuer l'existence des forces de l'UNITA qui avaient leurs bases arrières au Zaïre L'Armée angolaise intervint massivement et mit en déroute les forces de l'UNITA, ouvrant ainsi la voie de Kinshasa aux forces de l'AFDL.

Le calcul stratégique de l'Angola s'était avéré bénéfique. La chute de Mobutu avait considérablement affaibli Jonas Savimbi, le Chef de l'UNITA. Privé de ses bases arrière au Zaïre, celui-ci fut pendant les 5 années qui ont suivi, condamné à errer dans les savanes angolaises où il fut finalement abattu le 22 février 2002. Les Américains qui le soutenaient n'en avaient plus besoin dès lors qu'ils avaient obtenu du régime marxiste angolais l'accès aux ressources pétrolières angolaises (20% des importations américaines).

Dans les semaines qui ont précédé la prise de Kinshasa, les Américains avaient tenté vainement de convaincre leur ancien allié Mobutu de quitter volontairement le pouvoir. Dépêché expressément à Kinshasa par le Président Bill Clinton, l'Ambassadeur américain à l'ONU, Bill Richardson, avait prédit à Mobutu une fin tragique semblable à celle de Nicolae Ceausescu, en lui faisant même entrevoir la possibilité de voir son corps traîné dans les rues. Ces arguments n'avaient pas suffi à convaincre Mobutu qui chercha plutôt à négocier avec Kabila. Nelson Mandela alors Président d'Afrique du Sud offrit sa médiation, mais ne put mettre les deux protagonistes d'accord sur un quelconque arrangement. Assuré de sa victoire, Kabila n'avait rien à négocier.

Restaient les conditions dans lesquelles les forces de l'AFDL allaient entrer dans Kinshasa. Devant le sceptre de nombreuses victimes civiles que causerait une bataille rangée dans une ville de plus de 6 millions d'habitants entre l'AFDL et le noyau dur des soldats de la Division Spéciale Présidentielle, DSP, composée essentiellement des membres de la tribu de Mobutu, les Ngbandi, les Américains avaient préparé le scenario d'une entrée «en douceur» des forces de l'AFDL, sans trop de dommages en pertes humaines et en destructions matérielles, le « *soft landing* » atterrissage en douceur en Français, comme ils l'ont appelé,. Ils réussirent à convaincre le Général Mahele Bokungu Liyeko, Chef d'Etat-major Général des FAZ, de collaborer avec Kabila et établirent un réseau de contact entre les deux hommes grâce à un circuit téléphonique crypté. Lorsque le Général Mahele se présenta devant un groupe d'irréductibles éléments de la DSP, ceux-ci lui firent payer de sa vie ce qui, pour eux, passait pour une trahison. Sans le savoir, il avait été utilisé par les Américains. Ceux-ci appréhendaient les conséquences internationales qu'auraient entraînées les destructions et la mort de plusieurs centaines sinon des milliers de personnes dans la ville de Kinshasa.

Les Américains avaient réussi leur « *soft landing* » et le Général Mahele fut passé par pertes et profits. Mobutu quant à lui avait quelque temps auparavant quitté Kinshasa. Il fut quelques jours après forcé de quitter Gbadolité, sa ville natale où il pensait trouver le calme et s'occuper à soigner le cancer qui le rongeait, quand les soldats du camp voisin de Kota-Koli, révoltés, se mirent en marche dans l'intention évidente de le tuer. Il n'eut son salut qu'en embarquant dans un avion russe transportant des armes destinées à l'UNITA, en escale à Gbadolite, dans lequel ses derniers fidèles l'ont traîné dans la précipitation après l'avoir sorti du lit. Il séjourna quelques jours à Lomé où son ami Etienne Eyadema, le Président togolais, pressé par l'opposition, trouva sa présence encombrante et le pria de trouver une autre terre d'asile. Ses « *amis* » européens comme le Président français Jacques Chirac ne manifestèrent aucun empressement à l'accueillir. C'est finalement le roi Hassan II qui lui offrit l'asile au Maroc où il a fini par s'éteindre le 7 septembre 1997.

XII

LAURENT-DÉSIRÉ KABILA

LE RETOUR DU REVOLUTIONNAIRE

Laurent Désiré Kabila (1939-2001)

La campagne qui a commencé en 1996 et mis fin en 1997 au long règne (32 ans) de Mobutu Sese Seko à la tête du Zaïre (Congo) avait fait réapparaître Laurent-Désiré Kabila, une figure disparue de la scène politique nationale congolaise et régionale pendant près d'une vingtaine d'années. C'était au lendemain du génocide rwandais de 1994 dont les effets ont été ressentis dans les pays voisins du Rwanda, particulièrement au Congo, où les tensions ethniques latentes ont été exacerbées par la présence massive des réfugiés hutus. C'était aussi sur fond d'une nouvelle vision géostratégique américaine s'appuyant sur la doctrine économique néolibérale qui a profondément modifié les rapports de force entre les états de la sous-région des Grands Lacs et ouvert largement aux sociétés multinationales l'accès aux immenses ressources qui abondent dans l'Est du Congo et dont certaines, comme le Coltan, sont d'une très grande importance stratégique. Cette nouvelle donne n'avait pas laissé les pays africains indifférents. Une dizaine d'entre eux sont intervenus militairement, provoquant deux *guerres africaines*, en plus d'une multitude de groupes armés non-officiels et, instrumentalisés par les principaux acteurs (des états et des compagnies multinationales) et qui continuent de sévir dans cette région. La violence est souvent utilisée comme un *modus operandi* pour accéder à ces richesses. Elle a déjà causé des millions de morts et transformé toute cette partie du Congo en un véritable « *trou noir* » où se commettent en toute impunité des crimes contre l'humanité et de graves violences sexuelles sur les femmes, utilisées comme arme de guerre.

Laurent Désiré Kabila est né le 27 novembre 1939 à Baudouinville (Moab) dans la province du Katanga. Peu de temps après l'accession du Congo à l'indépendance, il interrompit sa scolarité dans une école secondaire d'Elisabethville (Lubumbashi) pour intégrer le mouvement de Jeunesse de la Balubakat, le parti pro-lumumbiste en lutte armée contre les forces de l'état sécessionniste du Katanga. Plus tard il étudiera la philosophie en France et fréquentera l'université de Belgrade dans l'ex-Yougoslavie et celle de Dar el Salam en Tanzanie.

Après la liquidation de la sécession katangaise, il devint en 1962 membre de l'Assemblée provinciale du Nord Katanga, puis Chef de Cabinet du Ministre de l'Information. Il se retrouva ensuite à Brazzaville où il intégra le Conseil National de Libération, CNL, le mouvement politico-militaire créé par les partisans de Lumumba, dirigé par Christophe Ngbenye, ancien Ministre de l'Intérieur du gouvernement de Lumumba, pour combattre le gouvernement de Léopoldville. En préparation de la campagne militaire du CNL, Kabila fut chargé avec Gaston Soumialot d'organiser un soulèvement populaire sur la Plaine de la Ruzizi, dans le Sud Kivu. Quand les forces du CNL occupèrent Stanleyville (Kisangani) en septembre 1964, il fut nommé Secrétaire à la Coopération Internationale dans l'éphémère gouvernement de la *République Populaire du Congo* dirigé par Ngbenye.

Après la réoccupation de Stanleyville par les forces gouvernementales de Léopoldville en novembre 1964, Kabila regagna le Sud Kivu où il organisa la rébellion au gouvernement central le long de la frontière avec la Tanzanie sur les bords du lac Tanganyika. Son maquis reçut la visite du célèbre révolutionnaire internationaliste Che Guevara, venu avec une centaine de compagnons cubains soutenir par leur encadrement la lutte des maquisards congolais. Parlant de cette expérience congolaise dans son livre « *The African Dream* », Che Guevara exprime sa grande déception et son peu d'estime pour Kabila et ses hommes à cause de leur manque d'esprit de sacrifice et surtout leur penchant prononcé pour la consommation d'alcool et le sexe. Che Guevara regagna Cuba, fort déçu de son expérience congolaise.

Avec le soutien de la Chine communiste, Kabila organisa son maquis appelé *Hewa Bora*, selon le mode de système de production collectiviste. Le parti politique qu'il y créa en 1967 sous le nom de Parti de la Révolution Populaire, PRP, assurait un encadrement très serré de la population. Kabila fut accusé d'extorquer la production des paysans, de les soumettre à l'exploitation des mines d'or et de pratiquer l'échange des produits des paysans et de l'or contre des armes livrées par les soldats de l'armée gouvernementale. L'enlèvement de trois chercheurs américains et l'exigence d'une forte rançon pour leur libération démontra clairement le peu de souci qu'il avait dans le choix des moyens pour financer sa lutte. Il s'agissait pour lui de faire capter l'attention du monde sur lui-même et la lutte qu'il menait au Congo. Après l'échec de deux attaques sur la ville de Moba (Moba *I* et *Moab II)* à la fin des années 1970 il abandonna son maquis après des arrangements avec le président Mobutu pour s'installer à Dar el Salam où il prospéra dans les affaires (exploitation des bars, commerce de l'or,..).

C'est en 1996 qu'il réapparut comme pièce maitresse dans la stratégie de renversement du régime de Mobutu. Le gouvernement tutsi-rwandais considérait la présence des réfugiés hutus derrière sa frontière avec le Zaïre comme une menace à sa sécurité et qu'il avait le devoir de soutenir la révolte desdits *Banyamulenge* survenue à la suite de l'expulsion des Tutsis du Sud Kivu. Il organisa l'entraînement militaire des jeunes Tutsis rentrés du Zaïre et en association avec le président Museveni de l'Ouganda suscita la création d'un mouvement politico-militaire, *Alliance des Forces Démocratiques pour la Libération du Congo*, AFDL, dans lequel Kabila fut intégré sur recommandation de l'ancien président tanzanien Julius Nyerere.

Rassemblant des Tutsis zaïrois et des opposants à Mobutu, l'AFDL était un mouvement hétéroclite créé par le Rwanda et l'Ouganda dans le but déclaré de renverser le régime Mobutu, mais en réalité de leur servir de couverture à leur pénétration au Zaïre pour avoir la main mise sur les richesses minières qui abondent dans le Kivu. À sa création, l'AFDL était constituée par quatre groupes politiques et militaires dont le Parti de la Révolution Populaire (PRP) de Kabila, le Mouvement Révolutionnaire pour la Libération du Zaïre (MRLZ) d'Anselme Massu Indagua, le Conseil National de Résistance pour la

Démocratie (CNRD) d'André Ngandu Kisase et l'Alliance Démocratique des Peuples (ADP) de Déogratias Bugera. Très vite, Kabila, s'imposera comme son leader après l'assassinat dans des circonstances jusqu'à présent non encore élucidées d'André Ngandu Kisase, le seul qui disposait de troupes indépendantes du Rwanda et de l'Ouganda.

Sous le couvert de l'AFDL, les troupes rwandaises entrèrent au Zaïre, massacrant systématiquement les réfugiés hutus dans leur marche inexorable vers Kinshasa. Les villes tombaient les unes après les autres, abandonnées par les soldats de l'armée zaïroise démotivés et qui n'avaient pas de raison de se battre.

C'est à Lubumbashi qu'à la surprise générale, particulièrement celle de ses mentors rwandais et ougandais que Kabila s'autoproclama Président de la République Démocratique du Congo, changeant le nom du pays en le rebaptisant par son appellation issue de la Constitution de Luluabourg de 1964. Pour faire bonne mesure, il changea tous les symboles du pays. Le Tricolore, le drapeau zaïrois fut remplacé par le drapeau du pays à la proclamation de l'Indépendance portant sur fond bleu 6 étoiles jaunes rangées sur la hampe gauche avec une grosse étoile jaune au milieu. On ne connaîtra jamais le sens de la présence de ces 6 étoiles qui représentaient à l'époque les six provinces du pays, alors qu'en 1997 le pays en comptait 11. Enfin, l'hymne du pays à l'Indépendance, le « *Debout Congolais* » revint pour remplacer la « *Zaïroise* ».

C'est dans une grande liesse populaire que les troupes de l'AFDL firent leur entrée dans Kinshasa le 17 mai 1997. La population attendait avec impatience cet événement qui allait consacrer la fin de 32 années de règne de Mobutu. Pour les Congolais, leur pays allait enfin entrer dans une ère de démocratie et de progrès après trois décennies d'un régime dictatorial marqué par la corruption, les abus des droits de l'homme, la régression économique et la paupérisation.

Le 29 mai 1997, en présence de 6 Chefs d'État africains, dont ceux qui lui ont apporté un soutien pour la chute de Mobutu, venus comme pour célébrer leur succès commun, Kabila prêta le serment de son investiture aux fonctions de Président de la République Démocratique du Congo. La veille, le 28 mai, il avait signé un décret tenant de nouvelle Constitution, le Décret-Constitutionnel No 003/97 *« abrogeant toutes les dispositions légales et réglementaires antérieures ».* Ce Décret qui ne tenait qu'à 15 très brefs articles consacrait la concentration de tous les pouvoirs entre les mains du Président de la République en stipulant notamment de façon claire que « *l'organisation et l'exercice du pouvoir relèvent du Chef de l'État* » et devait rester en vigueur jusqu'à l'adoption d'une nouvelle Constitution et l'organisation des élections dans un délai de deux ans. Dans l'entre-temps, toutes les activités politiques étaient suspendues. Ayant déjà expérimenté le débat démocratique pendant la Conférence Nationale Souveraine, les partis politiques s'opposèrent à ce dictat accusant Kabila de dérive dictatoriale.

La présence de nombreuses personnes d'ethnie tutsie dans son gouvernement, la diplomatie, l'armée et les services de sécurité, ne fit que grandir la méfiance vis-à-vis du nouveau pouvoir et faire déjà passer Kabila pour une marionnette des puissances étrangères, en particulier le Rwanda. Kabila fut aussi soupçonné d'avoir signé des accords secrets avec le Rwanda, par lesquels il se serait engagé à céder une partie du Kivu après avoir pris le pouvoir. On évoquait les accords de Lemera, du nom du lieu où fut créée l'AFDL.

Le leader de l'Union pour la Démocratie et le Progrès Social (UDPS), Etienne Tshisekedi wa Mulumba qui espérait voir les acquis de la Conférence Nationale Souveraine être pris en compte dans l'organisation du nouveau pouvoir dénonça la présence des étrangers dans les rouages de celui-ci et contesta ouvertement sa légitimité. Il appela la population à manifester son mécontentement et sa désapprobation par des marches de protestation. Mais celles-ci étaient toujours dispersées avec brutalité par les forces de l'ordre et Tshisekedi lui-même arrêté puis relégué dans son village natal où disait-on, il devait se consacrer aux travaux agricoles. Il avait pour cela reçu un tracteur agricole!

Kabila resta sourd aux multiples appels à l'ouverture de son gouvernement aux forces démocratiques qui s'étaient révélées pendant la Conférence Nationale Souveraine. On se souvient encore comment il avait sèchement rabroué Madeleine Albright, alors Secrétaire d'État américain, lorsqu'elle s'était permise de soulever cette question au cours d'un entretien téléphonique.

Pour organiser son système politique, Kabila procéda dans un premier temps à la liquidation de l'AFDL qui l'avait porté au pouvoir, la qualifiant de « *conglomérat d'aventuriers* »! En effet, il se méfiait de certains de ses membres « *Banyamulenge* » qu'il soupçonnait d'avoir des agendas cachés. Il créa ensuite deux organes qui devraient permettre la réalisation de sa vision de développement fondée sur le principe d'« *auto-prise en charge* », les Comités du Pouvoir Populaire, CPP, et le Service National. Les CPP devaient servir de structures d'encadrement de la population dans les quartiers, par groupes professionnels, etc. pour sa conscientisation politique, la défense de ses intérêts à la base et la production. On n'était pas loin des structures du MPR de Mobutu Sese Seko. Le Service National pour sa part, était conçu comme un mouvement des jeunes pionniers productifs et formés militairement pour défendre la Nation. Tout cela rappelait les initiatives de M Mobutu tels le Corps des Volontaires de la République (CVR) et la Jeunesse Pionnière et faisait penser au retour du système de parti unique et de Parti-État.

Le retour du culte de la personnalité fut aussi au rendez-vous avec la présence sur les grandes artères de Kinshasa et les villes du pays des panneaux géants affichant le portrait de Kabila, appelé désormais « *MZEE* », (vieux Sage en Kiswahili) et des slogans tel l' « *homme qu'il fallait* », en plus de chansons dites « *révolutionnaires* » à sa gloire. Cela portait bien la marque de Dominique Sakombi Inongo, l'ancien thuriféraire de Mobutu, nommé Ministre de l'Information, puis Secrétaire Général des CPP.

Devenus méfiants, les partenaires extérieurs traditionnels du Congo exprimèrent clairement l'abandon de leur soutien à Kabila lors de la réunion dite des « *Amis du Congo* » organisée fin 1997 à Bruxelles pour mobiliser les financements nécessaires à la reconstruction du Congo. Celle-ci se termina sans engagements significatifs de leur part. Alors qu'il était bien connu que les troupes de l'AFDL étaient en réalité composées de soldats rwandais, ceux-ci accusèrent aussi l'AFDL de massacres de dizaines de milliers de réfugiés hutus dans les forêts congolaises pendant leur marche vers Kinshasa et Kabila d'entraver le travail de la Commission Internationale d'enquête créée par l'ONU.

Pendant ce temps, la présence des Rwandais à Kinshasa devenait de plus en plus ostensible, oppressante et commençait à irriter les congolais. Les Rwandais se comportaient comme en territoire conquis, prétendant même orienter la politique du gouvernement congolais. Comme aux vieux temps de la colonisation, leurs soldats avaient remis le fouet au goût du jour pour discipliner les Congolais !

Voulant s'affranchir de cette tutelle qui ne disait pas son nom, Kabila décida fin juillet 1977 de mettre fin à la « *coopération militaire* » avec le Rwanda. Quelque temps avant, il avait limogé le Chef d'Etat-major général de l'Armée congolaise, James Kabare, un sujet rwandais qui reprendra son nom complet de Kabarebe à son retour au Rwanda où il occupera d'abord les mêmes fonctions avant de devenir Ministre de la Défense! Celui-ci avait auparavant été présenté comme Congolais sous le nom de Kabare pour le besoin de la cause. On retiendra surtout qu'il est le seul chef militaire connu dans le monde à avoir été à la tête de l'armée dans deux pays différents et en conflit militaire persistant.

Le 2 août 1998, quelques jours après le départ des «*coopérants*» rwandais, le Commandant de la garnison de Goma, Capitaine Jean-Pierre Ondekane, annonça la création du Rassemblement Démocratiq ue Congolais, RCD. C'était en réalité un mouvement politico-militaire créé par le Rwanda et l'Ouganda dans le but de renverser le régime de Kabila. Sa force militaire était essentiellement composée de « *Banyamulenge* » encadrés par des officiers et soldats rwandais. Dès sa création, des politiciens Congolais aussi différents les uns des autres tant par leur engagement politique, leur idéologie, parcours ou motivation rejoignirent le nouveau mouvement. On y voyait d'anciens « *mobutistes* » côtoyer des « *kabilistes* » déçus et des scientifiques composer avec des personnages politiques opportunistes prêts à s'embarquer dans une nouvelle aventure !

Comme en 1996 à la création de l'AFDL, le Rwanda avait veillé à placer des Congolais à la tête du RCD afin de masquer son implication. Il n'hésitera pas cependant à faire appel à un « *Munyamulenge* » au moment des choix décisifs comme lors de la désignation d'un représentant du RCD au poste de Vice-président de la République, en application des accords issus du Dialogue Inter-Congolais de 2002. Le Dr Adolphe Onesumba, jusque-là Président du RCD avait dû céder la place à Azarias Ruberwa, un « *Munyamulenge* ».

Il n'avait fallu au RCD que quelques jours après sa création pour passer à l'action. Ses troupes occupèrent en deux semaines les provinces du Kivu et du Maniema, avant d'occuper Kisangani le 23 août 1998. Sous le commandement de James Kaberebe, ses soldats lancèrent à partir de Goma une audacieuse opération aéroportée sur la base militaire de Kitona, à quelque 2.000 kilomètres à l'Ouest près de la côte Atlantique. De là ils se mirent en mouvement vers Kinshasa, prenant toutes les villes du Bas-Congo. Boma, Matadi, Songololo, Mbanza-Ngungu, Kisantu, ... tombèrent successivement en moins de deux semaines. C'est que, pendant qu'il exerçait le Commandement de l'Armée nationale, James Kaberebe avait pris le soin de placer à la tête du commandement des garnisons du Bas-Congo, des officiers qui lui étaient fidèles.

Le 13 août 1998 les soldats du RCD occupèrent le barrage d'Inga. Comme des enfants devant une console des jeux électroniques ils se mirent à jouer avec les manettes de commande de fourniture d'électricité, coupant et fournissant l'électricité à Kinshasa au gré de leur volonté. Dans les hôpitaux, des dizaines de bébés nés prématurément mouraient dans des couveuses, irritant fortement les habitants de Kinshasa déjà au bord de la crise des nerfs à cause des interruptions intempestives de l'électricité. Ainsi, quand les soldats du RCD entrèrent dans Kinshasa complètement dégarnie par les forces de l'armée nationale en débandade, ils rencontrèrent une résistance inattendue. Dans la partie Est de la ville, ils furent accueillis par des jets de projectiles de toutes sortes et traqués comme des bêtes. Ceux qui pour leur malheur se perdaient dans les rues de cette ville qu'ils ne connaissaient pas étaient systématiquement lynchés. Dans l'entre-temps, Kabila avait eu le temps de mobiliser des alliés extérieurs. À Harare au Zimbabwe où se tenait un Sommet des Chefs d'État de la Communauté Economique des Pays d'Afrique Australe, SADC, il réussit à obtenir l'intervention des troupes des pays membres, en application du Traité de défense mutuelle contre une agression extérieure d'un pays membre.

Les troupes angolaises, zimbabwéennes et namibiennes intervinrent rapidement et repoussèrent les lignes de fronts loin de Kinshasa. Dans les mois qui ont suivi, le Congo devint le théâtre d'une guerre de basse intensité impliquant neuf pays et une trentaine de groupes armés. Madeleine Albright, Secrétaire d'État eut les mots justes pour parler de la « *Troisième Guerre Mondiale Africaine* ».

Dans cette guerre d'un type particulier, les lignes de front n'étaient pas clairement définies. À l'exception des troupes rwandaises et ougandaises qui s'étaient confrontées à deux reprises à Kisangani, en août 1999 et juin 2000 (Guerre *des Six Jours)* pour le contrôle de l'accès aux ressources naturelles, les troupes régulières évitaient de s'affronter directement en des combats ouverts. Généralement, elles restaient cantonnées dans les villes pour garder les points stratégiques comme les infrastructures (aéroports, ports, principales routes,..) ou les centres d'exploitation minière. De vastes régions étaient ainsi abandonnées au contrôle des groupes armés peu organisés et dont les éléments indisciplinés, tout en exploitant les ressources, se livraient en toute impunité à toutes sortes d'exactions sur la population.

Quelles étaient les réelles motivations des interventions extérieures?

Comme auparavant en mai 1997, l'objectif de l'Angola était de détruire définitivement les bases de l'UNITA au Congo, par où passaient les approvisionnements en armes et d'où partaient les attaques. Le Gouvernement angolais considérait aussi que l'installation à Kinshasa de tout autre régime que celui de l'AFDL ne pouvait que profiter à l'UNITA.

Le Zimbabwe pour sa part était plus intéressé aux ressources minières du Congo en plus de son ambition d'accroitre son influence en Afrique en faisant le contrepoids de la diplomatie du Président Sud-africain Nelson Mandela qui de son côté cherchait à contenir l'influence de Yoweri Museveni dans la Région des Grands Lacs. Dès le départ, des entreprises appartenant à Robert Mugabe, le Président zimbabwéen, et ses proches avaient signé avec Kabila d'importants contrats d'exploitation minière.

La Namibie était également intéressée aux ressources minières du Congo, mais son intervention fut limitée à cause de la forte contestation interne de l'opposition politique. L'intervention du Tchad fut encouragée par la France qui avait trouvé l'occasion de revenir sur le théâtre de la Région des Grands Lacs d'où elle avait été écartée après le génocide Rwandais. La Lybie avait aussi trouvé l'occasion de sortir de son isolement international à la suite de son implication dans l'attentat contre un avion de ligne américain au-dessus de l'Ecosse en 1988.

Dans le Kivu, des groupes armés non gouvernementaux s'étaient associés au Gouvernement de Kinshasa pour combattre les forces tutsies et les « *Banyamulenge* ». C'est le cas des Forces Démocratiques pour la Libération du Rwanda (FDLR), tenues pour responsables du génocide rwandais, des rebelles hutus burundais, des Hutus congolais et de plusieurs milices patriotiques congolaises connues sous l'appellation de Maï-Maï.

Dans le camp apposé se trouvaient les armées régulières rwandaise et burundaise dominées par les Tutsis, ainsi que les «*Banyamulenge*» opérant au Nord et au Sud Kivu. Pour les Rwandais, Burundais et les « *Banyamulenge* », les buts déclarés étaient de garantir la sécurité des frontières, combattre les forces hutues refugiées au Congo afin de prévenir un autre génocide des Tutsis et protéger les populations tutsies à l'intérieur du Congo. Cependant, dans la réalité ils visaient surtout la mainmise sur les richesses du Congo.

L'Ouganda évoquait aussi les raisons sécuritaires pour empêcher les incursions des rebelles (principalement les forces du mouvement *Lord's Resistance Army*, LRA) réfugiés dans le Nord-est du Congo. Il voulait aussi contrer l'influence du Rwanda dans la Région et profiter des richesses du Congo.

La conquête des territoires dans laquelle se sont lancés les différents groupes armés finit par aboutir, faute de vainqueur, à la fixation des positions militaires et à la partition de fait du Congo en trois zones. L'armée gouvernementale contrôlait toute la partie Sud du pays jusqu'au-delà de Mbandaka au Nord. Les forces rwandaises et du RCD occupaient l'Est du Congo jusqu'aux environs d'Ilebo à l'Ouest, au-delà de Kisangani au Nord et jusqu'au Lac Moero au Sud, pendant que tout le Nord du pays était contrôlé par les troupes Ougandaises et les forces du *Mouvement de Libération du Congo* créé en novembre 1998.

Les efforts diplomatiques menés aux Nations-Unies, à l'Union Africaine et à la SADEC amenèrent les principaux belligérants à signer en août 1999 à Lusaka, en Zambie, un Accord de cessez-le-feu préconisant notamment le désarmement et le contrôle des groupes étrangers présents sur le sol congolais, principalement les forces du FDLR. Cet Accord recommandait aussi l'instauration d'un nouvel ordre politique au Congo au terme d'un dialogue politique devant impliquer outre les belligérants, les partis politiques et la Société Civile. Pour autant, les combats continuaient malgré la présence de 90 officiers de liaison déployés en août 1999 par les Nations-Unies en exécution d'une résolution du Conseil de Sécurité, avant la constitution en novembre 1999 de la force de la Mission des Nations-Unies au Congo, connue sous l'acronyme de MONUC.

Composée à sa création de 5.500 hommes, la MONUC en comptera quelques années plus tard jusqu'à 19.000, devenant ainsi la force de maintien de la paix la plus importante en hommes dans le monde.

Quant au volet politique, la tâche du facilitateur désigné pour l'organisation du dialogue politique, l'ancien Président botswanais Ketumile Masire, ne fut pas facile. Kabila qui était sous forte pression de la Communauté Internationale pour l'exécution de l'enquête sur le massacre des réfugiés hutus et très critiqué pour son autocratisme, contestait d'être traité au même statut que les rebelles qui le combattaient. En outre l'opposition politique, disparate, ne s'accordait pas sur sa représentativité.

C'est dans ces circonstances qu'il fut assassiné le 16 janvier 2001 dans son palais par un de ses gardes du corps. Alors que les medias internationaux avaient confirmé sa mort, à Kinshasa on parla plutôt de blessures graves ayant nécessité son transfert à Harare pour des soins! Le gouvernement de Kinshasa ne confirma officiellement le décès que deux jours après. À ce jour encore, les Congolais ne connaissent toujours pas les raisons ayant justifié le transport au Zimbabwe de la dépouille mortelle de leur président avant les grandioses funérailles organisées à Kinshasa.

Qui a tué Laurent-Désiré Kabila? La version officielle a toujours soutenu que l'assassin était l'un de ses gardes du corps, immédiatement abattu dans sa fuite après avoir commis son forfait. Le procès ouvert quelque temps après n'a pas pour autant éclairé des zones d'ombre qui subsistent toujours. Quelle fut la motivation du présumé assassin ? Avait-t-il agi seul ou s'était-t-il agi d'un complot ? Qui en étaient éventuellement les commanditaires? Enfin, quel lien y aurait-il eu avec l'assassinat d'une dizaine de sujets libanais quelques heures après celui de Laurent-Désiré Kabila ? L'arrestation de plusieurs membres des services de sécurité et de son cabinet dont une trentaine d'entre eux ont été condamnés à mort pourrait suggérer l'existence d'un complot.

BIBLIOGRAPHIE

Alula, George, *The ignored economic genocide – Killing the majority to protect a minority – Sex used as weapon,* Xlibris Corporation 2009

Balandier, Georges, *La vie quotidienne au royaume de Kongo du XVIe au XVIIIe siècle*, éd. Hachette Littérature, Paris, 1992

Batsîkama ba Mampuya, Raphael, *L'Ancien Royaume du Congo et les Bakongo*, Paris, L'Harmattan, 1999

Braeckman, Colette.*Le Dinosaure, le Zaïre de Mobutu.* Fayard

Chomé, Jules René, *L'ascension de Mobutu, du sergent Joseph Désiré au général Sésé Séko*,Cahiers libres, 1974.

Cornet, Jules, *La Bataille du Rail*, L. Cuypers

Devlin, Lawrence (Larry), *Chief of Station, Congo: Fighting the Cold War in a Hot Zone.* PublicAffairs.

De Witte, Ludo. *L'Assassinat de Lumumba*,

Dikunduakila Kuzeyidioko, Joseph, *Simon Kimbangu : Le prophète, notre contemporain*, éd. Entraide kimbanguiste, Châtenay-Malabry, 2006

Dujardin Vincent, Valérie Rosoux, Tanguy de Wilde d'Estmael, *Léopold II. Entre génie et gêne. Politique étrangère et colonisation*, éditions Racine, 2009

Dungia, Emmanuel, *Mobutu et l'argent du Zaïre*, Paris, L'Harmattan, 1992,

Dusart, Jean, *Albert Thys : créateur de la ligne de Chemin de fer Matadi-Léopoldville*, Bibliothèque de l'Étoile, 1948

Hochschild, Adam,*Les fantômes du roi Léopold, Un holocauste oublié*, Belford, 1998.

Guvara Ernesto Che, *The African Dream. The diairies of the Revolutionary Wat in the Congo*, Grove Press, 2001.

Ilunga Shamanga, *La chute de Mobutu et l'effondrement de son armée*,1998

Jadin, L., *Le Congo et la Secte des Antoniens. Restauration du Royaume sous Pedro IV et la "Saint Antoine" congolais (1694-1718),* Bruxelles.

Kalb Madeleine, *The Congo cables; The Cold War in Africa, from Eisenhower to Kennedy*, Mc Arthur Publications Company, 1982.

Kanza, Thomas, *Conflict in the Congo: The Rise and Fall of Lumumba* (Penguin African library), 1972, New York: Penguin

Kelly, Sean,*America's Tyrant: The CIA and Mobutu of Zaire*. American University Press

Kennedy, Pagan, *Black Livingston: A True Tale of Adventure in the Nineteenth-Century Congo*. New York: Viking, 2002.

Longue, Matthieu, *Léopold II : Une vie à pas de géant*, éditions Racine, 2007

Marchal, Jules et A. M. Delathuy, *E.D. Morel contre Léopold II*, l'Harmattan, Paris,1996

Morel, Edmund Dene, *The British Case in French Congo: TheStory of a Great Injustice, its Causes and its Lessons,* W. Heinemann, London, 1903

Mova Sakanyi et Ramazani Yvon, *De L-D Kabila à J. Kabila, la Verité des Faits*, l'Harmattan, Paris,, 2008.

Mullin, Michael, *African in America: Slave, Acculturation and Resistance in the American South and the British Carribbean,* Urbana and Chicago Edition 1992.

Ngbanda Nzambo-ko-Atumba, Honoré. *Ainsi sonne le glas! Les Derniers Jours du Maréchal Mobutu*. Gideppe

Ngimbi Kaluimvueziko, *Congo-Zaire, le Destin Tragique d'une Nation*, l'Harmattan, Paris, 2009.

Ngimbi Kalumvueziko, *Le Pygmée Congolais Exposé dans un Zoo Américain. Sur les Traces d'Ota Benga*, l'Harmattan, Paris, 2011.

Nzongola-Ntalaja, Georges (2002). *The Congo from Leopold to Kabila*. Zed Books

Sheppard, William H. (1917). *Presbyterian Pioneers in Congo*. Richmond, Va., Presbyterian committee of publication.

Stanley, Henry Morton,.*How I Found Livingstone; travels, adventures, and discoveres in Central Africa*. Dover Publications.

Stanley, Henry Morton. *Through the Dark Continent*. Dover Publications

Thornton, John Kelly, *The Kongolese Saint Anthonty : Dona Beatriz Kimpa Vita and the Antonian Movement, 1684–1706*, Cambridge University Press, 1998.

Vangroenweghe, Daniel, *Du sang sur les lianes : Léopold II et son Congo*, Aden, Bruxelles, 2010

Vansina, Jan, *Being colonized: the Kuba experience in rural Congo, 1880-1960*. University of Wisconsin Press

Witte, Ludo, *l'Assassinat de Lumumba*, Karthala, Paris,2000.

TABLE DES MATIERES

Couverture et mise en page par GMAePublishing, LLC
Maryland, USA – 1-866-599-3699
www.gmaepublishingllc.com

L'Afrique
aux éditions L'Harmattan

Dernières parutions

ARMES LÉGÈRES ET GROUPES ARMÉS EN AFRIQUE SUBSAHARIENNE
Effets pernicieux sur le développement économique et social
Essimbe Victor
La disponibilité et l'utilisation incontrôlée des armes légères et de petit calibre par les groupes armés peuvent avoir des conséquences destructrices sur l'activité économique officielle et informelle. Ce livre fait le tour complet des handicaps à l'essor économique et au bien-être social des sous-régions de la CEDEAO et de la CEEAC, causés par la «synergie» groupes armés-armes légères.
(Coll. Études africaines, 27.50 euros, 268 p.)
ISBN : 978-2-336-29316-5, ISBN EBOOK : 978-2-296-53936-5

ACCORDS (LES) POLITIQUES DANS LA RÉSOLUTION DES CONFLITS ARMÉS INTERNES EN AFRIQUE
Ehueni Manzan Innocent - Préface de Jean du Bois de Gaudusson
La question des conflits armés constitue un véritable «casse-tête africain» aussi bien pour les acteurs locaux qu'internationaux. Comment sortir de cette insécurité chronique et de la guerre civile et parvenir à une stabilité et un développement durables ? Ce livre expose la conclusion des accords politiques en insistant distinctement sur l'environnement politique de leur formation ainsi que sur le cadre juridique qui les caractérise. Il procède aussi à l'examen de l'application de ces accords.
(Coll. Défense, Stratégie et Relations Internationales, 60.00 euros, 772 p.)
ISBN : 978-2-343-00551-5, ISBN EBOOK : 978-2-296-53836-8

AFRIQUE (L') N'A PAS DIT SON DERNIER MOT : L'INCULTURATION
Séménou Romain Mensan
L'Afrique va-t-elle si mal ? Les Africains ont-ils les ressources ontologiques et anthropologiques nécessaires au développement du continent ? La culture et la tradition africaines sont-elles viables et efficientes à ces heures de mondialisation ? Quel est l'impact de la religiosité sur le développement du continent africain ? L'Église est-elle complice du sous-développement africain ? Voilà les questionnements qui constituent la texture de ce livre autour d'un thème théologique : l'inculturation.
(Coll. Points de vue, 14.00 euros, 136 p.)
ISBN : 978-2-336-30159-4, ISBN EBOOK : 978-2-296-53760-6

RUSES (LES) DE LA MONDIALISATION EN AFRIQUE NOIRE
Le rôle des intermédiaires du développement
Louvel Roland
L'intégration de l'Afrique noire dans les réseaux planétaires s'est traduite par un «coût de raccordement» très élevé pour le continent. Elle n'aurait jamais pu s'opérer sans l'entremise d'un certain nombre d'intermédiaires : à la fois passeurs et passages obligés, ils mettent en relation, favorisent les échanges, ouvrent les voies du commerce et de la transmission des savoirs. Ces personnages de l'entre-deux interfèrent tout autant qu'ils s'approprient et transmettent les apports extérieurs, en position d'interface entre deux systèmes.
(26.00 euros, 262 p.)
ISBN : 978-2-336-30095-5, ISBN EBOOK : 978-2-296-53802-3

AFRIQUE SUBSAHARIENNE – Mémoire, histoire et réparation
Dampha Lang Fafa
L'Afrique subsaharienne est la seule partie du monde à avoir subi l'esclavage à échelle massive, ainsi que la colonisation, l'apartheid, le commerce des esclaves et le colonialisme occidental, le tout dans une atmosphère de brutalité sans précédent. Plus de cinquante ans après l'accession à la souveraineté du premier pays de l'Afrique subsaharienne, le Ghana de Kwame Nkrumah (1957), un regard analytique porté sur le continent révèle une situation qui est loin d'inciter à l'optimisme.
(Coll. Racines du Présent, 21.00 euros, 204 p.)
ISBN : 978-2-336-29371-4, ISBN EBOOK : 978-2-296-53724-8

UN BLANC DRAMATIQUEMENT NOIR – 55 années en Afrique noire
Sénégal - Côte d'Ivoire - Cameroun - Gabon - Congo - Togo - Niger - Mali - Guinée - Burkina - Mauritanie
Decupper Joël - Préface de Venance Konan
Voici le récit exceptionnel de 55 années d'existence hors norme en Afrique Noire francophone d'un Français autodidacte devenu patron de presse (Afrique Sport, Afrique Médicale, Africa International, Éditions Chaka...), proche de plusieurs Chefs d'État alors que d'autres l'auraient volontiers pendu. Voici un regard frondeur sur l'Afrique, ses élites, ses mœurs, sans retenues ni déférence, sans préjugés ni parti pris. Le récit fourmille de faits inédits, de péripéties drôles et fâcheuses.
(27.00 euros, 364 p.)
ISBN : 978-2-343-00946-9, ISBN EBOOK : 978-2-296-53781-1

OBTENTION (L') DES BREVETS PHARMACEUTIQUES EN AFRIQUE
Le cas des pays de l'Organisation Africaine de la Propriété Intellectuelle (OAPI)
Juvet Lowé Gnintedem Patrick - Préface de Tshimanga Kongolo
Le législateur OAPI a entendu faire de la propriété intellectuelle un instrument de développement pour les États membres, tout en s'arrimant aux textes internationaux pertinents. Mais le texte adopté lève-t-il pour autant les appréhensions résultant du souci d'assurer l'accès aux médicaments dans un contexte de développement particulier ?
(Coll. Études africaines, 21.50 euros, 216 p.)
ISBN : 978-2-343-00374-0, ISBN EBOOK : 978-2-296-53811-5

LETTRES DE VOYAGE – De la Mer Rouge à l'Atlantique (1901-1903)
Du Bourg de Bozas Robert - Avant-propos et notes de Claude Guillemot
Au tout début du XXe siècle, Robert du Bourg de Bozas, jeune aristocrate fortuné et cultivé, organise à ses frais une mission scientique à travers l'Afrique soutenue par le ministère de l'Instruction publique. Parti de Djibouti le 2 avril 1901, accompagné d'un jeune médecin, de deux autres Européens et d'une imposante caravane, il meurt de paludisme au Congo dans la nuit de Noël 1902. Tout au long de son périple, il entretient une correspondance avec ses proches et particulièrement avec son père.
(Coll. Mémoires du XXe siècle, 13.50 euros, 126 p.)
ISBN : 978-2-343-00244-6, ISBN EBOOK : 978-2-296-53944-0

CHRONIQUES POUR L'ÉMERGENCE D'UNE AFRIQUE RAYONNANTE
Bissog Martial - Avant-propos de Léonard Gofake - Préface de Guy Parfait Songue
L'auteur jette un regard panoramique sur la société africaine actuelle et le rôle des Africains dans le grand jeu politique du monde. Cette compilation de chroniques est un appel à une prise de conscience et de responsabilité de la part de tous les acteurs du continent, pour mettre sur les rails un nouveau modèle de pensée et de développement afin qu'émerge une Afrique rayonnante.
(Coll. Points de vue, 19.00 euros, 196 p.)
ISBN : 978-2-336-29302-8, ISBN EBOOK : 978-2-296-53521-3

ORIENTATION (L') DES JEUNES EN AFRIQUE
Okene Richard - Préface de Raoul Boniface Kassea
Depuis 1995, les instances internationales ne cessent de proposer aux pays africains de mieux préparer les jeunes à faire face aux bouleversements de ces dernières décennies. Avec insistance,

elles soulignent la nécessité de mettre en œuvre dans chaque pays un système d'orientation et de conseil rénové, apte à assurer le développement global de leur population, avec un accent particulier sur les filles et les femmes.
(Coll. Enseignement et éducation en Afrique, 22.00 euros, 218 p.)
ISBN : 978-2-336-30088-7, ISBN EBOOK : 978-2-296-53602-9

POLITIQUE ET INDÉPENDANCES AFRICAINES
Coordonné par Eyene Mba Jean-Rodrigue-Elisée
Cet ouvrage entreprend de lire les «indépendances africaines» à travers le prisme de ses propres résultats politique, économique et culturel. Il y parvient en mobilisant la dynamique conceptuelle à l'œuvre dans le discours philosophique. Ce qui est en jeu, c'est la capacité de l'Afrique noire à se refaire, à se recréer, en un mot, à se comporter autrement et différemment.
(Coll. Philosopher en Afrique, 14.00 euros, 130 p.)
ISBN : 978-2-336-30157-0, ISBN EBOOK : 978-2-296-53587-9

HEGEL, MARX, ENGELS ET LES PROBLÈMES DE L'AFRIQUE NOIRE
Dieng Amady Aly
Cet ouvrage cherche à susciter des discussions de fond autour des difficultés de l'application du marxisme dans les pays où le prolétariat industriel n'est pas encore très développé. Il s'agit de créer les conditions d'une véritable discussion sur le rôle du marxisme dans la solution des grands problèmes du continent africain.
(20.00 euros, 204 p.)
ISBN : 978-2-296-99534-5, ISBN EBOOK : 978-2-296-53702-6

FRANÇAIS DE FAIT ET DE DROIT
Chronique d'une (ré)intégration réussie
Nyamat Will Mael
Malgré le refus du général de Gaulle d'accepter la départementalisation du Gabon, en violation de la Constitution de la Ve République, l'auteur a le sentiment d'être resté «de fait» français, «colonisé» malgré lui jusqu'à la moelle épinière. Une situation d'autant plus injuste que la France conserve sa mainmise sur le Gabon. Nous devions parler le français, manger français, acheter français, mais n'avions pas le droit d'être Français. Nous avions des obligations, mais aucun droit.
(Coll. Racines du Présent, 12.00 euros, 106 p.)
ISBN : 978-2-296-99855-1, ISBN EBOOK : 978-2-296-53671-5

RENAISSANCE (LA) ÉCONOMIQUE DE L'AFRIQUE
Les signes avant-coureurs d'une puissance en gestation
Matamba Tumba Bob - Préface de Lye M. Yoka
La renaissance du continent africain est un fait indéniable, même si une analyse pointue révèle que cette mécanique ascensionnelle est loin d'avoir atteint la vitesse critique qui garantirait le point de non-retour. L'implication de la volonté politique, à l'échelon national autant que continental, reste le seul gage d'un développement durable et irréversible. Dans ce livre, l'auteur décortique les enjeux de ce marathon économique continental.
(Coll. Comptes Rendus, 20.00 euros, 192 p.)
ISBN : 978-2-336-29764-4, ISBN EBOOK : 978-2-296-53642-5

QUÊTE (LA) IDENTITAIRE DU SUJET AFRICAIN MODERNE – Perspective psychohistorique et comparée
Same Kolle Samuel
En s'opposant à l'oppression occidentale, des Africains ont entrepris, au début du XXe siècle, un travail d'identification de soi. L'auteur tente aujourd'hui de définir les éléments pour une reconstruction plus fondamentale d'un sujet africain qui, puisant ses ressources en soi et en l'autre, s'inscrit résolument dans la modernité. La méthode qui s'initie ici est une psychologie historique et comparée.
(Coll. Pensée Africaine, 18.00 euros, 188 p.)
ISBN : 978-2-336-00882-0, ISBN EBOOK : 978-2-296-53673-9

CHANGEMENT CLIMATIQUE
Enjeux socio-économiques et défis technologiques dans les pays du bassin du Congo
Louzolo-Kimbembe Paul
Le continent africain, le moins développé sur le plan économique, reste l'un des plus vulnérables face au dérèglement du climat et dispose d'une capacité d'adaptation très limitée. Cet ouvrage aborde trois axes majeurs : 1) changements et variabilité climatiques dans le bassin du Congo ; 2) adaptation aux changements climatiques / atténuation des émissions des gaz à effet de serre dans le bassin du Congo ; 3) changement climatique et technologies adaptées.
(21.00 euros, 208 p.)
ISBN : 978-2-336-29290-8, ISBN EBOOK : 978-2-296-53276-2

MULTILATÉRALISME (LE) FRANCO-AFRICAIN À L'ÉPREUVE DES PUISSANCES
Pokam Hilaire de Prince
Conçu comme une stratégie française pour demeurer en Afrique, le multilatéralisme informel franco-africain est à la croisée des chemins : plusieurs indices montrent que la France est en train de marginaliser le continent et l'Afrique est de plus en plus convoitée par d'autres puissances. Plusieurs États africains se sont engagés dans un processus de diversification de leurs partenaires sur la scène internationale. La France veut toujours arrimer son destin à celui de l'Afrique. Elle doit réexaminer sa politique africaine et la coopération France-Afrique doit être revue et corrigée.
(Coll. Défense, Stratégie et Relations Internationales, 44.00 euros, 442 p.)
ISBN : 978-2-336-00949-0, ISBN EBOOK : 978-2-296-53375-2

QUELLE SOUVERAINETÉ POUR LES ÉTATS AFRICAINS ?
Stratégie d'une véritable recolonisation des Occidentaux
Koudou Claude
Les indépendances des pays africains, en 1960, avaient suscité de l'espoir pour les populations. Ce numéro montre comment la recolonisation et l'exploitation de l'Afrique se font avec le dos balafré du concept de «démocratie» et de celui de «droit d'ingérence humanitaire». Ces textes montrent également qu'avec une volonté de puissance, l'Union africaine pourrait être l'instrument de la souveraineté des États africains. L'Afrique de demain doit être bâtie par les Africains eux-mêmes.
(Respectez l'Afrique 2, 13.50 euros, 146 p.)
ISBN : 978-2-343-00336-8, ISBN EBOOK : 978-2-296-53363-9

DES MÉDECINS FRANÇAIS ET LE VIH EN AFRIQUE DE L'OUEST – Soins et altérité
Legenne-Fulchiron Myriam
Dans le sillon humanitaire, des médecins français partent sur le continent africain soigner des personnes infectées par le VIH. Sept d'entre eux dévoilent leurs désirs, leurs difficultés et leurs questionnements. Au fil des mots, nous découvrons les stratégies adoptées par les personnes malades pour échapper à la mort, physique et sociale, et nous appréhendons la biomédecine aux côtés des médecines traditionnelles.
(Coll. Études africaines, 23.00 euros, 228 p.)
ISBN : 978-2-336-29753-8, ISBN EBOOK : 978-2-296-53489-6

GUIDE PRATIQUE DE LA RECHERCHE ET DE LA RÉDACTION SCIENTIFIQUES
Vumuka-ku-Nanga César, Matangila Musadila Léon
Une rédaction scientifique se juge à partir de deux volets distincts : la forme et le fond. Dès lors, la manière de dire doit obéir à un ordre logique bien approprié. Les auteurs de cet ouvrage proposent aux lecteurs un outil de travail pouvant accroître le goût de la recherche, de la lecture, de la rédaction et de la culture générale ainsi que de l'effort personnel. Former à l'initiative personnelle, au jugement, à l'ascèse critique, c'est faire du chercheur le premier responsable de sa formation.
(12.00 euros, 104 p.)
ISBN : 978-2-343-00199-9, ISBN EBOOK : 978-2-296-53285-4

L'HARMATTAN ITALIA
Via Degli Artisti 15; 10124 Torino

L'HARMATTAN HONGRIE
Könyvesbolt ; Kossuth L. u. 14-16
1053 Budapest

L'HARMATTAN KINSHASA
185, avenue Nyangwe
Commune de Lingwala
Kinshasa, R.D. Congo
(00243) 998697603 ou (00243) 999229662

L'HARMATTAN CONGO
67, av. E. P. Lumumba
Bât. – Congo Pharmacie (Bib. Nat.)
BP2874 Brazzaville
harmattan.congo@yahoo.fr

L'HARMATTAN GUINÉE
Almamya Rue KA 028, en face du restaurant Le Cèdre
OKB agency BP 3470 Conakry
(00224) 60 20 85 08
harmattanguinee@yahoo.fr

L'HARMATTAN CAMEROUN
BP 11486
Face à la SNI, immeuble Don Bosco
Yaoundé
(00237) 99 76 61 66
harmattancam@yahoo.fr

L'HARMATTAN CÔTE D'IVOIRE
Résidence Karl / cité des arts
Abidjan-Cocody 03 BP 1588 Abidjan 03
(00225) 05 77 87 31
etien_nda@yahoo.fr

L'HARMATTAN MAURITANIE
Espace El Kettab du livre francophone
N° 472 avenue du Palais des Congrès
BP 316 Nouakchott
(00222) 63 25 980

L'HARMATTAN SÉNÉGAL
« Villa Rose », rue de Diourbel X G, Point E
BP 45034 Dakar FANN
(00221) 33 825 98 58 / 77 242 25 08
senharmattan@gmail.com

L'HARMATTAN BÉNIN
ISOR-BENIN
01 BP 359 COTONOU-RP
Quartier Gbèdjromèdé,
Rue Agbélenco, Lot 1247 I
Tél : 00 229 21 32 53 79
christian_dablaka123@yahoo.fr

Achevé d'imprimer par Corlet Numérique - 14110 Condé-sur-Noireau
N° d'Imprimeur : 100441 - Dépôt légal : juin 2014 - *Imprimé en France*